자존감 향상 프로그램

원리와 실제

| 김은실 · 손현동 공저 |

학지사

머리글

잦은 가출과 자살시도, 낯선 사람과의 성관계 등 비행의 문제를 보이는 한 고등학교 여학생을 만난 적이 있다. 그 학생은 자기가 살아 있다는 것을 느끼고 싶어서 지금까지 그런 위험한 일을 했다고 하였다. 또 어릴 때부터 항상 어머니에게 태어나지 말았어야 한다는 말을 들었는데 그때마다 자신이 정말 존재하지 말아야 하는 사람이라고 생각했다고 한다. 그래서 때때로 자신이 무가치하고 무능하게 느껴져서 더 이상 살고 싶지 않다는 생각이 든다고 하였다.

이 학생과 같이 자신이 가치가 없고 무능하다고 생각하는 사람들이 많다. 이런 생각을 가진 사람은 학교나 그 밖의 생활에서 소극적이고, 다른 사람에게 자신의 감정이나 생각을 이야기하지 못하며, 그런 자신을 자꾸만 비하한다. 그리고 자신의 과거, 현재, 미래도 모두 부정적으로 바라보면서 아무것도 할 수 없다고 생각하기 때문에 작은 일도 시도하지 않으려 한다.

저자는 20여 년간 상담을 하면서 많은 사람을 만났다. 이들은 왕따, 학교폭력, 도벽, 자살시도, 불안, 우울, 진로 고민, 또래관계 및 대인관계의 어려움, 삶의 공허함과 무가치감에 힘들어하는 사람들이었다. 저자는 이들과 깊은 이야기를 나누고 이들의 삶을 들여다보면서 공통점을 발견하였다. 그것은 바로 그들 모두 행복을 원하지만 자신이 행복하지 않다는 것에 슬퍼하고 있다는 것이었다.

사람들은 모두 행복을 원하지만 이들이 다 행복을 느끼는 것은 아니다. 행복을 연구하는 사람들은 행복의 조건을 찾기 위해 많은 노력을 하였다. 그러나 사람들이 너무나 다양한 조건하에서 살고 있기 때문에 행복의 조건을 찾기 어려웠다. 하지만 열정을 가진 많은 사람이 꾸준히 연구하고 탐구해 온 결과, 행복한 사람과 행복하지 않은 사람들 간에는 '자존감'에 차이가 있다는 것이 밝혀졌다.

자존감은 자신을 가치 있고 사랑받는 존재라고 믿는 신념이다. 즉, 자신에 대해 긍정적인 태도를 가지는 것을 말한다. 이 자존감은 자신과 타인, 세상을 바라보는 관점을 만들고, 유아기부터 성인기에 이르기까지 개인의 심리적 행복에 핵심적인 역할을 한다. 또한 자존감은 개인 정신건강의 기반이 되며, 원만한 대인관계를 형성하고, 성공적인 역할을 수행하는 데 밑바탕이 된다. 그래서 자존감을 향상시키는 것은 곧 인간의 행복감을 증진시키며 삶의 질을 향상시키는 것과 같다.

이 책은 사람들의 자존감을 높이고 행복한 삶을 영위할 수 있도록 돕고자 하는 마음에서 집필되었다. 특히 아이들의 자존감을 향상시키고, 그들이 건강한 삶을 살아갈 수 있도록 돕고자 한다. 그래서 기존의 『아이들의 자존감을 높여 주는 셀프업』(2012)이란 자존감 향상 프로그램 책에 기초하여 자존감의 정의, 평가, 자존감 향상의 원리 및 전략, 구체적인 자존감 향상 프로그램, 적용 사례 등으로 재구성하였다.

또한 이 책은 다른 자존감 프로그램과 달리 자신이 가진 능력을 스스로 알아서 최대한 발휘할 수 있도록 내적인 힘을 키워 주는 것을 목적으로 한다. 이를 위해 자신에 대한 이해와 수용을 위한 활동, 타인들의 공감과 무조건적인 존중 및 수용적인 반응을 위한 활동, 그리고 함께 문제를 해결하는 과정을 통하여 자신의 능력을 확인하는 활동들로 구성하였다. 이 책에는 자존감 향상의 효과를 최대화하기 위한 실제적 전략들이 구체적으로 소개되어 있다.

자존감은 한 가지 활동이나 한 번의 긍정적 경험만으로 향상되지 않는다. 끊임없는 자기 이해와 수용, 타인의 정서적 지지를 통해 가능하다. 다른 사람의 자존감을 향상시키고 싶다면 그 사람에게 끊임없는 관심과 긍정적인 정서적 지지를 제공해야 한다. 이 책을 통해 많은 사람이 자신의 자존감을 한 번 돌아보고, 자신이 가진 자원을 인식하고 수용하며, 타인의 자존감을 높여 줄 수 있기를 바란다.

끝으로 자존감에 대한 이해를 몸으로 보여 준 나의 내담자들, 현장에서 자존감 프로그램을 실시하고 실제적 피드백을 제공해 준 전문가들, 자존감전문가 연수과정에 참여해 자신의 경험담을 기꺼이 공유해 준 선생님들과 대학원생 원소영, 정진섭, 손초롱, 자존감 전도사로 많은 지지를 주는 이용훈 선생님에게 감사를 전한다.

2015년 1월

대표 저자 김은실

차 례

PART 1

자존감이란

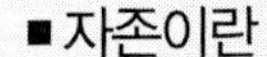

- 자존이란
- 자존감의 영향
- 자존감에 영향을 주는 요인
- 자존감 발달: 연령별 주요 과제
- 자존감 평가

자존감이란

자존감의 개념

다음 문장을 완성하시오.

"나는 ______________________________ 다."

앞 문장은 자신을 바라보는 관점에 대해 알아보기 위한 것이다. '나는 예쁘다.' '나는 공부를 잘한다.' '나는 사랑받고 있다.' '나는 행복하다.'라고 답했다면, 여러분은 자신을 긍정적으로 평가하는 것이다. 반면에 '나는 외롭다.' '나는 남들과 어울리기 어렵다.' '나는 우울하다.' '나는 언제가 죽을 것이다.'와 같이 답했다면, 여러분은 자신을 부정적으로 평가하는 것이다. 이처럼 자신 스스로를 바라보는 관점을 자존감이라고 한다.

자존감은 자신을 가치 있고, 사랑받을 만한 존재라고 스스로 믿는 마음이다. 즉, 자존감은 '나는 사람들에게 사랑받고, 인정받고 있는가?' '나에게는 과연 내가 중요하다고 생각하는 일을 할 수 있는 능력이 있는가?' '나는 다른 사람에게 영향력을 미치고 있는가?' 등과 같이 자신에 대한 긍정적인 신념의 집합이다(Campbell, 1990; Coopersmith, 1967; Rosenberg, 1965).

자존감은 자신, 타인, 세상에 대한 이미지로 구성되어 있다([그림 1-1] 참조). 그래서 자존감이 높은 사람은 자신을 자랑스럽고 유능하며 가치 있는 존재라고 생각하고, 타인과 원만한 관계를 형성하며, 매사에 자신감 있는 태도로 진취적이며 활력 있는 삶을 살아간다. 반면 자존감이 낮은 사람은 자신, 타인, 세상에 대한 부정적 이미지를 가지고 있기 때문에 자신의 가치와 능력을 낮게 평가하고, 자신의 생각, 감정, 행동에 대한 확신이 없으며, 미래에 대해서도 불확실하고 두려워서 새로운 상황에 도전하려 하지 않는다(Coopersmith, 1967). 또한 자신이 무가치하고 능력이 없다고 생각하여 쉽게 우울감이나 열등감에 빠진다(Rosenberg, 1965).

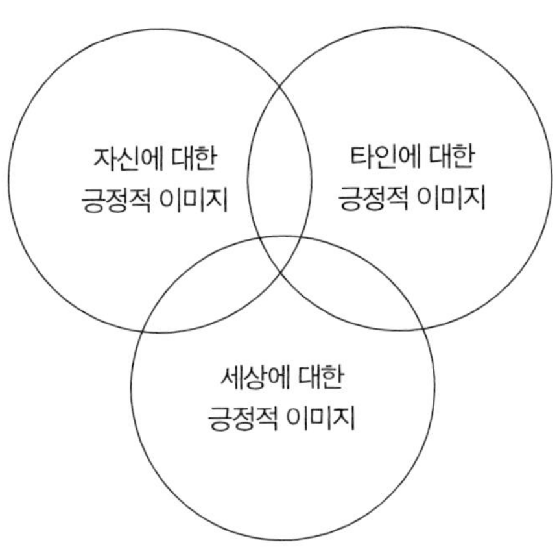

그림 1-1 자존감의 구성

자신에 대한 긍정적 이미지

자존감이 높은 사람은 자신이 매우 가치 있고 능력이 있다고 생각한다. 그렇기 때문에 자신의 판단을 믿고 신뢰한다. 다양한 선택의 순간에서 자신의 판단 능력을 믿는 사람은 주저하지 않는다. 설령 실패하더라도 좌절하거나 자괴감을 느끼기보다는 그 상황을 더 정확하게 이해하고 실패의 원인을 찾은 후에 문제를 해결하려고 한다.

반면에 자존감이 낮은 사람은 자신이 가치 없고 능력이 없다고 생각한다. 그래서 자신의 판단 능력을 믿지 못하기 때문에 결정을 내리는 것을 주저하고, 결정 시 다른 사람들의 영향을 많이 받는다. 만약 실패하면 그것을 인정하지 못하고 남의 탓으로 돌리는 등 책임에서 벗어나려고만 한다. 또 문제를 해결하려 하지 않고 쉽게 포기해버린다.

표 1-1 자존감에 따른 자신에 대한 태도

자존감이 높은 사람	자존감이 낮은 사람
자신의 판단을 믿고 신뢰한다.	다른 사람을 의식하고 그 판단에 영향을 받는다.
자신의 실패를 인정하고 좌절감에서 쉽게 벗어난다.	실패를 남의 탓으로 돌리거나 거기에서 벗어나지 못한다.
자신의 능력을 믿고 스스로 해결책을 찾는다.	자신은 무능력하다고 생각하고 쉽게 포기한다.

타인에 대한 긍정적 이미지

자존감이 높다는 것은 타인에 대해서도 긍정적인 이미지를 가지고 있다는 것을 의미한다. 이것은 타인과의 관계에서 행동으로 드러난다. 우선 혼자 해결할 수 없는 곤란한 상황에 처할 시 기꺼이 도움을 요청한다. 그리고 타인에게 자신의 약점과 강점을 있는 그대로 보일 수 있기 때문에 진솔하고 원만한 관계를 잘 맺는다. 그러면서도 타인의 눈치를 본다거나 영향을 덜 받고 독립적이다.

이에 반해 타인에 대한 부정적인 이미지를 가진 사람은 다른 사람이 자신에게 호의적이지 않을 것이라 생각하기 때문에 도움을 요청하기 꺼려하고, 오히려 자신이 어려움에 처해 있다는 것을 알리려 하지도 않는다. 그리고 다른 사람의 행동을 오해하는 경우도 많아서 비난과 공격을 받는다고 생각해 자주 화를 내거나 공격하기도 한다. 또한 다른 사람의 표정이나 반응에 영향을 많이 받아 다른 사람의 표정이 어두우면 안절부절못한다.

표 1-2 자존감에 따른 타인에 대한 태도

자존감이 높은 사람	자존감이 낮은 사람
타인에게 기꺼이 도움을 청한다.	자신의 약점을 드러내기 두려워하고 피한다.
인간관계가 원만하다.	자주 화를 내고 싸운다.
타인과 관계가 독립적이다.	타인의 영향을 많이 받고 의존적이다.

세상에 대한 긍정적 이미지

세상에 대한 긍정적인 이미지를 갖는 것은 세상은 재미있고 자신이 할 수 있는 일이 많은 곳이라고 생각하는 것이다. 세상에 대한 긍정적인 이미지를 가지고 있으면 새로운 일에 많이 도전한다. 왜냐하면 새로운 일은 재미를 줄 것이라고 기대하기 때문이다. 반면 세상에 대한 부정적인 이미지를 가지고 있으면 세상은 위험하고 살기 힘든 곳이라고 생각한다. 그렇기 때문에 새로운 일이 생기면 이 일도 위험할 것이고, 이 일 또한 자신을 힘들게 만들 것이라 생각해서 새로운 일이나 환경을 피하려고 한다.

세상에 대한 긍정적인 이미지가 있는 사람은 스트레스와 역경을 잘 이겨 낸다. 왜냐하면 스트레스와 역경이 오래 지속될 것이라 생각하지 않기 때문이다. 반면에 세상에 대한 부정적인 이미지를 가진 사람은 역경이 닥치면 포기하거나 주저앉기 쉽다.

표 1-3 자존감에 따른 세상에 대한 태도

자존감이 높은 사람	자존감이 낮은 사람
새로운 일에 흥미와 열정을 가진다.	새로운 일은 위험하다고 생각하여 피한다.
스트레스를 잘 견디며 이겨 낸다.	스트레스에 취약하다.
창의적이고 유연성이 있다.	틀과 고정관념에 빠져 있다.

자존감과 행동

자존감은 우리의 모든 행동에 영향을 준다. 그렇다면 자존감은 우리의 행동에 어떻게 영향을 주는 것일까?

자존감은 우리 마음의 가장 밑바닥에 자리하고 있다. 그래서 의식하지 못하는 사이에 우리가 경험하는 다양한 자극을 해석하고, 감정을 유발하며, 행동의 방향을 결정한다. 예를 들어, 자존감이 낮은 아이가 자전거를 타다가 살짝 얼어 있는 바닥을 보지 못해 미끄러져 넘어졌다고 가정해 보자. 이 아이는 [그림 1-2]처럼 자전거를 타다 넘어진 사건을 자신이 자전거를 잘 못 타기 때문이라고 해석하였다. 이렇게 자신이 자전거를 잘 못 타서 넘어졌다고 생각하니 부끄러웠다. 그리고 다음부터는 다시는 자전거를 타지 않을 것이라고 마음을 먹었다. 하지만 자존감이 높은 아이가 똑같은 상황에서 넘어졌다면 미끄러운 바닥을 보지 못해서라거나 얼음이 잘 보이지 않아서 미끄러졌다고 생각할 것이다. 이렇게 생각하면 부끄러움을 느끼지 않으며 다음에는 조금 더

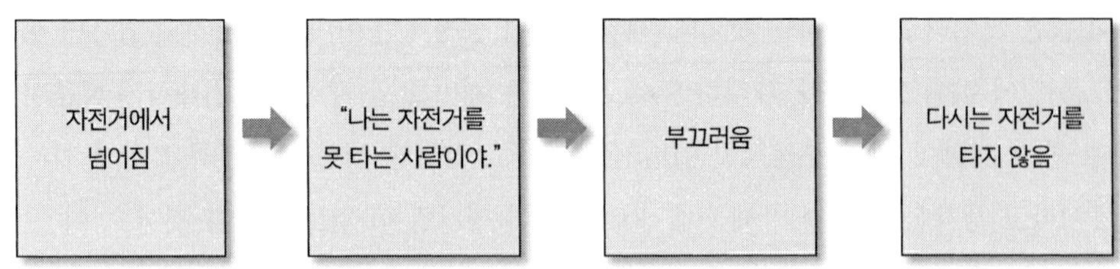

그림 1-2 자존감이 행동에 미치는 과정

조심해서 타야겠다고 마음을 먹을 것이다.

또 다른 예를 들어 보자. 길에서 만난 반 친구에게 인사를 했는데 그 친구가 그냥 지나쳤다고 가정해 보자. 이 상황을 어떻게 해석할 것인가? 만약 자존감이 높은 아이라면 아마도 그 친구가 인사하지 않은 것은 바빠서라든지 아니면 뭔가 다른 일이 있어서라고 생각할 것이다. 반면 자신이 가치 없고 사랑받지 못하는 사람이라고 생각하는 아이는 그 친구가 자신을 싫어하기 때문이라고 해석할 것이다. 이런 해석은 우울이나 화를 유발하고, 다음에 그 친구를 만나도 인사하지 않을 것이다.

자존감은 가정이나 학교, 또래관계에서 나타나는 아이의 많은 부적응 행동을 유발한다. 예를 들어, 틱, 선택적 함묵증, 공격적 행동, 거짓말, 도벽, 비행, 학교폭력, 우울, 불안, 왕따, 자살시도, 약물남용 및 중독, 인터넷 및 게임 중독 등과 같은 대다수의 부적응 행동은 낮은 자존감에서 유발된다. 따라서 아이의 문제 행동을 없애기 위해서는 아이의 자존감을 높이는 것이 우선시되어야 한다. 다음의 경훈이와 초롱이의 행동도 낮은 자존감에 의한 것이다.

> 경훈이는 매일 같이 반 친구들을 괴롭힌다. 교실에 들어서면 자신보다 약한 아이들에게 소리를 지르고, 자기 마음대로 되지 않으면 화를 내곤 한다. 물론 경훈이의 이런 행동은 입학 초부터 나타난 것은 아니다. 학교에 입학했을 때, 경훈이는 얌전한 아이였다. 그런데 다른 친구들이 경훈이에게 심부름을 시키고 괴롭히는 것을 경험하면서 경훈이는 힘이 센 아이가 대접받는다는 것을 배웠다. 그래서 배운 대로 힘을 써 보니 다른 아이들이 두려워하고 말을 잘 듣는 것을 알게 되었다.

경훈이는 과거에 타인에게 괴롭힘을 받은 경험을 통해 다른 사람들이 자신을 무시한다는 '타인에 대한 부정적 이미지'와 자신은 타인의 괴롭힘을 이겨 낼 힘이 없다는 '자신에 대한 부정적 이미지'를 가지게 되었다. 이로 인해 경훈이는 친구들에게 화가 났고, 그 결과 자신보다 힘이 약한 친구들을 괴롭히게 되었다. 자신이 공격적인 행동을 하면 더 이상 친구들이 자신을 괴롭히지 않으며, 자신의 말을 잘 듣는 것을 경험하면서 자존감이 일시적으로 상승하였다([그림 1-3] 참조).

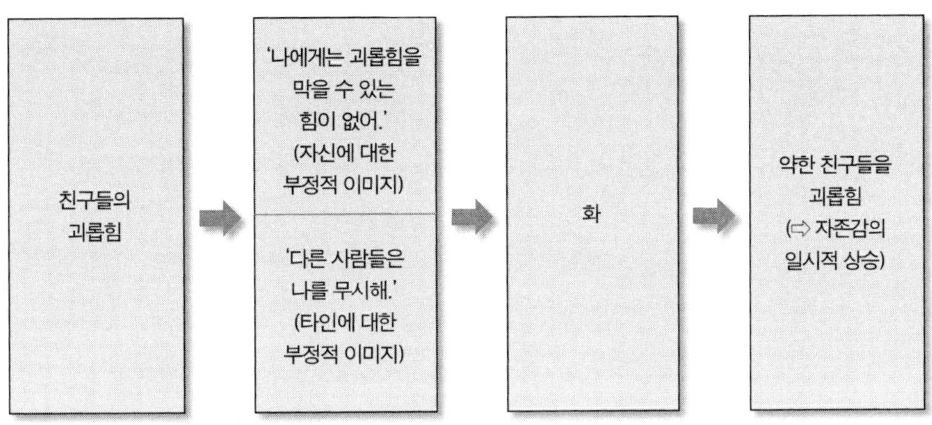

그림 1-3 자존감이 친구들을 괴롭히는 행동에 영향을 준 과정

초등학교 3학년인 초롱이는 학급에서 '미소공주'라는 별명으로 불린다. 초롱이는 선생님이나 친구들이 말을 걸어도 대답을 하지 않고 그저 미소만 짓는다. 하지만 초롱이는 엄마하고는 수다스러울 정도로 이야기를 잘한다. 초롱이가 다른 사람과 말을 하지 않는 행동은 초등학교 입학 때부터 생겼다. 그전에는 다른 사람들에게 먼저 다가가 인사를 하거나 말을 걸기도 하였다. 그런데 초등학교에 입학한 초롱이는 자기소개를 하는 시간에 가슴이 뛰고 얼굴이 빨개져서 아무 말도 할 수 없었다. 그런 초롱이를 보고 다른 친구들은 '홍당무'라고 놀렸다. 그 후 초롱이는 학교에서 발표를 비롯해 그림 그리기, 달리기, 노래 부르기 등 모든 활동에서 빠졌다. 다른 사람들이 말을 걸면 얼굴이 빨개져서 미소만 지었다.

초롱이의 말하지 않는 행동은 자신이 말을 하면 친구들이 놀릴 것이라는 타인에 대한 부정적 이미지에서 시작되었다. 초롱이는 친구들의 놀림을 받지 않기 위해 더 이상 말을 하지 않았다. 말을 하지 않으면 친구들의 놀림을 받지 않을 것이고 초롱이의 자존감도 손상되지 않고 유지되기 때문이다.

자존감의 영향

자존감은 인간의 기본 욕구이며, 생존을 위한 결정적 가치로, 개인의 다양한 적응 기능과 밀접한 관련이 있다. 자존감은 대인관계를 원만히 유지시키고, 안정적인 성격 발달의 기반이 되며, 행복감을 느끼기 위한 필수 요건이다. 따라서 자존감은 삶의 만족감, 행복감, 심리적 안녕감, 다양한 발달영역에 영향을 준다(Campbell, 1981; Hauck, 1991). 자존감은 크게 세 가지 영역에 영향을 미치는데 첫 번째는 대인관계, 두 번째는 지적 발달, 세 번째는 정서적 안정감이다([그림 1-4] 참조).

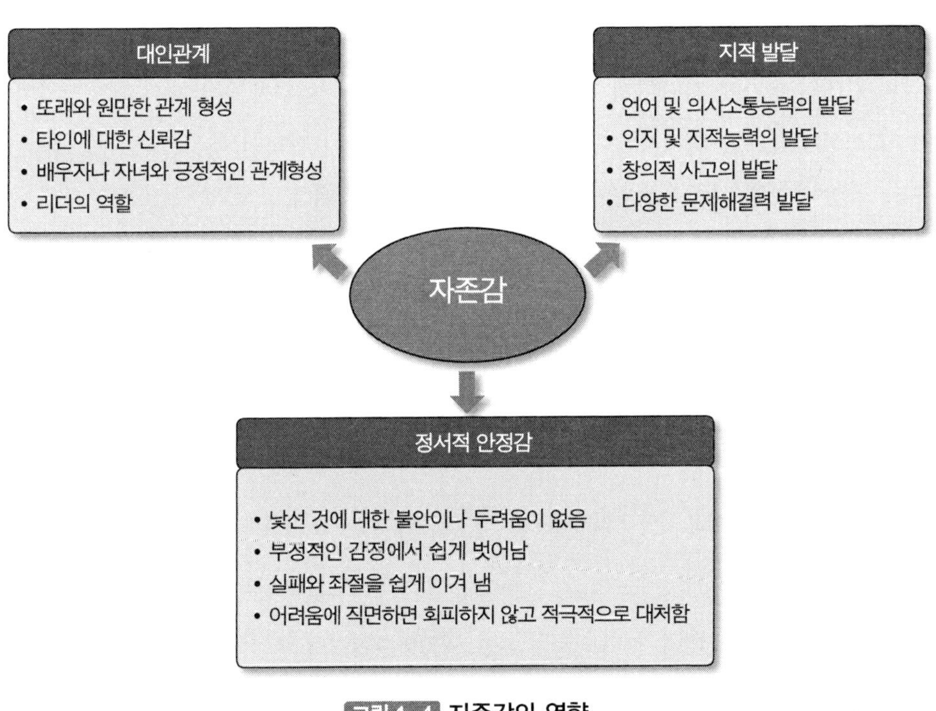

대인관계
• 또래와 원만한 관계 형성
• 타인에 대한 신뢰감
• 배우자나 자녀와 긍정적인 관계형성
• 리더의 역할
지적 발달
• 언어 및 의사소통능력의 발달
• 인지 및 지적능력의 발달
• 창의적 사고의 발달
• 다양한 문제해결력 발달
자존감
정서적 안정감
• 낯선 것에 대한 불안이나 두려움이 없음
• 부정적인 감정에서 쉽게 벗어남
• 실패와 좌절을 쉽게 이겨 냄
• 어려움에 직면하면 회피하지 않고 적극적으로 대처함

그림 1-4 자존감의 영향

대인관계

자존감은 정서적 안정감을 통해 원만한 대인관계에 영향을 준다. 자존감이 높은 사람은 감정의 적절한 통제, 대인관계의 만족감, 공감 능력을 가지고 있다(Hoyle et al., 1999). 따라서 이들은 대인관계에서 자신과 타인의 특성을 각각의 독특한 개성으로 수용할 수 있으며, 타인의 생각과 감정을 존중할 줄 안다. 그리고 대인관계에서 우호적인 태도를 가지고 있으므로 대인관계 시 갈등이 발생했을 때 자신의 감정을 잘 조절해 충동적인 행동을 적게 하게 되어 싸움이나 화를 내는 빈도가 적다. 또한 자신에 대한 믿음과 확신을 가지고 있기 때문에 타인의 부당한 요구를 거절하고, 타인의 기대와 평가에서 자유로우며, 자기 표현이 분명하고 적극적이다.

반면에 자존감이 낮은 사람은 타인에 대한 부정적인 이미지를 가지고 있어서 타인이 자신을 미워하거나 싫어한다고 생각하여 타인의 행동을 오해하고 쉽게 화를 낸다. 또한 자신에 대한 믿음이 없기 때문에 타인의 부당한 요구를 거절하지 못하고, 타인의 기대와 평가에 지나치게 자신을 맞춘다. 그 결과 대인관계에서 자신감을 가지지 못하고, 대인관계를 회피하거나 과도하게 적대적이며, 공격적인 행동을 보기도 한다. 이를 종합해 보면 자존감은 원만한 대인관계의 기초가 된다.

표 1-4 자존감에 따른 대인관계 특성

자존감이 높은 사람	자존감이 낮은 사람
타인과의 관계에서 자기 표현이 분명하다.	타인의 생각에 예민해서 타인이나 외부환경에 지나치게 자신을 맞춘다.
타인에 대하여 독립적이고 책임감 있게 행동한다.	잘못이나 실수를 타인의 탓으로 돌린다.
타인과의 관계가 원만하다.	타인에게 자주 화를 내고 적대적이다.
타인에 대한 긍정적인 이미지가 있다.	타인에 대해 부정적인 이미지를 가진다.
타인과 함께 있는 것을 즐긴다.	타인과 함께 있는 것을 부담스러워하거나 위축되어 있으며, 혼자 있기를 원한다.
리더의 역할을 한다.	힘 있는 사람에게 의존한다.

자존감이 낮은 사람은 대인관계에서 부적절한 관계를 형성할 가능성이 높다. 다음은 자존감이 낮은 사람이 보이는 대표적인 부적절한 대인관계 유형이다.

의존형

이 유형은 '만성적인 무기력'을 보인다. 그리고 주로 '저는 아무것도 못해요.' '이것 좀 도와주세요.' 등과 같은 말을 자주한다. 이 유형은 타인과 관계를 맺고 유지하려면 다른 사람에게 자신은 혼자 살아갈 수 없다는 것을 믿게 만들어야 한다고 생각한다. 또한 상대방이 자신을 힘 없고 불쌍하다고 생각하도록 만들어서 자신을 보호하게 한다. 하지만 이런 사람과 함께하는 사람은 처음에는 이들을 도와주는 역할을 하다가 결국은 에너지가 고갈되고 만다. 만약 상대방이 이런 관계를 유지할 수 없으면 이 유형의 사람들은 갑자기 우울해지거나 의기소침해진다. 이 유형의 사람은 '나는 너 없이는 살 수 없다.'라는 신호를 보냄으로써 타인의 돌봄을 유발한다. 이들은 우울, 불안, 광장공포증, 대인공포증, 선택적 함묵증, 틱, 말더듬, 신체화 장애 등의 행동을 보인다.

환심형

이 유형은 '자기희생적'이다. 이들은 상대방이 자신에게 고마움을 느끼도록 선물이나 도움을 제공한다. 이들은 주로 '(지금 다른 일로 바쁘지만) 너를 위해 해 줄게.' '(싫지만) 너를 위해 열심히 노력 중이야.' '(많은 시간과 노력을 들여서) 너를 위해 준비했어.'라는 말을 사용한다. 이 말의 숨은 메시지는 '너는 나에게 빚을 졌어.'다. 이런 희생을 통해 상대방이 자신에게 고마움을 느껴서 자신과 친밀한 관계를 유지하도록 만든다. 그런데 상대방이 더 이상 자신에게 감사해 하지 않으면 화를 내거나 상대방을 비난한다. 이들은 어린 시절에 타인에게 배려를 했을 때 인정과 사랑을 받은 경험이 많았던 사람들이다. 그래서 주로 과하게 친절하거나, 과도한 선물을 주면서 지나치게 배려하는 행동을 한다. 항상 학교에 과자나 스티커를 들고 가서 친구들에게 나누어 주려는 아이도 여기에 속한다.

파워형

이 유형은 타인을 지배하고 통제하려 한다. 이 유형은 상대방이 자신을 힘 세고, 능력이 있는 사람이라고 생각하도록 만들고자 한다. 그래서 이 유형이 주로 사용하는 말은 '내가 하라는 대로 해.' '나를 따르라.' '내 말이 맞아.' 등이다. 이들은 상대방이 자신의 말에 복종할 때 기쁨을 느끼고, 자신에게 복종하는 사람들과 관계를 유지한다. 하지만 상대방은 이런 관계가 지속되면 불편함을 느끼고, 결국에는 싸우게 된다.

이 유형은 다른 사람에게 '너는 나 없이는 살 수 없어.' '나만이 지금 상황을 해결할 수 있어.' 라는 생각을 가지도록 한다. 자신에게 힘과 능력이 있기 때문에 상대방은 자신에게 의지해야 하고, 자신은 이들을 이끌고 보호해야 한다고 생각한다. 그래서 이들은 보통 상대방에게 무능력감을 느끼도록 유도한다. 이 유형을 보이는 사람은 어린 시절에 권위적인 부모로부터 강요를 당한 경험이 있거나, 부모가 알코올 중독이나 우울증을 겪어서 자녀가 부모의 역할을 해야만 했던 경험을 가진 경우가 많다. 또는 다른 사람과의 관계 안에서 유능성을 보일 때 상대방으로부터 인정을 받았던 경험을 가진 경우가 많다. 이들은 '왜 내 마음대로 안 될까?' '다른 사람들이 내 말을 잘 안 들어줘요.' 등의 말을 주로 하며, 학교에서 비행, 학교폭력, 약물남용 등의 문제를 보이기도 한다.

지적 발달

자존감은 지적 발달을 촉진시킨다. 어려운 시험 문제가 나오면 '나는 이것을 해결할 수 있어.'라고 생각하는 사람과 '너무 어려워서 해결할 수 없어.'라고 생각하는 사람은 각각의 성취경험이 다르기 때문에 지적 능력 및 학업성취도에서 차이가 난다. 자존감이 높은 아이는 세상은 재미있고 신기한 것으로 가득 차 있다는 세상에 대한 긍정적인 이미지를 가지고 있어서 다양한 경험에 대해 개방적이고 세상을 자유롭게 탐색한다. 그로 인해 아이는 다양한 경험을 통해 지적 능력이 개발되고 발달하게 된다. 여러 연구에서도 자존감이 학업성취도를 예측하는 요인임을 밝혀 주고 있는데, (윤은종, 김희수, 2006; 이숙정, 2006; Slicker, Melanie, & Fuller, 2004), 자존감이 높은 아이는 실패나 좌절에 대한 내성이 강하고, 성취에 대한 욕구가 높아서 학업에 적극적인 태도를 보이며, 학업에서 낮은 성취를 보여도 쉽게 좌절하지 않고 다시 도전하는 행동을 보인다.

또한 자존감이 높은 아이는 경험에 대해 개방적이고 다양한 감정과 태도들을 자유롭게 경험하기 때문에(송인섭, 1998) 창의적인 사고를 한다(Hoyle et al., 1999). 즉, 자존감이 높은 아이는 다양한 상황에서 나타나는 문제들을 다양한 방법을 통해 처리할 수 있다고 믿으며, 실제로 다양한 방식의 문제해결력을 보인다. 그리고 다양한 상황에서 순응하거나 수동적으로 반응하는 대신에 창의적 방식으로 문제에 도전한다.

자존감이 높은 아이는 자신의 능력에 대하여 믿음을 가지고 있어서 학업 상황에서 오는 실패에 대해 쉽게 좌절하지 않으며, 실패를 극복하기 위해 적극적으로 문제를 해결해 나간다. 즉, 자존감은 어려운 과제에 도전할 수 있는 힘과 학업에 흥미와 동기를 꾸준히 유지할 수 있도록 한다. 반면에 자존감이 낮은 아이는 실패에 대한 좌절에서 쉽게 빠져나오지 못하며, 실패할 것 같은 상황을 두려워해서 피하게 된다. 이런 현상은 수능이나 중요한 시험을 잘 못 본 아이가 자살을 시도하거나 시험에서 실패한 후에 학업을 포기하는 행동으로 나타나기도 한다. 다음 사례의 소영이도 유사한 경우다.

사람들이 저를 낙오자라고 비웃는 소리가 들려요

소영(고3, 여)이는 학교를 중퇴하고 집에서 검정고시를 준비하고 있다. 사실 소영이는 가족에게 검정고시를 준비한다고 이야기를 하였지만 방에서 나오지 않기 위한 핑계였던 것이다. 소영이는 초등학교 시절부터 공부를 잘하였다. 그래서 중학교를 졸업하고 지방에 있는 특목고에 입학을 하였다. 특목고에 입학한 후 소영이는 첫 중간고사를 보았다. 결과는 반에서 10등이었다. 항상 1, 2등만 했던 소영이는 성적을 올리기 위해서 집중을 잘하게 하는 약을 먹으며 밤을 세며 공부를 하였다. 그래도 기대처럼 성적이 오르지 않았다. 그러던 어느 날, 소영이는 모든 아이들이 자신에게 손가락질을 하며 실력도 없는데 여기에 왔다고 흉을 보는 환청이 들렸다. 소영이는 그 소리 때문에 더욱 공부에 집중할 수가 없었고, 자신이 점점 미쳐 가는 것 같아서 두려웠다. 급기야 학교를 자퇴하고는 검정고시를 보겠다며 집으로 돌아왔다. 하지만 여전히 사람들이 자신을 낙오자라고 비웃는 소리가 들렸다.

표 1-5 자존감에 따른 지적 발달의 특성

자존감이 높은 사람	자존감이 낮은 사람
실패를 빠르게 극복한다.	실패를 극복하지 못하고 학습된 무기력에 빠진다.
새로운 과제에 의욕적이며 적극적인 태도를 보인다.	새로운 과제를 접하면 두려워서 피하려고 한다.
성취 기준이 높고 이를 달성하기 위해 노력한다.	성취 기준이 낮아 '나는 못 해.'라는 말을 자주 한다.
창의적인 사고를 한다.	다른 사람이 이미 실시한 방식을 따른다.

정서적 안정감

정서(emotion)란 우리가 감정적으로 느끼는 기분 상태를 의미한다. 우리가 '슬프다' '기쁘다'와 같은 정서를 느끼기 위해서는 신체반응과 그것에 대한 인지적 해석이 필요하다. 예를 들면, 슬프면 가슴이 벅차고 눈물이 난다. 이러한 신체반응이 동반되어야 한다. 하지만 가슴이 벅차고 눈물이 날 때는 슬픔이 아닌 기쁨을 느낄 때도 같은 신체반응을 보인다. 어머니가 돌아가셨거나 사랑하는 강아지가 아픈 것과 같은 슬픈 상황도 신체반응이 동반되어야만 자신의 감정을 슬프다고 지각할 수 있다.

반면에 신체반응을 인지적으로 정확하게 해석하지 못하면 정서를 잘못 해석하게 된다. 한 예로, 한 외국의 학자가 젊은 남자들에게 12미터 높이에 있는 흔들다리를 건너게 한 후, 젊은 여자를 만나게 하였다. 그러자 대부분의 남자들은 그 여자를 첫눈에 보고 반했다고 보고하였다. 높은 흔들다리를 건널 때 떨린 신체반응을 여자를 만나서 떨린 것이라고 잘못 해석한 것이다. 이처럼 많은 사람은 자신의 신체반응을 정확하게 해석하지 못하는 경우가 많다.

인지적 해석에 영향을 주는 것이 바로 자존감이다. 자존감이 높은 사람은 타인이나 자신, 세상에 대해 신뢰로운 마음이 있어서 상황을 긍정적으로 해석하는 경향이 높다. 따라서 자존감이 높은 사람은 일반적으로 긍정적인 정서를 가지고 있다. 이들은 타인의 비난이나 무시에도 상처를 받거나 부정적인 영향을 덜 받는다. 즉, 자존감이 의식의 항체로 작용해 저항력과 재생력을 제공해 주는 것이다. 그래서 자존감이 높은 사람은 타인에게 거절과 상처를 받아도 빨리 회복하거나 극복할 수 있고, 좌절 상황에 적극적으로 대처할 수 있다.

반면에 자존감이 낮은 사람은 자신, 타인, 세상에 대한 신뢰로운 마음이 없다. 그래서 상황을 부정적으로 해석하고, 부정적인 정서에 쉽게 빠진다.

그리고 우리는 '나는 어떤 사람이다.'라는 생각의 차이에 따라 같은 스트레스 상황에서도 그 스트레스를 해석하고 해결하는 방식이 다르다. 가령, '나는 이것을 극복할 수 있는 사람이다.'라고 생각하는 사람은 스트레스를 피하기보다 이에 적극적으로 대처하면서 스트레스를 하나의 자극이나 도전으로 받아들인다. 자존감은 하나의 인식의 틀로 외부 자극이나 사건에 대한 해설서와 같다. 그래서 자존감이 높은 사람은 다른 사람에게 폭행을 당하면 속상하기는 하지만 자신이 맞을 만한 사람이 아니라고 생각하기 때문에 그 사건을 '내가 잘못해서가 아니라 환경이나 그 사람이 문제일 수 있겠다.'라고 처한 상황을 객관화한다. 반면 자존감이 낮은 사람은 '모두 나 때문이다.' '내가 잘못해서 그렇다.' '내가 가치 없어서 그렇다.'라고 자책한다. 즉, 자존감이 높은 사람은 자신을 객관적으로 평가할 수 있어서 걱정이 적은 반면, 자존감이 낮은 사람은 열등감이나 불확실감이 많아 실패를 두려워하고 부정적 사건으로부터 더 많은 심리적 어려움을 경험한다. 이들은 외부의 변화에 지나치게 예민하고, 늘 실패를 예견하기 때문에 위협을 느끼며, 우울이나 불안 수준이 높다(Greenberg et al., 1992).

표 1-6 자존감에 따른 정서 특성

자존감이 높은 사람	자존감이 낮은 사람
일반적으로 긍정적인 기분을 가진다.	짜증이 심하고 화를 잘 낸다.
유머감각이 있다.	타인의 말을 쉽게 오해하고, 비관적인 생각을 자주 한다.
타인의 비난에 쉽게 동요되지 않는다.	타인의 비난에 쉽게 우울해진다. .
얼굴 표정이 밝다.	얼굴 표정이 다소 어둡다.

자존감에 영향을 주는 요인

아이의 자존감에 영향을 주는 요인은 많다. 기질, 개인적 특성, 가정 환경, 학업 성적, 또래의 반응, 교사의 반응 등 다양한 요인에 의해 자존감은 영향을 받는다. 요인들은 크게 개인 내적인 요인과 환경적인 요인으로 나눌 수 있다.

개인 내적인 요인

자존감에 영향을 주는 개인 내적인 요인으로는 '자신에 대한 평가' '인지능력'이 대표적이다.

자신에 대한 평가

자신에 대한 평가는 자존감에 영향을 주는 중요한 요인이다(Harter, 1983; Mussen, Conger, Kagan, & Huston, 1990; Rosenberg, 1965). 자신이 어떤 과제나 상황을 해결할 수 있을 것이라고 믿는 마음은 아이가 학습상황이나 새로운 일에 도전할 때 긍정적 영향을 준다. 가령 자신에게 능력이 있다고 생각하는 아이는 도전적이고, 현재의 성취수준보다 높은 과제를 선택하며 이를 해결하려고 한다. 미국의 한 실험에서 아이들에게 스스로 수학 문제를 선택하여 풀도록 하였다. 그러자 자존감이 낮은 아이는 자신의 수준보다 낮은 수준의 수학 문제를 선택하였고, 자존감이 높은 아이는 자신의 수준보다 높은 수준의 수학 문제를 선택하였다.

자신에 대한 평가는 성취경험으로부터 생긴다. 스스로 어떤 일을 성공적으로 해결하고 풀어 나간 경험이 쌓이면 자신의 능력에 대한 평가도 높아진다. 따라서 아이에게 성취경험을 주기 위해서는 아이의 수준에 맞는 과제를 제시해야 한다. 아이의 수준에 맞지 않는 과제를 제시하는 것은 아직 뛰지 못하는 아이에게 뛰라고 지시하는 것과 같다.

자신의 수준과 맞지 않는 과제나 일을 반복하게 되면 아이는 자신을 능력 없는 사람이라고 생각하게 된다. 스스로 해결할 수 있는 능력이 없다고 생각하는 아이는 어려운 일을 만나면 해결하지 않고 피하거나 어른에게 의존하게 될 것이다. 이런 경험이 반복되면 아이는 학습된 무기력에 빠진다. 한 실험에서 우리에 쥐를 넣고 전기충격을 주었다. 처음에 전기충격을 주자 쥐는 그곳에서 벗어나기 위해서 발버둥을 쳤다. 하지만 1주일이 지나자 쥐는 전기충격을 주어도 몸을 떨기만 할 뿐 아무런 행동도 하지 않았다. 이 쥐는 자신이 전기충격에서 벗어날 수 없다고 생각한 것이다. 이를 학습된 무기력이라고 한다. 이처럼 자신이 감당할 수 없는 일을 반복적으로 경험하면 학습된 무기력감에 빠지게 된다.

그리고 같은 성적을 받았더라도 자신감이 떨어지는 아이가 있는 반면, 그것에 만족하고 성공경험으로 지각하는 아이도 있다. 이는 자신의 성취를 어떻게 받아들이는가에 따라 달라지기 때문이다. 또한 현실에 맞지 않게 기준을 설정한 경우에도 자존감이 낮아지는 요인이 될 수 있다는 것을 보여 준다.

나이 어린 아이의 성취경험은 신체능력에 의해 결정되는 경우가 많다. 신체능력은 자신의 능력에 대한 평가와 신체 이미지를 형성한다. 이들은 다양한 분야에서 자신의 능력을 확인할 기회가 적기 때문에 눈에 보이는 신체능력으로 자신의 능력에 대한 평가를 내린다. 예를 들어, 2세 아이가 스스로 계단을 오를 수 있다고 생각하는 것과 엄마의 손을 잡아야 계단을 오를 수 있다고 생각하는 것은 자신의 능력에 대한 믿음이 다르기 때문에 아이의 자존감에 영향을 준다. 그래서 아이는 엄마의 손을 뿌리치고 계단을 오르려고 한다. 그리고 마침내 계단을 오르게 되면 하루 종일 끝없이 계단을 오르내리면서 자신의 능력을 확인한다. 이들은 신체를 자기 마음대로 움직여 주위 환경과 성공적으로 상호작용할 수 있게 되면서 즐거움과 만족감을 느끼는 것이다. 그래서 달리기를 잘하거나, 줄넘기를 잘하거나, 축구를 잘하는 친구가 멋져 보이는 것이다.

신체능력은 다양한 경험이 증가하면서 점차 자존감에 영향력을 상실한다. 하지만 아이가 청소년기로 접어들면서 신체능력이 신체 이미지로 대치되어 청소년기에는 외모가 중요해진다(Dohnt & Tiggemann, 2006). 청소년기에는 자신의 외모를 어떻게 지각하는지에 따라 자존감에 차이를 보인다(Strauss, 2000). 이들에게 외모는 타인의 사랑과 인정을 받도록 하는 요인이기 때문이다.

자, 다른 사람들에게 '너 참 예쁘다.'라는 말을 자주 듣는다고 가정해 보자. 기분이 어떨까? 그리고 자신이 어떤 사람으로 느껴질까? 또 다른 사람에게 '뚱뚱하다.'라는 말을 자주 들으면 자신이 어떤 사람으로 느껴질까? 타인에게 예쁘다는 말을 자주 들으면 자신이 멋진 사람이라는 생각과 타인에게 사랑을 받는다는 느낌이 들 것이다. 이처럼 외모는 타인의 평가를 유발하여 아이의 자존감에 영향을 주게 된다. 그래서 방학이 되면 청소년들 사이에서 성형 바람이 부는 이유도 외모를 아름답게 가꾸어 자존감을 높이기 위한 것이다.

이처럼 아이에게 신체능력과 외모는 자신에 대한 이미지를 형성하기 때문에 과도하게 외모를 통해 자존감이 높아진 아이는 아름다운 외모를 유지하기 위해 부적절한 행동을 하기도 한다. 그래서 예쁘다는 과도한 칭찬은 불안을 가져와 결국은 아이의 자존감을 손상시킨다. 예쁘다는 말보다는 그 아이가 가진 다른 장점을 계발해서 살려주는 것이 아이의 자존감 형성에 도움을 줄 수 있다.

인지능력

인지능력은 학업성취와 문제해결 경험을 통해 아이의 자존감에 영향을 준다. 학령기에는 '나는 수학을 잘해.' '나는 영어를 잘해.'와 같은 평가를 통해 자존감이 형성되는 경우가 많다. 하지만 학업성취는 절대적인 기준이 아니라 상대적인 기준이라서 환경과 상황이 바뀌면 그 기준 또한 달라져서 성취경험이 실패경험으로 변화되기도 한다. 예를 들어, 중학교 때 반에서 1등만 하던 아이가 영재들이 모인 고등학교에 입학한 후 자존감이 낮아지고, 무기력에 빠지는 경우가 이런 경우다.

자존감은 고정되어 있기보다는 아이가 겪는 다양한 경험에 따라 변화한다. 학교는 아이가 가정 다음으로 많은 시간을 보내는 곳이고, 자신의 능력을 확인하는 곳이다. 따라서 학교에서 아이가 어떤 경험을 하는가에 따라 자존감이 달라진다. 학교에서 학업성취만이 중요한 일로 부각되면 학업성취가 낮은 아이는 자존감이 낮아진다. 그러므로 학업성취뿐 아니라 다양한 활동을 계발하여 아이가 다양한 영역에서 성취할 기회를 제공해야 한다.

그렇다면 머리가 좋으면 자존감이 높을까? 즉, 인지능력이 높으면 성취경험이 많아져서 자존감이 높아질까? 어느 정도 맞는 말이지만, 인지능력 자체보다는 학업성취나 성적에 대한 다른 사람의 평가가 아이의 자존감에 더 영향을 준다. 가령 50점을 받은 아이가 있다고 가정해 보자. 50점은 이 아이에게 성취경험일까? 아니면 실패경험일까? 50점 자체보다는 이러한 점수를 받았을 때 부모나 교사가 '잘했구나.'라고 말해주면 이 점수는 성취경험일 것이다. 하지만 '이게 뭐야? 평균도 안되잖아.'라고 말해 주면 이 점수는 실패경험일 것이다. 이처럼 인지능력은 성취감과 유능감에 어느 정도 영향을 줄 수 있지만 절대적인 것은 아니다.

환경적인 요인

가 정

가정은 아이의 자존감을 결정하는 핵심적인 요인이라고 할 수 있다. 특히 부모의 양육태도가 자존감에 많은 영향을 준다. 부모가 아이에게 정서적으로 안정적이고 긍정적인 환경을 제공하면, 아이와 부모는 친밀한 관계를 가지게 되고, 이런 부모와 자녀의 관계는 아이가 환경에 잘 적응할 수 있도록 돕는다. 특히 로저스(Rogers, 1951)가 지적한 바와 같이 무조건적인 긍정적 존중과 수용적인 태도를 지닌 부모는 아이가 어려운 문제도 스스로 해결할 수 있도록 돕기 때문에 아이가 성공적인 삶을 살 수 있게 하며, 이런 아이는 높은 자존감과 타인을 돌보는 능력을 갖게 된다고 하였다.

반면에 훈육적인 어머니를 둔 아이는 자존감이 낮으며(Coopersmith, 1967; Sears, 1970) 자신을 부정적으로 바라본다. 그리고 이런 아이는 다른 사람들이 자신을 부정적으로 평가할 것이라 예상하기 때문에 타인의 행동을 자기 나름대로 해석하는 편견에 사로잡힐 수 있다(Gergen, 1971). 또한 부모의 별거, 이혼, 질병, 경제적 압박, 부모와 자녀 간의 갈등, 부모 중 한쪽의 부재, 실직이나 사망 등과 같은 가족 구조적 특징도 부모의 무조건적인 존중의 태도를 방해하며 적대적인 양육태도를 보일 가능성이 높아서 아이의 자존감 형성을 방해한다(김영숙 1997; Conger, Ge, Elder, Lorenz, & Simons, 1994).

학 교

학교는 가정 요인 다음으로 자존감 형성에 큰 영향을 끼친다. 학업성취도, 학급의 전반적 분위기, 교풍 등은 아이의 자존감 형성에 영향을 주는 요인이다.

일반적으로 아이는 초등학교 2학년경부터 교과와 관련된 성취도를 다른 아이들과 비교하고, 그 결과를 자신의 능력을 평가하는 준거로 삼기 시작한다. 다른 사람과의 비교를 통해 자신의 성취 수준이 바람직하다고 생각되면 학업적인 면에서 높은 자존감을 갖게 되지만, 그렇지 못한 경우에는 낮은 자존감을 갖게 된다. 따라서 학교의 분위기가 학업을 중시하는 경우, 학업성취도가 낮은 아이는 낮은 자존감을 가질 가능성이 높아진다.

교사와의 관계

교사는 부모 다음으로 아이에게 중요한 영향력을 줄 수 있는 사람이다. 즉, 교사의 평가, 기대, 태도, 아이와의 친밀감 등은 아이가 자신을 바라보는 눈에 영향을 준다. 예를 들어, 아이가 낮은 성적을 받았을 때 '너는 이것도 못하니?' '집중을 안 하더니 그럴 줄 알았다.'와 같은 부정적인 반응은 아이의 성적보다는 아이의 자아를 비난하는 말로 아이의 자존감을 손상시킨다. 그리하며 아이는 '나는 할 수 없어.' '난 해도 안 돼.'와 같은 생각들을 마음속에 가지게 된다. 그로 인해 학업이나 대인관계도 하지 않으려 하고, 새로운 일을 만나게 되면 쉽게 포기하고 회피하려 한다.

이와 반대로 교사의 긍정적인 태도는 아이가 다양한 좌절 상황에 처했을 때 아이에게 힘을 줄 수 있으며, 아이가 자신의 잠재력을 발견하고 긍정적인 방향으로 변화할 수 있도록 돕는다. 부모에게 정서적 지지를 받지 못하던 아이가 교사로부터 긍정적인 반응을 받아 자기 성장을 하는 경우도 이런 이유다. 또한 아이는 성장과정에서 다양한 좌절 상황에 직면하지만 교사의 격려를 통해 좌절하지 않고 보다 많은 성취경험을 할 수 있는 계기가 되는 경우도 있다. 교사의 진실성과 가치관 등은 아이에게 영향을 미치는 교사의 주요한 특성이며 교사의 긍정적인 태도는 아이를 긍정적으로 변화시킬 수 있다는 것을 잊지 말아야 한다(Gergen, 1971).

읽을거리 교사의 자존감과 아이의 자존감

교사가 아이를 대하는 태도는 교사 자신의 가치관, 신념, 아이에 대한 관심, 그리고 교사 자신의 자존감에 영향을 받는다. 특히 교사의 자존감이 매우 중요한데, 이는 아이의 행동을 해석하도록 만들고 아이의 행동에 반응하도록 만들기 때문이다. 예를 들어, 평소에 자신을 다른 사람보다 부족하다고 생각하는 교사는 아이가 질문에 답을 하지 않으면 자신을 무시한다고 생각해서 아이를 혼내게 된다. 그 아이가 질문의 답을 모르거나 자신감이 없어서 자신의 생각을 이야기하지 못한 것일 수도 있는데도 말이다.

수업 중에 엎드려 있는 아이

수업 중에 엎드려 있는 아이를 떠올리면 어떤 기분이 드는가?

아이의 행동을 생각하면서 드는 기분은 아이가 왜 그런 행동을 했을 것인지에 대한 해석에 따라 달라진다. '내 수업이 재미없어서' '어젯밤에 늦게 자서' '몸이 아파서' '쉬는 시간에 친구와 싸워 속상해서' 등 여러 가지 이유를 생각할 수 있다. 그리고 이유에 따라 화가 나거나, 안쓰러운 기분이 들거나, 무기력한 기분 등 여러 가지 감정이 들 수 있다. 따라서 이런 생각과 감정에 따라 아이에게 반응하게 된다.

아이의 행동에 대한 이유를 찾는 방식을 귀인이라 한다. 이런 귀인에는 내적 귀인과 외적 귀인이 있다. 내적 귀인이란 사건의 원인을 자신의 내부에서 찾는 것이다. 즉, 수업 중에 엎드려 있는 이유가 자신의 재미없는 수업 때문이라고 생각하면 이것은 내적 귀인이다. 외적 귀인이란 사건의 원인을 타인이나 환경에서 찾는 것이다. 수업 중에 엎드려 있는 이유가 아이가 피곤하거나 아파서 그럴 것이라고 생각하는 것이 바로 외적 귀인이다.

자존감이 낮은 교사는 부정적인 사건을 해석할 때는 내적 귀인을 많이 사용하고, 긍정적인 사건을 해석할 때는 외적 귀인을 사용하는 경향이 있다. 즉, 잘못된 일은 자신의 탓이고 잘된 일은 남의 탓이라고 생각한다. 그래서 실패는 자신의 능력이나 자질이 부족해서라고 생각하고, 성취는 어쩌다 운이 좋아서 일어난 일이라고 생각한다. 그러다 보니 가르치는 아이가 부적응적인 행동을 하면 그 아이의 행동에 대한 이유를 자신이 잘못해서라고 생각한다. 그러면 교사로서의 유능감은 떨어지게 되고, 그 상황에서 벗어나고 싶어 하게 될 것이다.

반면 자존감이 높은 교사는 상황을 정확하게 해석하고, 이에 따라 내적 귀인과 외적 귀인을 적절하게 사용한다. 즉, 상황에 따라 자신의 잘못을 인정하면서 아이의 문제를 객관적으로 바라본다. 그렇다고 해서 이분법으로 귀인하기보다 유연한 관점으로 아이의 행동을 바라본다. 여기서 유연하다는 것은 다양성을 인정하는 것이다. 그 아이의 행동에는 다 나름대로 이유가 있다는 것을 인정하고 아이 행동의 이유를 다각도로 바라본다는 것이다. 이처럼 유연하고 개방적인 교사의 태도는 아이의 행동

원인을 정확하게 이해할 가능성이 크기 때문에 아이와 관계도 좋고, 아이의 자존감을 높여 줄 수 있다.

또래관계

아이가 학원이나 유치원을 다니기 시작하면서 또래관계는 더욱 친밀해진다. 아이는 소집단이나 또래집단의 구성원이 되기를 원한다. 또래집단은 그 집단을 구성한 각각의 아이에게 또래집단만이 줄 수 있는 고유한 안정감을 주어 아이가 편안함을 느낄 수 있도록 해 준다. 아이는 이런 사회적 접촉에서 사회성이 발달하며, 또래들과의 원만한 관계와 또래들로부터의 인정은 아이에게 자신감이 생기게 한다. 또한 또래들과의 상호작용 속에서 행동규범을 배우게 되고, 자신만의 고유한 가치를 가지게 된다.

특히, 학년이 높아질수록 또래와의 관계가 교사와의 관계보다 더 큰 의미를 가진다. 즉, 아이에게는 교사가 자신을 어떻게 보는가보다 다른 교우가 자신을 어떻게 생각하는지가 더 중요해진다(Dubois, Bull, Sherman, & Roberts, 1998; Murray, 1991). 따라서 또래와의 소속감과 또래들로부터 수용받는 경험은 자존감을 높일 수 있다. 그러나 또래들과의 불만족스러운 경험은 낮은 자존감의 원인으로 작용하게 된다. 또래관계에서 소외 혹은 고립을 경험한 아이는 '친구들이 나를 싫어해.'라고 생각하며, 그 싫어하는 이유를 '내가 너무 못 생겨서.' '내가 너무 못나서.'와 같이 자신에게서 찾는다. 이런 생각은 결국 자존감에 심각한 상처를 준다.

다음의 글은 또래로부터 소외감을 느껴 자존감이 낮아진 아이의 사례다.

중학교 2학년인 소영이는 며칠 전에 연필깎이 칼로 자신의 손목을 그었다. 평소에 말이 없던 소영이는 한 달 전부터 인터넷 채팅을 하다가 남자 친구를 사귀게 되었다. 그런데 그 남자 친구가 소영이에게 집에 있는 돈을 모두 가져오라고 했다. 그러자 소영이는 몇 차례 아빠가 모아 둔 돼지 저금통을 가져다 남자 친구에게 주었고, 이 사실을 알게 된 부모님은 그 남자 친구와 더 이상 채팅을 하지 못하도록 하였다. 그러자 소영이는 "그럼 난 죽을 거야. 난 그 오빠가 좋다고. 나한테 친절하게 말해 주는 사람은 그 오빠뿐이야."라고 하면서 마구 울더니 자신의 손목을 그었던 것이다.

소영이는 어릴 때부터 친하게 지내는 친구들이 별로 없었다. 초등학교 때도 한 두 명의 친구와 친하게 지내다가 어느 순간이 되면 친구들이 떠나기 일쑤였다. 초등학교 5학년 때는 반 친구들이 소영이에게 '진상'이라고 놀리며 따돌렸다. 그 이후로 소영이는 '나는 남에게 사랑받지 못하는 아이야.' '나는 미움만 받는 아이야.'라는 생각을 하였고, 친구들이 다가오면 오히려 도망가곤 하였다.

그런 자신의 이야기를 들어주고, 자신을 좋아한다고 이야기한 남자 친구는 아마도 소영이에게 전부였을 것이다. 그래서 소영이는 남자 친구의 부탁을 거절하면 헤어질지도 모른다는 두려움 때문에 남자 친구의 부당한 요구를 거절하지 못했던 것이다.

자존감 발달: 연령별 주요 과제

자존감의 발달

앞 절에서 밝힌 바와 같이 자신을 얼마나 유능하고 가치가 있으며, 중요하고 꼭 필요한 존재로 여기는지에 따라 자존감의 높고 낮음이 결정된다. 그렇다면 자존감은 어떻게 발달되고 향상되는가?

자존감은 가정, 학교, 주위 환경, 개인 내적인 요인에 의해 변화되고 발달한다. 유아기에는 양육자에 의해 기본적인 틀이 형성되지만 그 후에는 양육자뿐 아니라 교사나 또래처럼 자신에게 의미 있는 사람들에 의해 자존감은 변화될 수 있다. 즉, 자존감은 일정한 시기에 형성되어 고정되는 것이 아니라 다양한 경험과 발달 과정을 겪으면서 지속적으로 변화하고 발달한다(Leary & Baumeister, 2000). 다음은 아이의 연령에 따른 자존감의 발달 특성이다.

영아기(0~1세)

0~1세인 영아기는 자신의 욕구나 감정, 생각을 잘 표현하지 않는 수동적인 존재처럼 보이지만, 실제로는 인생에서 가장 활발한 발달이 일어나는 시기이며, 삶의 태도를 형성하는 가장 중요한 단계다.

신생아 때도 아이는 자신을 주위 환경으로부터 물리적으로 구분되었다고 생각한다. 예를 들어, 신생아는 자기의 손이 닿았을 때보다 다른 사람의 손이 닿았을 때 더 강하게 근원반사(입 주위에 자극을 주면 자극을 향해 고개와 입을 돌리는 반사 행위)를 보이는데, 이는 자신과 타인을 구별하는 행동이다(Rochat & Hespos, 1997). 또한 모빌을 발에 묶어 주었을 때 발을 움직여 모빌이 움직이게 되면 더욱더 많이 발을 움직이는 것처럼, 신생아도 자신의 행동이 환경에 어떤 영향을 주는지를 알고 있다. 이런 증거는 곧 자아의 출현을 뒷받침하는 것이라 할 수 있다(Rochat, 2003).

이 시기의 아이는 세상이나 타인에 대한 신뢰감을 형성하고 싶은 욕구를 가지고 있다. 부모가 아이의 욕구를 일관성 있게 충족시켜 주면, 아이는 엄마에 대한 신뢰감이 생기며 세상은 믿을 만한 곳이라고 지각한다. 즉, 세상에 대한 긍정적인 이미지를 가지게 되며, 자신의 욕구가 지속적으로 충족되면 자신에 대한 긍정적인 이미지도 가지게 되어 긍정적인 자존감 형성의 초석이 된다.

유아기(1~3세)

15개월 정도가 되면 얼굴에 뭔가가 묻었을 때 거울 속의 자신의 모습을 보고 떼어내는 반응이 가능해진다. 또 거울 앞에서 우스꽝스러운 행동을 하거나 수줍어하는 모습을 보이기도 한다(Bullock & Lutkenhaus, 1990). 이것은 거울 속의 나에 대한 자각이 가능하다는 것을 보여 준다. 24개월이 되면 사진 속의 자신을 찾을 수 있고, '나'라는 인칭대명사를 사용한다. 그리고 '내 거야.'라고 주장하는 소유욕을 보이기도 한다(Levine, 1983; Fasig, 2000).

두 발로 걸어 다니는 1~3세가 되면, 아이는 '자율성에 대한 욕구'가 강해진다. 스스로 할 수 있는 것에 기쁨을 느끼고, 스스로 무엇을 할 수 있는지 궁금해하며, 자신의 능력을 확인하는 활동을 끊임없이 한다. 가령, 높은 곳에서 뛰어내리고, 계단을 오르내리고, 이것저것을 먹어 보고, 전등불을 켜고 끄기를 반복하고, 문을 열고 닫아보고, 변기 물도 내려 본다. 이것은 자율성을 획득하기 위한 행동으로 끊임없이 반복하는 것이 특징이다. 그래서 1~3세 아이가 주로 하는 놀이를 보면 물건을 이리저리 흔들거나 같은 동작을 반복해서 하는 단순한 것들이 많다.

그러다가 차츰 블록이나 모래, 점토, 물감 등의 재료를 이용해서 무엇인가를 만들기 시작하며, 맞추기, 목공놀이, 성 쌓기, 터널 만들기 등의 놀이를 통해 자신이 무엇을 할 수 있는지를 확인해 간다. 2세경이 되면, 유아는 퍼즐 게임을 통해 성취를 이루면 '여기 보세요, 엄마.'와 같은 말을 하거나 손으로 가리키면서 부모의 관심을 받고자 한다. 그리고 어른들이 준 과제를 해결하면 미소를 짓지만, 과제에 실패하면 얼굴을 찌푸리거나 얼굴을 돌려 외면한다(Stipek, Recchia, & McClintic, 1992). 즉, 아이는 이런 경험들을 통해 자신이 스스로 무언가를 할 수 있는 사람이라는 생각을 가진다. 자신의 능력과 관련된 자존감의 발달이 이 시기에서부터 시작된다고 할 수 있다. 그리고 이 시기의 아동이 형성하는 숙달감과 자존감은 전 생애에 걸쳐 자신이 수행하는 일에 대한 유능성과 자신감에 영향을 미친다(송명자, 1995).

아동 전기(4~7세)

이 시기의 아이는 인지발달과 함께 조금씩 자신과 주변 환경과의 관계에 대해 알기 시작한다. 그리고 자신과 타인을 성별, 나이 등의 범주를 사용해 구분함으로써 자신을 이해하게 된다. 그리고 자신에 대한 객관적인 평가가 점차 가능해지면서 객관적인 자아가 발달한다. 그래서 이 시기의 아이는 자신이 가진 관찰 가능한 특징(자기 이름, 외모, 소유물 등)을 사용해 자기 자신에 대해 기술한다. 예를 들어, '나는 영민이에요. 나는 네 살이에요. 나는 기차를 가지고 있어요. 나는 탑을 쌓을 수 있어요.'와 같이 말한다. 그러나 아직까지는 인지발달 수준을 영속적인 특성으로 묶는 것은 가능하지 않기 때문에 자신에 대해 '나는 착해요. 나는 공부를 잘해요.' 등과 같이 일반적인 특성으로 기술하지는 못한다.

아동 전기 아이가 가진 주요한 욕구는 자신의 삶을 주도적으로 이끌어가고 싶어 하는 '주도성'이다. 그래서 부모가 입으라는 옷보다는 자신이 좋아하는 옷을 선택하고, 부모의 지시를 일부러 어기면서 자신의 주도성을 획득하려고 한다. 아이는 자신이 주인공이 되어 끊임없이 세상을 탐험하는 과정에서 세상의 규칙과 질서를 배운다.

이는 아이가 주로 하는 놀이에서도 나타나는데, 우선 현실을 자신의 욕구에 동화시켜서 새로운 세계를 창조해 나가는 상징놀이가 나타난다. 이런 상징놀이는 현실의 벽을 완전히 허문 채 자신이 원하는 세상을 만들어 놀 수 있다는 점에서 완벽한 주도성을 발휘한다. 그러다가 이런 상징놀이는 4세경이 되면 더욱 발전되고, 현실적인 요소가 가미된 역할놀이(소꿉놀이, 병원놀이 등) 형태로 나타난다. 즉, 역할놀이에서 현실적 요소와 비현실적 요소가 나타나게 된다. 현실세계에서 직접 경험한 상황이나 사람의 역할을 모방하기도 하면서, 이런 현실에서 벗어나 맘껏 상상의 세계에서 창의적으로 역할놀이를 하기도 한다. 6세경이 되면 아이는 미리 정해진 규칙을 인식하고 받아들이는 규칙(rules) 있는 게임을 한다. 이런 규칙놀이를 통해 아이는 규칙을 올바르게 이해하고, 적절하게 적용하며, 주어진 범위 내에서 자신의 행동을 통제하는 것을 연습한다.

이 시기에 부모나 교사는 아이가 세상을 마음껏 탐험하고 세상을 배워갈 수 있도록

'손이 아닌 마음으로' 지지와 격려를 보내 주어야 한다. 그러나 많은 부모와 교사는 아이가 하려는 일을 과도하게 간섭하거나 미리 해 주어 아이의 주도성을 방해하는 경우가 종종 있다.

> 5살 진서가 연필로 그림을 그리다가 연필이 뭉툭해지자 어린이집 선생님이 얼른 진서의 연필을 깎아 주려 하였다. 그러자 진서가 자기가 하고 싶다고 했다. 그래서 선생님은 할 수 없이 진서에게 연필과 연필깎이를 주었지만 진서가 사용방법을 모르는 것 같아 진서의 손을 잡고 연필을 깎아 주었다. 그러자 진서가 울어버렸다.

진서의 예는 아이가 스스로 하기 전에 교사가 미리 해 주거나 방법을 알려 준 경우다.

앞의 예와 같은 반응은 아이에게 자기 스스로의 힘으로는 세상을 탐험할 수 없고, 항상 누군가의 도움을 받으면서 살아가야 하는 존재로 자신을 인식하게 만든다. 이런 생각들은 나중에 혼자 결정하고, 일을 해야 하는 상황에 직면했을 때 자신의 결정에 자신이 없어져서 불안감을 느끼게 만든다. 자신의 힘은 약하고, 세상은 자신의 힘으로 살아가기에는 너무 힘든 곳이라고 생각하는 것이다. 그래서 또래관계나 학업, 사회생활에서 주저하게 되고 자기주장도 못하게 된다.

세상을 내 맘대로 주도하려고 하는 것은 내가 힘을 가지고 있다는 것을 의미하며, 내가 세상에 영향력을 발휘할 수 있다는 유능감을 느끼게 해 준다. 또한 내 주변의 세상을 내 마음대로 통제할 수 있다는 통제감은 자신이 유능하다는 생각을 갖게 해 준다. 동시에 세상을 내 마음대로 하는 것도 중요하지만 현실 속에서 내 욕구를 통제할 수 있다는 자신에 대한 통제감도 가질 수 있게 한다.

반대로 부모나 교사가 아이의 기를 살려 주려고 아이가 원하는 대로 다 할 수 있도록 하는 경우도 있다. 이런 경우 아이는 자기 마음대로 세상을 통제하는 유능감을 느끼게 될 것이다. 그러나 세상은 아이가 하고 싶은 대로 항상 열려 있지는 않다. 아이가 살아야 할 세상은 실패도 있고, 좌절도 있고, 속상함과 슬픔도 있다. 그러나 항상 내 마음대로만 하고, 내가 원하는 것들이 모두 충족되었던 아이는 좌절을 경험할 기회가 없으며, 좌절로부터 오는 슬픔이나 화, 분노와 같은 감정을 다룰 수가 없게 된다. 그래서 또래나 가족관계에서 자신이 원하는 대로 되지 않으면 자신의 욕구와 타인의 욕구를 조정할 줄 모르고, 자신의 욕구만을 중시하는 일명 '이기적인 아이'가 되기도 한다.

이 시기에 있어 자존감 발달에 영향을 주는 또 하나의 주요한 특징은 사회적 비교(social comparison)다(송명자, 1995). 5~6세가 되면 아이는 또래와 비교하여 자신을 평가하기 시작한다. 이 무렵부터 아이는 능력뿐 아니라 옷차림, 소유물, 가정 배경, 또래부터의 수용도 등 여러 측면에서 다른 아이와 자신을 끊임없이 비교한다. 그래서 이런 사회적 비교의 결과가 긍정적이면 자존감이 올라가지만, 지적 능력이 부족하거나, 사회성이 부족하거나, 저소득 계층의 아이처럼 비교 결과가 부정적이면 아이는 낮은 자존감을 형성할 수 있다.

이 시기의 아이는 자신이 실제로 할 수 있는 능력과 자신이 할 수 있을 것이라는 기대를 구분하지 못한다. 판단의 정확성이 낮고, 가변적이며, 객관적인 평가보다는 자신에 대한 기대가 작용한다. 그래서 자신을 긍정적으로 받아들이고 낙천적인 특징을 보이기 때문에 자존감은 아동 전기에 가장 높다.

초등학교 저학년

초등학교에 입학하면서부터 아이의 자존감은 급격히 떨어지기 시작한다. 그 이유 중 하나가 학업적 자존감 때문이다. 일반적으로 초등학교 2학년경부터 학업성적을 비롯한 교과와 관련되는 모든 성취도를 다른 아이와 비교하고, 그 결과를 자신의 능력을 평가하는 준거로 삼기 시작한다(Smith et al., 1987; 송명자, 1995 재인용). 다른 아이들과 비교해서 자신의 성취가 바람직하다고 평가하면 아이는 긍정적인 학업적 자아개념을 형성하지만, 반대의 경우에는 자신감을 잃고 부정적인 학업적 자아개념을 가지게 된다.

초등학교 고학년 이후

이 시기는 '친절한' '고집 센' 등과 같이 자신을 정의할 때 보다 추상적으로 기술하기 시작한다. 신체적 속성보다는 추상적인 관념이나 개념에 의거해 자신을 규정한다. 이처럼 관념에 몰두하는 것은 에릭슨(Erikson)의 중요한 발달과업인 '정체감' 대 '역할혼란'을 반영한 것이라 할 수 있다. 이 시기에는 자신에 대한 이전의 정의를 의문시하게 된다. 예를 들어, 청소년기의 아이는 '지적인'과 '멍청한' 그리고 '수줍은'과 '사교적인'처럼 반대되는 특성을 동시에 언급하기도 한다. 이것은 부모, 친구, 교사 등과 같은 다양한 관계 속에서 각 집단이 요구하는 모습을 표출하도록 하는 사회적 압력을 받고 있기 때문에 모순된 자기서술을 하게 되는 것이다. 그러나 이런 자기모순이 심해지면서 '어떤 것이 진정한 나의 모습인가?'를 고민하게 된다(Harter, 1999, 2003).

중요한 전환점 중의 하나인 청소년기에는 역할 기대의 갈등, 급격한 신체 성숙, 복잡해지는 또래 또는 이성관계 등으로 자존감이 일시적으로 감소된다(Robins et al., 2002). 이후로도 자존감은 생애 발달의 중요한 단계나 사건에 따라 계속해서 변화된다. 예를 들면, 만 11~12세경인 사춘기에 접어들면 아이의 자존감은 낮아진다. 그러다가 고등학교 시기에 정상적으로 회복된다(Harter, 1990; Wigfield et al., 1991). 이런 경향은 여아보다 남아에게서 현저하다. 사춘기에 일시적으로 자존감이 낮아지는 이유는 아이의 자아의식이 급격하게 높아지는 동시에 타인이 자신을 어떻게 보고 있는가에 예민해지기 때문이다(송명자, 1995). 자아의식이 높아지면서 아이는 자신에 대해 보다 비판적으로 생각하게 되며, 타인의 시선을 의식하고, 타인과 비교하면서 그만큼 자기평가 또한 엄격해지게 된다. 사춘기 시기의 신체 및 성적 변화와 그로 인한 정서적 동요, 정신적 긴장 또한 자존감을 낮추는 요인으로 지적되고 있다.

또한 중학교에 입학하면서 자존감이 낮아진다는 연구결과도 있는데(Twenge & Campbell, 2001), 이는 이제까지 비교해 본 적이 없는 다른 초등학교 출신의 아이들과 자신을 비교해야 하며 또래 경쟁을 다시 시작해야 하기 때문에 일시적으로 자존감에 손상을 받을 수 있다고 한다. 그러나 새로운 학교에 익숙해지고 적응하면 자존감은 다시 상승하게 된다.

자존감 평가

아이의 자존감은 어떻게 알 수 있을까?

'발표를 잘한다.' '친구 관계가 원만하다.' '잘 웃는다.' 등의 행동은 자존감이 높은 아이가 보이는 행동 중 하나다. 그렇지만 아이마다 개인차가 있어서 몇 가지 행동 특성만으로 아이의 자존감을 정확하게 평가하기는 어렵다. 가령, 친구의 요구를 거절하지 못해 그 요구를 다 들어주는 아이는 겉으로는 친구관계가 원만해 보이지만 속으로는 스트레스를 받는다. 이런 아이는 자존감이 높은 아이에게서 보이는 행동 특성을 가졌지만 자존감이 높다고 할 수는 없다.

따라서 아이의 자존감을 정확하게 평가하기 위해서는 아이의 행동, 심리평가, 면접 등 다양한 방법을 사용해야 한다.

자존감 측정 도구

아이의 자존감을 손쉽게 평가할 수 방법 중 하나가 아이의 나이에 맞는 측정 도구를 사용하는 것이다.

아이의 자존감을 측정하기 위한 도구는 자존감의 정의만큼이나 다양하다. 우선 자존감을 다양한 요소가 적절히 상호 연관되어 있는 총체적인 인성적 특징이라고 보는 입장이 있다. 쿠퍼스미스(Coopersmith, 1967)는 이처럼 자존감을 다양한 영역에 걸친 자기 평가의 합이라고 생각해 자존감 척도를 개발하였다.

반면에 자존감은 단일 영역이 아닌 여러 개의 영역으로 구성되었다는 입장의 자존감 척도도 있다. 이런 입장에서 개발된 코킨스(Kokenes, 1974, 1978)의 자존감 척도는 '자아관련 영역' '부모-가정관련 영역' '또래 영역 및 사회적 자아 영역' '학교·학업 영역'의 네 가지로 구성되었고, 하터(Harter, 1982)의 자존감 척도는 '학업능력' '사회적 수용' '운동능력' '신체적 용모' '행동'의 다섯 가지 영역과 '전반적인 자아가치에 대한 지각'의 총 여섯 개의 영역으로 구성되었다. 포프 등(Pope, McChale, & Craighead, 1988)의 아동용 자존감 척도는 아이의 중요한 생활영역에서 자존감이 형성된다고 보면서 이는 '전반적 영역' '학업 영역' '가족 영역' '사회적 영역' '신체 이미지 영역'으로 구성되었다.

이처럼 자존감을 바라보는 입장에 따라서 지금까지 많은 자존감 척도가 개발되고 사용되었다. 다음은 이들 척도 중에서 연구와 현장에서 일반적으로 사용되고 있는 자존감 척도를 소개한다.

아동용 자존감 척도

쿠퍼스미스(Coopersmith, 1967)와 포프 등(Pope, McChale, & Craighead, 1988)의 자존감 척도를 참고해 우리나라의 최보가와 전귀연(1992, 1993)이 재구성한 것으로 총 32문항으로 이루어졌다. 자신의 태도와 일치하는 정도에 따라 1점에서 5점까지 체크하여 합계 점수가 높을수록 자존감이 높다.

표 1-7 아동용 자존감 척도

번호	내용	전혀 그렇지 않다	대체로 그렇지 않다	보통 이다	대체로 그렇다	매우 그렇다
1	나는 결심을 하면 그 결심대로 밀고 나갈 수 있다.					
2	⋮					
3	부모님은 나의 기분을 잘 맞춰 주신다.					
4	⋮					
5	나는 될 수 있는 한 최선을 다하려 한다.					
6	⋮					
7	부모님은 나를 잘 이해해 주신다.					
8	⋮					
9	나는 주저하지 않고 결심할 수 있다.					
10	⋮					
11	나는 집에서 상당히 행복하다.					
12	⋮					

13	내 문제는 주로 내가 해결할 수 있다.					
14	⋮					
15	나는 부모님과 즐거운 시간을 많이 가진다.					
16	⋮					
17	나는 나 자신을 잘 알고 있다.					
18	⋮					
19	나는 가족들과 함께 있을 때 기분이 좋다.					
20	⋮					
21	나는 나 자신에 대해 매우 만족한다.					
22	⋮					
23	우리 가족은 이 세상에서 제일 훌륭하다.					
24	⋮					
25	내 친구들은 내 생각을 귀담아 들어 준다.					
26	⋮					
27	내가 좀 더 나은 아이면 좋겠다.					
28	⋮					
29	부모님이 나를 자랑스러워하실 만하다.					
30	⋮					
31	나는 원하면 항상 친구를 사귈 수 있다.					
32	⋮					

청소년용 자존감 척도

김희화와 김경연(1996)이 기존의 척도(Coopersmith, 1967; Rosenberg, 1965) 문항과 우리나라의 문화적 요소를 가미해 개발한 아동용 자존감 척도를 김희화(1998)가 다시 청소년용으로 보완해 수정한 것이다. 7개의 하위영역으로 구성되어 있다.

표 1-8 청소년용 자존감 척도

번호	내용	전혀 그렇지 않다	대체로 그렇지 않다	보통이다	대체로 그렇다	매우 그렇다
1	부모님이 나에게 잘해 주셔서 기쁘다.					
2	⋮					
3	나는 무슨 일이든지 잘할 수 있을 것 같아서 뿌듯하다.					
4	⋮					
5	나는 건강하지 못해서 걱정이다.					
6	⋮					
7	부모님이 나를 믿어 주셔서 기쁘다.					
8	⋮					
9	부모님이 나보다 다른 형제들을 더 좋아하셔서 속이 상한다.					
10	⋮					
11	나는 이기적이라 걱정이다.					
12	⋮					
13	나는 참을성이 없어서 걱정이다.					
14	⋮					
15	나는 고집이 세서 걱정이다.					
16	⋮					
17	나는 친구들과 놀이를 할 때 자주 이겨서 기쁘다.					
18	⋮					
19	나는 내 외모에 만족한다.					
20	⋮					
21	내 친구들이 내 생각을 귀담아 들어 주어서 기쁘다.					

22	⋮					
23	나는 다른 사람 도움 없이도 잘 생활할 수 있어서 흐뭇하다.					
24	⋮					
25	선생님께서 나에게 무관심하셔서 슬프다.					
26	⋮					
27	나는 내 키에 만족한다.					
28	⋮					
29	내가 힘든 상황일 때 나를 위로해 줄 친한 친구가 있어서 든든하다.					
30	⋮					
31	나는 친구가 많아 기쁘다.					
32	⋮					
33	나는 모든 일을 확실히 처리할 수 있어서 자랑스럽다.					
34	⋮					
35	내게는 좋은 점이 많아 자랑스럽다.					
36	⋮					
37	나는 다른 사람들이 못하는 일을 잘 해결할 수 있어서 뿌듯하다.					
38	⋮					
39	나는 다른 사람을 도울 수 있어서 자랑스럽다.					
40	⋮					
41	나는 해 본 적이 없는 새로운 운동이라도 잘할 수 있어서 기쁘다.					
42	⋮					
43	나는 체력이 좋아서 자랑스럽다.					

44	⋮					
45	나는 남들만큼 가치 있는 사람이라 뿌듯하다.					
46	⋮					
47	선생님께서 내 입장을 잘 이해해 주셔서 다행이다.					
48	⋮					
49	나는 남을 질투해서 걱정이다.					

성인용 자존감 척도

다음은 부모나 교사의 자존감을 측정할 수 있는 도구다. 자신과 비슷하다고 느끼는 정도에 표시를 한다.

표 1-9 성인용 자존감 척도

⋮	내용	전혀 그렇지 않다	대체로 그렇지 않다	보통 이다	대체로 그렇다	매우 그렇다
1	나는 내가 다른 사람들만큼 가치 있는 사람이라고 생각한다.					
2	⋮					
3	대체로 나는 내가 실패자라고 생각하지 않는다.					
4	⋮					
5	나에게는 자랑할 만한 것이 있는 것 같다.					
6	⋮					
7	나 자신에 대해 대체로 만족하고 있다.					
8	⋮					
9	나는 내가 쓸모없다라는 생각은 하지 않는다.					
10	⋮					

그림 검사를 통한 자존감 평가

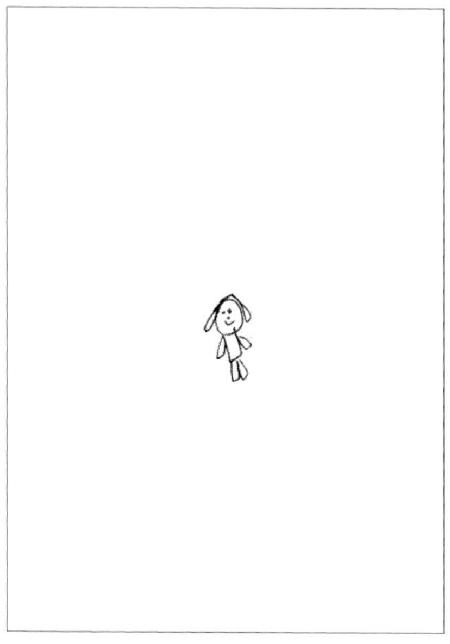

그림 1-6 사람

"이 그림을 그린 아이는 자존감이 높은가?"

가끔 부모나 교사에게서 많이 받는 질문 중 하나다. 그에 대한 답은 '잘 모른다.'다. 아이의 자존감을 알 수 있는 많은 검사가 있지만 그 검사 중 어느 한 가지만을 가지고 아이의 자존감을 평가할 수는 없다. 가령 [그림 1-6]을 그린 아이가 최근에 작은 캐릭터를 그리는 활동에 몰두해 있다거나 부모가 그림을 작게 그리는 것을 좋아해서 그림을 작게 그리도록 학습시키고 있다면 이 그림은 아이의 자존감을 나타낸다기보다 아이의 현재 관심사나 교육의 경험을 반영한 것이 될 수 있다.

따라서 그림 자체보다는 그림을 그리는 상황이나 아이의 현재 상태를 모두 고려해서 평가하는 것이 바람직하다. 하지만 일반적으로 자존감이 낮은 아이의 그림에는 몇 가지 공통적인 특징이 있다.

Tip 자존감이 낮은 아이가 그린 그림의 특징

1. 일반적으로 그림의 크기가 작다.
2. 일반적으로 종이의 하단이나 모퉁이에 그린다.
3. 일반적으로 색칠을 하지 않는다. 색을 칠한다 하더라도 어두운 색이나 단색을 주로 사용한다.
4. 일반적으로 그림에서 필수 부분이 생략된다.
5. 필압이 약하거나 단선보다는 여러 선을 겹쳐서 그린다.

우선 자존감이 낮은 아이는 그림을 작게 그리는 경향이 있다. 일반적으로 종이는 세상을 상징한다. 그래서 아이가 그린 그림의 크기, 위치, 표현방식, 그림의 내용 등을 가지고 아이의 자존감을 평가할 수 있다. 예를 들면, 아이가 우울하거나 불안한 상태가 되면 그림은 작아지기 마련이고, 싸우고 난 직후나 화가 난 상황에서는 그림이 커지는 경향이 있다. 그림이 너무 커서 종이 안에 그림이 모두 들어오지 않는 경우도 있는데, 이것은 자신을 너무 크게 보여 주려 하거나 충동성이 조절되지 않을 때 나타난다.

다음으로 그림의 위치와 관련해서는 일반적으로 종이의 중간에 그림을 그리지만 자존감이 낮은 아이 중에는 구석에 그림을 위치시키는 경우가 있다. 예를 들어, 학대를 경험한 아이는 다른 사람 눈에 자신이 띄지 않게 숨고 싶은 마음 때문에 그림도 구석에 위치시키게 그린다.

또한 그림에 있어야 할 필수 부분이 생략되기도 한다. 예를 들어, 겉으로 많이 드러나는 코가 생략되기도 하는데, 이는 자신이 드러나는 것이 부담스럽기 때문이다. 또 너무 위축된 아이의 경우에는 손이나 발이 생략되기도 한다.

선의 표현도 중요한데, 필압이 너무 약하고 여리게 그림을 그리는 아이는 심리적 에너지가 떨어져 있는 경우가 많으며, 우울이나 심리적 무기력을 보이고 있을 가능성이 높다. 또한 여러 선으로 겹쳐서 그림을 그리는 경우에는 완벽하고자 하는 욕구나 잠재된 공격성을 가지고 있을 수 있다.

다음은 아이의 자존감을 쉽게 알아볼 수 있는 그림 검사다.

나무 그림 검사

나무 그림 검사는 일반적으로 자아상을 나타낸다고 한다. 사람 그림에 비해 방어가 적어서 아이의 자아상을 알아보기 위해 나무 그림 검사를 많이 사용한다.

■ 준비물: A4 용지, 연필, 지우개

■ 실시 방법: '자, 종이에 나무를 그리세요.'라고 지시를 준다. 그런 다음 아이들이 '나무 종류는요?' '한 그루만 그려요?' 등 여러 가지 질문에 '여러분이 그리고 싶은 대로 그리면 돼요.'라고 답을 한다.

■ 해석 방법

1. 나무 그림에서는 뿌리, 기둥, 나뭇가지, 잎 등은 필수 요소다. 이 네 가지 중 하나라도 빠지게 그렸다면 의미 있게 해석해야 한다.
2. 뿌리는 정서적 지지와 기반을 의미한다. 뿌리가 없거나 겉으로 드러난 경우에는 아이가 현재 정서적 지지를 받지 못하고 있으며, 정서적 지지를 원하고 있음을 의미한다.
3. 기둥은 자아 강도를 의미한다. 기둥이 굵고 튼튼하면 자아 강도가 높은 것을 의미하고, 기둥이 가늘고 갈라지거나 벌레가 먹었으면 자아 강도가 약한 것을 의미한다. 이때 기둥에 옹이가 있으면 심리적 손상을 받고 있다는 것을 의미한다.
4. 나뭇가지는 사회성을 의미하는데, 가지가 많으면 사회적 욕구나 사회적 관심이 많은 것을 의미하며, 가지가 날카로우면 사회적으로 공격적인 성향이 있음을 시사한다.
5. 나뭇잎은 성취와 미래를 의미한다. 나뭇잎이 무성하면 현재 성취감을 느끼거나 바라고 있다는 것을 의미한다.
6. 간혹 필수 요소 이외에 열매를 그리는 경우가 있는데, 이는 애정의 욕구나 성취의 욕구를 의미한다.

사례

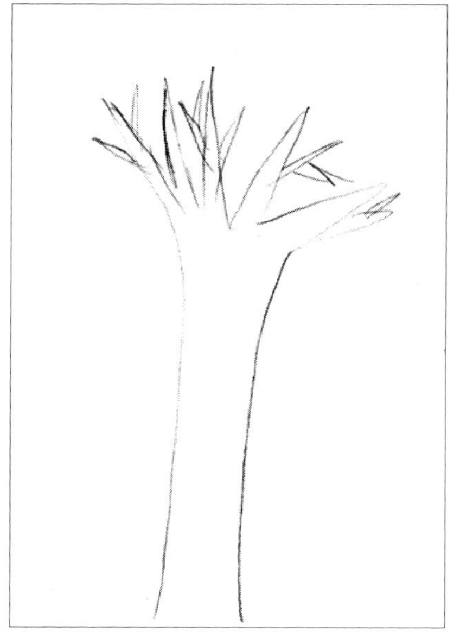

그림 1-7 **친구랑 자주 싸워요**
(초등학교 4학년, 남)

그림 1-8 **엄마는 동생만 사랑해요**
(초등학교 1학년, 여)

[그림 1-7]을 보면 필압이 매우 약하고, 여러 선이 겹쳐져 있다. 그리고 이 그림의 주요 특징은 뾰족한 나뭇가지인데, 이 그림을 그린 아이는 학교에서 자주 싸워서 친구들이 '쌈닭'이라 부른다. 또 하나의 특징은 나무의 필수 요소라 할 수 있는 나뭇잎이 생략되어 있다는 것인데, 이것은 이성적인 부분이 작용하지 못하고 있다는 것을 나타낸다. 즉, 화나 분노를 느낄 때 이성적인 판단보다는 감정적으로 행동할 가능성이 높음을 알 수 있다.

[그림 1-8]에서 특징적인 부분은 나뭇가지는 없고, 나뭇잎만 많다는 것이다. 나뭇가지는 사회성이나 활동성을 의미하고, 잎은 머리를 상징한다고 할 수 있는데, 이 아이는 학교에서 친구들과 잘 사귀지 못해 어려움을 겪고 있었다. 대신 수업 시간이나 쉬는 시간에 혼자 공상하는 경우가 많았다. 그리고 기둥에 커다란 옹이가 두 개가 있는데, 두 개의 사건이 이 아이에게 심리적 상처를 주었을 것이라고 추정해 볼 수 있다.

사람 검사

사람 검사는 일반적으로 자아상이나 자신이 동일시하는 인물상의 이미지를 알 수 있다. 여러 그림 검사 중에서 아이가 다소 어려워하는 그림 검사 중 하나로 특히 자신을 타인에게 보여 주기 싫은 아이는 사람 검사를 거부하기도 한다.

- **준비물**: A4 용지, 연필, 지우개
- **실시 방법**: '자, 종이에 사람을 그리세요.'라고 지시를 준다. 그런 다음 아이들이 '어떻게 그려요?' '한 명만 그려요?' 등 여러 가지 질문에 '여러분이 그리고 싶은 대로 그리면 돼요.'라고 답을 한다.
- **해석 방법**

1. 사람 그림에서는 머리, 얼굴, 목, 몸통, 팔, 손, 다리, 발 등이 필수 요소다. 이 중에서 하나라도 빠지게 그렸다면 의미 있게 해석해야 한다.
2. 팔, 손, 다리, 발은 활동성을 의미하는데, 이들이 경직되어 있거나 생략되었을 경우에는 활동성이 적은 것으로 해석한다. 또한 손이 뒤로 가 있거나 주머니에 넣어 그린 경우에는 잠재된 공격성을 의미한다.
3. 머리와 얼굴은 이상과 사고의 기능을 의미한다. 몸통에 비해 머리를 크게 그린 경우는 사고 기능이 활성화되어 있거나 현재 공상이나 상상을 많이 하고 있을 가능성이 높다. 또한 얼굴에서는 눈, 코, 입이 필수 요소다. 눈은 세상을 바라보는 의미가 있어서 눈을 지나치게 강조하거나 크게 그린 경우에는 타인의 평가에 예민하고, 타인을 잘 믿지 못함을 의미한다.
4. 목은 이상과 현실을 연결하는 의미를 가지는데, 목이 없거나 지나치게 경직되게 그린 경우에는 이상 또는 사고와 현실 간에 괴리를 느낀다는 의미다.
5. 간혹 아이 중에 옷 안으로 비친 투시도와 같이 그림을 그리는 경우가 있는데 사고 장애를 의심할 수 있다. 하지만 지적능력이 낮은 아이에게서는 종종 나타날 수 있다.
6. 눈이나 귀는 세상을 바라보는 통로다. 눈이나 귀를 강조하거나 그리지 않는 경우에는 세상에 대한 두려움과 예민함을 나타낼 수 있다.

사례

그림 1-9 친구들과 자주 싸워요
(중학교 1학년, 남)

그림 1-10 모든 사람에게 화가 나요
(초등학교 4학년, 여)

[그림 1-9]처럼 입이 강조된 경우에는 욕설이나 언어적 공격 욕구가 강한 것을 의미한다. 실제로 이 그림을 그린 아이는 다른 아이들에게 비난과 욕설을 많이 하였다. 그리고 [그림 1-10]처럼 다른 것에 비해 눈을 크게 그린 경우는 타인의 시각이나 평가에 예민함을 의미한다. 또는 의심이 많은 아이도 눈을 강조해서 그리는 경향이 있다.

PART 2

자존감의 형성 원리

- 자존감과 안정 애착
- 자존감과 민감성
- 적절하게 반응하기 전략

자존감과 안정 애착

애착(attachment)은 '양육자와 아이 사이의 정서적 유대감'을 말한다. 아이가 세상에 태어났을 때 자신의 생존을 위해 스스로 할 수 있는 일은 거의 없다. 단지 자신의 생존을 유지시켜 줄 수 있는 대상에게 의지하는 것이 유일한 방법이다. 그래서 아이는 가장 가까운 대상인 양육자에게 의지하고 안정적인 관계를 맺으려고 한다. 양육자와 안정적이고 신뢰로운 관계를 지속하다 보면 양육자에 대한 믿음과 애정이 생긴다. 이를 애착이라고 한다.

자존감은 애착과 관련이 깊다. 어린 시절에 양육자와 가졌던 경험으로 인해 내적작동모델이 형성되는데, 이것은 자존감의 기본 틀과 유사하다. 다음은 내적작동모델과 자존감의 관련성에 대해 알아보고자 한다.

내적작동모델

아이는 0세에서 36개월까지 주 양육자와 다양한 상호작용 방식에 따라 자신과 타인에 대한 표상을 가지게 된다. 이런 표상을 '내적작동모델(Internal Working Model)'이라고 하는데, 내적작동모델은 피아제(Piaget)의 '표상'과 비슷한 개념으로, 생애 초기에 양육자와의 경험에 의해 형성된다. 이것은 자신과 타인 간의 관계에 대한 표상으로, 한 번 형성되면 의식이 아니라 무의식적인 수준에서 우리의 행동에 영향을 준다. 예를 들면, '사람들은 착한 사람을 좋아한다.'라는 타인에 대한 표상을 가진 사람은 다른 사람에게 인정받고 사랑받기 위해서 착한 행동만을 하게 된다. '나는 힘이 없고 부족하다.'라는 자기 표상을 가진 사람은 어렵고 힘든 일이 생기면 자신은 할 수 없다고 생각하여 그 일을 피하거나 다른 사람에게 의존한다. 만약 사람이 많이 모여 있는 곳에서 항상 자신도 모르게 구석에 앉는 사람이 있다고 가정해 보자. 그 사람에게 왜 구석 자리에 앉았냐고 물어보면 '그냥 편해서요.'라고 대답할 것이다. 하지만 그 사람의 마음속에는 사람들이 자신을 싫어할 것이라는 생각(타인에 대한 표상)과 자신은 다른 사람들의 사랑을 받지 못할 것이라는 생각(자신에 대한 표상)이 있을 수 있다. 이런 내적작동모델은 우리의 전 생애 동안 또래 및 대인관계, 이성관계는 물론이고 자녀와의 관계에도 지속적으로 영향을 미친다.

일관되고 민감한 반응

안정애착과 긍정적인 내적작동모델은 어떻게 형성이 될까?

그 답은 양육자의 일관되고 민감한 반응에 의해서 형성된다. 즉, 양육자가 편안함, 안전, 탐색 등을 원하는 아이의 욕구를 정확하게 이해하고 이에 적절히 반응할 때, 그리고 지속적이고 일관성 있게 그 욕구를 충족시켜 주면 아이는 양육자에 대한 긍정적인 표상을 가진다. 그리고 자신은 타인에게 사랑받는 존재라는 표상을 가진다. 이런 표상은 타인과의 관계를 원만하게 만들며 세상에 대한 긍정적인 이미지를 제공한다. 반면 양육자가 아이의 욕구에 즉각적으로 반응하지 않고 지속적으로 거부하는 경우, 아이의 내적작동모델에는 부모가 자신을 싫어하며 자신도 도움을 받을 만한 가치가 없다는 표상이 발달하게 된다. 이런 표상은 불안정 애착을 형성한 아이들에게서 많이 볼 수 있으며, 자존감이 낮은 아이의 특징과도 일치한다.

예를 들어, 어머니가 산후 우울증에 걸렸다고 가정해 보자. 어머니는 아이가 요구하는 반응을 무시하거나 늦게 반응할 것이다. 그러면 아이는 자신을 어떤 사람이라고 생각할까? 아마도 자신은 가치 없고 쓸모없는 존재라고 생각할 것이다. 그리고 어머니는 자신의 욕구를 무시하는 사람이라고 생각할 것이다. 그럼 이 아이에게 세상은 어떤 곳일까? 아마도 자신의 욕구를 좌절시키는 힘든 곳이라는 생각을 하게 될 것이다. 예를 들어, 어린 시절에 엄마가 아프거나 바빠서 돌봄을 받지 못했던 아이는 계속해서 누군가의 돌봄을 요구하거나 스스로 그 돌봄을 채우기 위해서 살아간다. 이들에게 세상은 즐거운 곳이기보다는 열심히 노력하고 힘들게 살아가야 하는 곳이다.

[그림 2-1]은 양육자의 일관되고 민감한 반응이 자존감에 영향을 주는 과정을 설명한 것이다.

안정애착은 아이가 삶을 살아가는 데 꼭 필요한 내적 자원으로, 자존감, 신뢰감, 안정감 등을 가져다준다. 그래서 안정애착을 심리적 면역체라고 한다.

그럼 애착은 꼭 부모와만 형성되는가? 또 한 번 형성되면 바뀌지 않는가? 그 답은 '아니다'다.

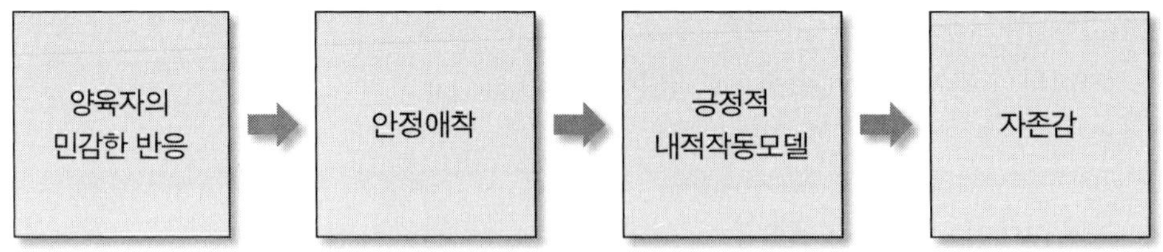

그림 2-1 양육자의 민감한 반응과 자존감 간의 관계도

애착은 초기에는 부모와의 관계에서 형성되지만 다른 중요한 타인과 관계를 맺으면서 또 다른 애착이 형성되기도 한다. 따라서 어머니와 애착이 형성되지 않은 아이가 조부모(祖父母)나 아버지와 좋은 경험을 하면 애착이 형성된다. 또한 교사와도 형성될 수 있다. 교사가 아이에게 일관되고 민감한 반응을 하게 되면 부모와 안정애착을 형성하지 못한 아이도 교사와의 신뢰감을 통해 안정애착을 형성할 수 있다. 애착은 상대방의 일관적이고 민감한 반응이 주어지면 언제든 형성 가능하고, 변화 가능하다.

Tip 아이의 내적작동모델을 알아보기 위한 실험

네가 친구들과 놀다가 물이 먹고 싶어서 냉장고에서 물을 꺼내다가 물컵을 떨어뜨렸어. 그때 마침 어머니가 오셔서 그 광경을 목격했다고 가정해 보자.

앞과 같은 상황을 제시한 후에 아이에게 다음과 같은 질문을 한다.

1. 어머니는 어떤 반응을 할까?
2. 그때 너는 어떻게 행동할까?

1번 질문에 대한 답이 '야단친다.' '잔소리를 한다.' 등 부정적인 내용이면 타인에 대한 표상이 부정적임을 의미한다. 하지만 어머니가 '다치지 않았니?' '놀라지 않았니?' 등과 같은 긍정적인 반응을 할 경우에는 타인에 대한 표상이 긍정적임을 의미한다.

2번에 대한 답을 통해 자신에 대한 표상을 알아볼 수 있다. '어머니의 눈치를 보면서 치운다.' '내가 그러지 않았어요.' 라고 말한다. '운다.' '어머니 보고 치워 달라고 조른다.' 등의 반응은 자신에 대한 표상이 부정적임을 의미한다. 반면에 '내가 치우고 친구들과 다시 논다.' '스스로 치우려고 노력해 보고, 안 되면 어머니에게 도와달라고 한다.' 등의 반응은 자신에 대한 표상이 긍정적임을 의미한다.

자존감과 민감성

아이의 자존감은 아이에게 중요한 대상의 반응에 의해서 형성된다. 대상관계학자인 코헛(Cohut)은 아이가 긍정적인 자아상을 가지기 위해서는 양육자의 민감한 반응이 필요하다고 하였다. 그에 따르면, 양육자가 아이의 욕구나 감정을 수용하고 공감하면 아이는 자신의 생각과 감정이 존중받았다고 생각하고, 자신이 매우 가치 있는 사람이라고 생각하게 된다고 한다. 이런 경험들이 반복되면서 아이는 자신에 대한 긍정적인 이미지를 가지며 자존감이 높은 아이로 성장하게 된다. 즉, 자존감은 부모나 타인으로부터 자신의 욕구나 감정, 생각들이 수용되는 경험에 따라 달라진다. 다시 말하면 상대방의 민감한 반응에 의해서 달라진다.

민감성이란*

민감성이란 '타인의 감정이나 욕구를 신속하게 알아차려서, 그 의미를 정확하게 해석하고, 이에 적절한 반응을 제공하는 것'이다. 간략히 말하면 민감성은 '신속하게 신호 알아차리기' '정확하게 이해하기' '적절하게 반응하기'다. 이를 하나씩 자세히 살펴보면 다음과 같다.

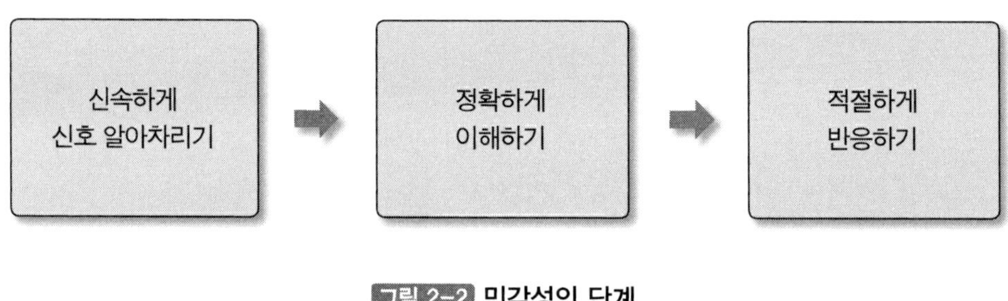

그림 2-2 민감성의 단계

* 민감성에 대한 내용은 김은실과 손현동(2011)의 '아이들의 행복 키워드: 민감성' 내용을 일부 발췌한 것임

민감성은 보는 것, 아는 것, 행동하는 것이 모두 포함된 개념이다. 즉, 상대방의 행동이나 생각, 감정을 신속하게 알아차리기(보는 것), 이를 정확하게 해석해서 이해하기(아는 것), 그리고 적절하게 반응하기(행동하는 것)다. 따라서 상대방의 변화는 알아차렸지만 그 의미를 잘 모르거나, 변화의 의미를 잘 이해했지만 어떻게 반응해야 하는지 모른다면 민감한 반응이라 할 수 없다.

민감성 척도

※ 문항을 읽고, 자신의 생각이나 행동과 가장 가깝다고 생각되는 것을 골라 V 표 하시오.

번호	내용	전혀 그렇지 않다	대체로 그렇지 않다	보통이다	대체로 그렇다	매우 그렇다
1	아이의 행동 변화를 재빨리 알아차린다.	1	2	3	4	5
2	아이의 감정 변화를 재빨리 알아차린다.	1	2	3	4	5
3	아이가 불안할 때 보이는 행동 특성을 안다.	1	2	3	4	5
4	아이가 말로 표현하지 않아도 표정과 행동만으로도 기분 상태를 알 수 있다.	1	2	3	4	5
5	평소에 아이의 말보다는 비언어적 신호에 더 주의를 기울인다.	1	2	3	4	5
6	아이가 평소와 다르게 행동하면 관심 있게 지켜보는 편이다.	1	2	3	4	5
7	아이가 스트레스를 받았을 때 보이는 행동 특성을 안다.	1	2	3	4	5
8	아이의 사소한 행동도 지나치지 않고 주의 깊게 보는 편이다.	1	2	3	4	5
9	아이와 대화할 때 표정이 바뀌는 것을 쉽게 알아차리는 편이다.	1	2	3	4	5
10	아이의 말과 제스처가 일치하지 않을 때를 잘 아는 편이다.	1	2	3	4	5
소계(*체크한 숫자를 모두 더하세요)						

번호	내용	전혀 그렇지 않다	대체로 그렇지 않다	보통 이다	대체로 그렇다	매우 그렇다
11	아이가 다른 사람을 방해하는 행동을 하는 것은 그럴 만한 이유가 있다고 생각한다.	1	2	3	4	5
12	아이가 규칙에 벗어난 행동을 했을 때, 옳고 그름을 따지기 전에 행동의 이유를 물어본다.	1	2	3	4	5
13	아이가 어떤 행동을 반복하면 그만큼 아이에게 중요한 이유가 있을 것이라고 생각한다.	1	2	3	4	5
14	아이의 모든 행동에는 그럴 만한 이유가 있다고 먼저 생각하고 아이에게 접근하는 편이다.	1	2	3	4	5
15	아이의 행동에 대한 결과만 생각하지 않고 행동의 이유를 먼저 생각하는 편이다.	1	2	3	4	5
16	아이가 이야기하면 아이가 원하는 것이 무엇인지 바로 안다.	1	2	3	4	5
17	아이의 부정적 행동을 지속시키는 나의 행동이나 반응을 안다 .	1	2	3	4	5
18	아이의 행동을 나의 가치관이나 경험에 비추어 판단하지 않는다.	1	2	3	4	5
19	아이의 행동을 나의 기분 상태에 따라서 해석하지 않는다.	1	2	3	4	5
20	아이의 행동이 가끔 이해되지 않을 때도 있다.	1	2	3	4	5
소계(*체크한 숫자를 모두 더하세요)						

번호	내용	전혀 그렇지 않다	대체로 그렇지 않다	보통 이다	대체로 그렇다	매우 그렇다
21	아이가 나의 지시를 따르지 않으면 무시 당한 느낌이 든다.	5	4	3	2	1
22	아이가 문제를 스스로 해결해 갈 수 있도록 대안을 함께 찾아간다.	1	2	3	4	5
23	아이가 원하는 것을 들어줄 수 없는 상황에서는 안 된다는 말 대신에 더 나은 의견이나 대안을 찾도록 한다.	1	2	3	4	5

24	아이의 불편한 마음을 알고 있지만, 때로는 그런 행동을 무시하거나 바로 반응하지 않는다.	5	4	3	2	1
25	아이 행동의 잘못을 판단하기 전에 아이의 이야기를 먼저 들어준다.	1	2	3	4	5
26	아이가 질문에 대답하지 않으면 기다리기 힘들다.	5	4	3	2	1
27	다른 사람들이 부적응적이라고 생각하는 행동에서 강점을 찾을 수 있다.	1	2	3	4	5
28	아이의 생각과 감정이 무엇이든지 가치 있다고 생각한다.	1	2	3	4	5
29	아이에게 감동을 받거나 고마움을 느꼈다면, 바로 나의 감정을 표현하는 편이다.	1	2	3	4	5
30	아이 스스로 자신의 문제를 해결할 수 있는 능력이 있다고 생각한다.	1	2	3	4	5
소계(*체크한 숫자를 모두 더하세요)						

※ 각 영역별 소계 점수와 총점을 적고, 민감한 반응성 정도를 확인하세요.

번호	영역	점수	민감한 반응성 정도		
			낮음	중간	높음
1~10번	신호 알아차리기		29점 이하	30~40점	41점 이상
11~20번	정확하게 이해하기		29점 이하	30~40점	41점 이상
21~30번	적절하게 반응하기		29점 이하	30~40점	41점 이상
총점			89점 이하	90~120점	121점 이상

신속하게 신호 알아차리기

민감한 반응을 하기 위한 첫 번째 단계는 아이의 마음을 표현하는 다양한 신호(언어, 비언어)를 신속하게 알아차리는 것이다. 그 신호는 주로 아이의 행동으로 표현된다. 그러나 이런 신호들을 알아차리는 것이 그리 쉬운 일만은 아니다. 이렇게 아이의 신호를 민감하게 알아차리지 못하는 것은 방해요인이 있기 때문이다. 그 방해요인은 크게 세 가지로, 신호가 가지는 모호함, 약한 신호, 개인적인 요인이 있다.

우선 아이는 성장하면서 인류 공통의 표현방식이나 각 문화에서 사용하는 표현을 배운다. 그렇지만 자신만의 감정 표현방식은 계속해서 남아 있다. 이 때문에 아이가 어떤 감정과 생각을 표현하는지 역시 알아차리기 쉽지 않다. 예를 들어, '슬프면 운다.'라는 인류 공통의 표현 방식이 있지만 어떤 아이는 슬프면 먹는 아이도 있고, 소리를 지르는 아이도 있다. '우울하면 잠을 많이 잔다.'라는 일반적인 방식도 있지만 어떤 아이는 우울하면 산만해지고, 화를 자주 내기도 한다. 또한 화를 표현하는 방식도 아이들마다 달라서 어떤 아이는 소리를 지르고, 어떤 아이는 울고, 어떤 아이는 마구 낙서를 하거나 물건을 던진다.

그리고 신호를 알아차리기 힘든 또 다른 이유로는 신호가 너무 약해서 거의 알아차리지 못하는 경우다. 강한 감정을 표현할 때는 행동도 크고 오랫동안 나타나기 때문에 큰 주의를 기울이지 않아도 알아차릴 수 있다. 그러나 미묘한 감정 변화들은 시간상 아주 빠르면서도 약하게 표현되는 경우가 많기 때문에 주의 깊게 관찰하지 않으면 알아차리기 어렵다.

또 다른 방해요인은 관심이 자신에게 집중되어 있기 때문이다. 수업에 바쁜 교사는 아이가 힘들어하는 신호를 알아차리지 못한 채 수업 진행에만 열을 올릴 것이다. 또 우울한 엄마는 우울한 기분에 빠져서 아이가 보내는 신호를 잘 감지하지 못할 것이다. 이처럼 아이의 신호를 신속하게 알아차리지 못하는 것은 자신의 현재 감정 상태나 당면한 상황에 빠져서 자신에게 관심이 집중되어 있을 때다.

그렇다면 어떻게 하면 아이가 보내는 신호를 빠뜨리지 않고 신속하게 알아차릴 수 있을까? 다음은 아이의 신호를 잘 알아차리기 위한 전략들이다.

아이의 행동을 보지 말고 관찰하라

관찰은 아이의 마음을 잘 알고 싶은 사람이라면 누구나 갖춰야 하는 기본 자세다. 상대방의 말을 잘 알아듣기 위해서는 상대방의 말에 귀를 기울여야 하는 것처럼, 주의 깊은 관찰은 아이의 마음을 이해하는 데 매우 중요하다. 아이의 신호는 퍼즐 조각과 같아서 조각이 많을수록 전체 그림을 정확하게 맞출 가능성이 높아지기 때문이다.

그러나 대부분의 부모나 교사는 아이의 행동을 보기만 하고 관찰은 하지 않는다. 그래서 때로는 아이의 마음이 드러나는 신호들을 놓치고 뒤늦게 당황스러워 한다. '아이가 그런 친구와 어울려 다니는 줄 몰랐어요.' '아이가 다른 친구들을 때리는지 몰랐어요.' '아이가 나를 무서워하는 줄 몰랐어요.'라고 말한다. 이런 말은 부모나 교사가 아이의 마음을 표현하는 미묘한 신호들을 놓쳤다는 의미다.

신호로 상대방의 마음을 알아내는 능력은 운전과 같아서 연습과 훈련을 통하여 향상될 수 있는데, 가장 좋은 방법은 '관찰'이다. 관찰은 평상시와 다른 상대방의 표정과 몸짓을 신속하게 알아차릴 수 있도록 도와준다. 관찰을 잘 하기 위해서는 우선 상대방에게 관심을 집중시켜야 한다. 그리고 그 사람만의 신호를 찾아내기 위해서 그 사람의 표정, 몸짓, 눈짓, 말투 등 그 사람의 모든 행동에 관심을 가지고 살펴보아야 한다.

평상시 아이의 모습을 기억하라

평상시에 아이가 어떻게 행동하는지를 알고 있어야 아이의 변화된 행동을 알아차릴 수 있다. 아이의 표정, 앉은 자세, 손과 발의 위치, 물건을 두는 장소, 식습관 등과 같은 평상시의 모습은 아이 행동의 기준점이 된다. 가령 아이가 유치원 선생님을 만나면 평상시에는 잘 다가가는데, 어느 날 갑자기 뒤로 물러섰다면 선생님과 아이 사이에 무슨 일이 생겼을 가능성이 높다. 또 아이가 평상시 학교에 잘 가다가 학교 가기를 주저하는 것도 학교에서 뭔가 다른 일이 있었을 가능성이 있다. 이처럼 평상시 아이가 하는 행동을 알아야 변화된 행동을 쉽게 알아차릴 수 있다.

평상시와 다른 아이의 행동에 주목하라

평소와 달리 시무룩한 표정, 부모의 주위를 계속 맴도는 행동, 학교에서 돌아와 우는 행동, 평소와 달리 화장실에 자주 가는 것, 심하게 자주 손을 씻는 등 평소와 다른 변화된 행동은 아이가 부모나 교사의 반응을 원하는 신호일 가능성이 크다.

신호는 그 순간에 신속하게 알아차려라

신호는 그 순간에 신속하게 알아차리는 것이 중요하다. 부모나 교사가 그 순간에 아이가 보내는 신호를 알아차리지 못하고 나중에 그 신호에 대해서 다시 이야기를 꺼내는 경우가 있다. 그러면 아이는 이미 그 순간에 마음을 공감 받지 못해 감정이 상했을 수도 있고, 이미 지나간 마음을 다시 생생하게 이야기할 수 없는 경우도 있다.

정확하게 이해하기

민감하게 반응하기 위한 두 번째 단계는 정확하게 이해하기다. 이것은 아이가 보내는 다양한 신호의 의미를 정확하게 해석해서 그 신호의 의미를 이해하는 것이다. 즉, 아이가 보내는 언어와 비언어적 신호 안에 숨겨진 욕구나 감정, 생각을 비롯해 행동의 동기와 목적을 아는 것이다. 다음은 정확하게 이해하기를 돕기 위한 행동의 원리다.

행동에는 반드시 동기가 있다

아이의 행동은 '아이가 환경과 상호작용한 결과'다. 여기서 '아이'란 아이가 가지고 있는 생각, 감정, 욕구, 경험의 총체를 말한다. '환경'은 아이를 둘러싼 주변 사람들이나 물리적 환경이다. '상호작용의 결과'라는 말은 아이가 가진 생각, 감정, 욕구, 경험을 가지고 아이 자신을 둘러싼 환경을 적극적으로 해석하여 이에 따라 자신의 행동을 결정한다는 것이다. 그리고 그 행동들은 다시 환경과 상호작용하여 아이가 가진 생각, 감정, 욕구, 경험 등을 변화시킨다.

행동을 결정하는 '개인'의 여러 요인(생각, 감정, 욕구, 경험) 중 아이의 행동을 결정하는 데 가장 중요한 동기는 바로 아이의 '심리적인 욕구'다. 사람은 기본적으로 욕구의 덩어리라고 할 수 있으며, 사람이 하는 대부분의 행동은 이런 욕구를 충족시키기 위한 것이다. 욕구는 감정과 생각을 유발하고, 아이가 하는 대부분의 행동을 유발한다.

그렇다면 사람은 어떤 욕구에 따라 행동할까? 매슬로우(Maslow)라는 학자는 우리의 욕구에는 생리적 욕구, 안전의 욕구, 애정과 소속감의 욕구, 존중의 욕구, 자아실현의 욕구가 있다고 하였다. 그런데 이것은 욕구 자체로써 중요한 것이 아니라 환경 또는 주변 사람들과의 상호작용 속에서 나타나는 행동방식이 중요하다. 그 이유는 같은 욕구라도 사람에 따라서 너무나 다양한 방식으로 표현되기 때문이다.

욕구는 사회적으로 바람직한 행동으로 나타나기도 하지만 때로는 부적응적인 행동으로 나타나기도 한다. 그러나 이런 부적응적인 행동들은 자신의 진짜 욕구를 충족시키기보다는 오히려 욕구를 좌절시킨다. 욕구의 좌절은 또 다른 부적절한 행동을 만들어 내고, 또다시 그로 인해 욕구가 좌절되는 악순환을 겪게 된다. 이처럼 아이의 모든 행동은 심리적인 욕구와 환경과의 상호작용으로 만들어진 것이다. 다시 말해, 아이의 욕구와 행동은 서로 분리할 수 없는 관계다.

다양한 욕구 중에는 핵심 욕구가 있다.

아이의 행동은 다양한 욕구를 표현한 것이다. 아이는 다양한 행동만큼 다양한 욕구를 가지고 있다. 소유욕구, 성취욕구, 식욕, 수면욕구, 배설욕구, 인정욕구, 애정욕구, 명예욕구, 성장욕구, 자아실현 욕구 등. 이런 욕구들에는 핵심 욕구가 있고, 핵심 욕구를 충족시키고 실현하기 위한 또 다른 욕구들이 있다.

> 초등학교 2학년인 선정이는 얼마 전 식사 시간에 다른 아이들에게는 큰 돈가스를 주면서 자기에게는 작은 돈가스를 주었다고 수저를 던지며 울었다. 선정이는 다른 아이들에 비해 음식이나 물건에 대한 집착이 강해서 항상 많이 가지려고 하였고, 그것이 마음대로 되지 않으면 화를 내거나 울었다. 선정이는 부모님이 일을 하셔서 갓난아기 때부터 할머니 집에서 자랐다. 농사를 지으시는 할머니는 농사일이 바쁘시면 선정이의 끼니를 못 챙겨줄 때가 많았다. 그로 인해 선정이는 음식을 보면 일단 배부르게 먹어야 했고, 주머니에 먹을 것을 항상 넣고 다니는 습관이 생겼다.

선정이가 음식이나 물건에 집착하는 이유는 소유욕이나 식욕처럼 보인다. 그러나 소유욕과 식욕을 만들어 낸 핵심적인 욕구는 안정의 욕구다. 항상 일관적이며 예측가능하게 음식을 먹을 수 없었던 선정이는 언제 다시 음식을 먹을 수 있을지 몰라 무척 불안하였다. 그래서 음식을 보면 나중을 위하여 많이 먹어 두거나 주머니에 비축하는 습관이 생긴 것이다.

아이는 같은 욕구를 보이더라도 핵심 욕구가 다른 경우가 많다. 같은 소유욕이나 식욕을 보이더라도 핵심 욕구가 선정이처럼 안정의 욕구가 아니라 다음의 미화처럼 사랑의 욕구인 경우도 있다.

> 미화(초등학교 2학년)는 평소에 먹을 것을 너무 좋아하고 잘 먹는다. 그러던 어느 날 미화가 학교에서 돌아오자마자 냉장고를 열더니 그 자리에서 주스 한 통을 모두 마셔 버렸다. 그리고 저녁에 몰래 설탕 한 통을 먹다가 엄마에게 들켰다. 미화의 행동이 너무 이상해서 엄마는 미화에게 이유를 물어보았다. 그러자 미화는 친구들이 자

기를 놀리고, 놀아주지 않는다면서 울며 말했다. 평소에 미화는 남들에게 사랑받고 싶은 마음이 큰데, 그것이 좌절되면 주로 사탕이나 과자들을 먹으며 자신의 슬프거나 화난 감정들을 위로하곤 하였다.

선정이와 미화는 실제로 같은 식욕을 보이고 있지만 선정이는 안정감을 유지하고 싶은 마음에서 나타난 것이고, 미화는 사랑받고 싶은 마음이 좌절될 때 나타난 것이다.

또 다른 예로 공부를 잘하고 싶은 아이들이 많다. 동일한 마음이지만 그 이유는 서로 다르다. 공부를 하는 동안에 성취감을 느끼기 위한 아이는 자아실현의 욕구에 의해서 공부를 한다. 반면에 부모나 주변 사람으로부터 칭찬받기 위해서 공부를 하는 아이는 사랑과 인정의 욕구에 의해 공부를 한다. 그리고 공부를 잘해서 좋은 직장을 얻어 돈을 많이 벌고 싶어 하는 아이는 안정의 욕구 때문일 수도 있다. 돈은 굶어 죽지 않을 것이라는 안정감을 주기 때문이다. 이처럼 아이의 욕구들 중에서 핵심 욕구를 찾아내어 그 핵심 욕구에 적절한 반응을 해 주는 것이 중요하다.

적절하게 반응하기

6학년인 동연이는 자신을 때린 동규를 때려 줘야 화가 풀리겠다면서 막무가내로 동규를 때리려고 하였다. 선생님이 동연이를 말렸고, 동연이는 선생님이 자신의 마음을 몰라준다며 화를 내고 있다.

• 여러분이 동연이의 선생님이라면 어떻게 반응하겠는가?

동연이가 원하는 것은 현실적으로 들어줄 수 없는 상황으로, 일상에서 빈번하게 발생하는 상황이다. 아이가 원하는 것을 들어주고 싶어도 들어줄 수 없어서 아이가 화, 분노, 슬픔, 좌절 등 부정적인 감정을 경험하는 경우다. 이럴 때 어떤 반응을 하는가에 따라서 '전환형' '억압형' '방임형' '민감형'으로 나눌 수 있다. 다음은 각 유형에 대한 자세한 설명이다.

전환형

"동연아, 같이 재미있는 게임 하면서 잊어버리자"

"시간이 지나면 다 좋아질 거야."

이 반응을 한 부모나 교사는 아이가 원하는 것이 충족되지 않아 슬픔이나 화, 질투, 분노, 좌절 등을 느끼는 것을 견디지 못한다. 불행한 것은 아이에게 나쁘며, 불필요하다고 생각하여 가능하면 피하도록 도와주려고 한다. 그래서 아이의 부정적인 감정들(화, 질투, 분노, 슬픔, 놀람)을 즐거운 기분으로 바꿔 주려 애를 쓴다.

그런데 이 경우에 아이는 자신의 욕구나 감정, 생각들이 무시당했다고 느낀다. 또한 아이는 욕구가 좌절되어 느끼는 슬픔이나 분노 같은 부정적인 감정이나 생각들이 바람직한 것이 아니기 때문에 빨리 벗어나야 한다고 배운다. 그 결과, 아이는 자신의 부정적인 부분들을 수용할 수 없게 되며, 자신이 좌절이나 실패에 직면하는 것을 회피한다. 아이는 자신의 욕구나 부정적인 감정과 생각들을 적절히 다루는 법을 배우지 못해 긍정적인 생각만 하려고도 한다. '괜찮을 거야.' '세상이 다 그렇지 뭐.'와 같은 말로 자신을 위로하면서 부정적인 감정을 억압하고 합리화하려 할 것이다. 실제로 이런 아이는 친구와 헤어지거나, 부모가 이혼했거나, 중요한 시험에서 떨어져도 '괜찮아요.' '슬프지 않아요.'라고 말하며 자신의 감정을 바로 바라보지 못한다.

중학교 3학년인 진혁이는 자신이 가고 싶었던 특목고에 떨어졌다. 속상한 마음도 들었지만 그걸 마음껏 표현할 수 없었다. 선생님은 그런 진혁이가 안쓰러워서 "특목고는 힘들다는데, 차라리 잘 되었다. 일반 고등학교에 가서 더 잘하면 되지."라고 위로하셨다. 진혁이도 선생님의 말씀처럼 잘 되었다고 생각하였고, 다른 사람들에게는 "운이 없었어요. 차라리 잘 되었어요. 저는 특목고 체질이 아니에요."라고 말하였다. 하지만 왠지 자꾸만 기운이 떨어지고 우울해졌다. 그리고 문득 일반 고등학교에 들어가는 것도 겁이 났다.

진혁이의 선생님은 진혁이가 속상해 하는 것을 바라보는 것이 안쓰럽고 가슴이 아프다. 그래서 진혁이를 위로하기 위해 진혁이에게 긍정적인 생각을 하도록 하였다. 진혁이도 슬픔이나 우울은 나쁘다고 생각하고, 그것에서 벗어나기 위해 시험에 떨어진 것을 합리화하였다.

실패와 좌절은 아이에게 언제나 다가올 수 있다. 자신이 간절히 원하던 것이 이루어지지 않으면 좌절하고, 이로 인해 우울이나 화, 슬픔 등을 느끼는 것은 자연스러운 현상이다. 그러나 좌절이 나쁘다는 생각을 하다 보면 좌절하는 상황을 피하게 된다. 그 예로, 과제가 조금만 어려우면 회피하고, 친구와 조금만 다투어도 그 친구와 절교하고, 학원에서 어려움에 봉착하면 그만두고 다른 학원으로 옮기기도 한다.

> 열 살이 된 지민이는 갑자기 다섯 살 때부터 잘 다니던 바이올린 학원에 가지 않겠다고 한다. 이유를 물어보았지만 그냥 안 가겠다고만 한다. 평소에 친구관계도 좋고, 바이올린 연주하는 것을 좋아해 시키지 않아도 열심히 연습하였고, 어린 시절부터 대회에 나가서 상을 받아올 정도로 실력도 좋았다. 지민이 엄마는 이런 지민이가 대견하고 자랑스러웠다. 하지만 지민이는 한 달 앞으로 다가온 대회에서 입선을 하지 못할 것 같은 두려움이 생겼다. 그런 두려움은 며칠 전 TV에서 바이올린을 켜는 음악가들을 보면서 자신이 저 사람들보다 못할 것 같다는 생각이 들었기 때문이다. 그런 지민이가 걱정하는 것을 본 지민이 엄마는 "너는 잘 할 수 있어." "괜찮아. 다 잘 될 거야."라고 말씀하시며 아이를 위로해 주었다.

지민이 어머니는 겉으로는 아이의 마음을 잘 이해하고 적절하게 반응해 주는 민감한 어머니처럼 보인다. 그러나 지민이 엄마는 아이가 실패와 좌절에 대해 두려워하고 있는 마음을 알지만, 아이의 마음을 그대로 수용해 주지는 않았다. 대신 "잘할 수 있다."라는 말로 위로하였다. 그런데 지민이는 엄마의 이런 말을 듣고 자신은 두려움을 느끼거나 표현하면 안 된다고 생각하였다. 또한 실패에서 오는 좌절과 슬픔을 스스로 견딜 수 없을 것이라고 믿었다.

아이는 자신의 두려움을 감추고 누르기보다는 나누고 싶어 한다. 두려움에 대해 다른 사람과 이야기하고, 그것을 자신의 힘으로 이겨 내고 싶어 한다. "기쁨은 나누면 배가 되고, 슬픔은 나누면 반이 된다."라는 속담처럼 부모나 교사는 아이의 두려움과 슬픔에 대해 아이가 충분히 표현할 수 있도록 함께 이야기하는 시간을 가져야 한다.

억압형

"말도 안 되는 소리하지 마."

"그만 해. 네가 유치원생이야? 5학년이나 돼서."

이 반응을 한 부모나 교사는 아이의 욕구나 감정, 생각을 이해하는 대신 억누르도록 만든다. 아이의 욕구나 감정, 생각을 무시하고, 대수롭지 않게 여기며, 아이가 용납되지 않는 행동을 하면 비난도 한다. 아이는 자신의 마음을 표현했다는 이유로 비난과 꾸중을 받는다.

아이의 속마음을 이해하기보다 겉으로 표현된 아이의 말이나 행동에 초점을 두게 되면, 아이는 자신의 마음을 표현하면 비난을 들을 것이라고 생각한다. 그래서 자신의 욕구나 감정을 누르게 된다. 하지만 억압된 욕구나 감정은 나중에 작은 사건에도 폭발하게 된다. 우리는 가끔 공격적이거나 충동조절이 잘 안 되어 대인관계에서 어려움을 겪는 아이들을 만난다. 이 아이들은 자신의 마음을 표현하면 비난당한다고 생각해서 감정이나 욕구를 억누르지만, 속마음에는 자신이나 타인에게 화가 나 있는 경우가 많다.

용수는 초등학교 6학년이다. 용수는 친구가 자신의 연필을 가져갔다는 이유로 손에 들고 있는 연필로 친구의 손등을 찔렀다. 용수는 친구들과 잘 지내다가도 종종 갑자기 친구들에게 소리를 지르며 때린다. 어릴 때부터 용수는 조용하고 자신의 할 일을 잘하는 아이였다. 하지만 초등학교 5학년 때부터는 다른 사람들이 자신을 무시한다는 생각이 들면, 불같이 화를 내서 주위 사람들을 당황하게 만들었다.

용수에게는 두 살 어린 동생이 있는데, 용수는 동생과 싸우면 항상 부모님이 자기만 야단친다고 생각했다. 부모님은 항상 용수에게 "자기 기분대로 하면 안 돼. 네가 참아."라고 말씀하셨다. 한번은 동생이 너무 괴롭혀서 "동생이 없었으면 좋겠어."라고 말하자 부모님은 형제간에 우애가 없다고 하시면서 "형제끼리 사이좋게 지내지 않으면 한 명은 시골 할머니 집에 보낼 거야."라고 하셨다. 용수는 학교에서도 친구들이 부당한 요구를 하거나 때리거나 해도 자신의 생각을 표현하기보다는 일단 참았다. 그러다가 참을 수 없을 때는 불같이 화를 낸다.

용수는 어린 시절부터 자신의 감정이나 욕구를 표현하지 못하고 억누르며 살아왔다. 특히 나쁜 생각이나 감정을 표현하는 것은 옳지 않다고 배웠다. 그런데 그런 생각이나 감정은 마음속 깊은 곳에 자리하고 있다가 자신이 무시당했다는 느낌이 들면 불같이 화를 냈다. 이런 사건이 자주 반복되면서 용수는 '나는 어쩔 수 없어. 나는 참지 못하는 부족한 아이야.'라고 생각하게 되었다.

아이의 욕구는 해결을 목적으로 한다. 그렇기 때문에 이것을 억압하는 경우에는 그 당시에는 사라지는 것처럼 보이지만 언젠가는 표현된다. 욕구가 해결되지 않아서 화가 나 있는 아이는 어린 동생을 괴롭히거나, 문을 발로 차거나, 지나가는 강아지에게 돌을 던지기도 함으로써 화를 표현한다. 약하거나 키가 작아 보이는 아이를 놀리고, 남의 약점을 잡아서 공격하고, 장애 아동을 놀리고, 책을 찢는 것도 자신의 화난 감정을 다른 대상이나 사람에게 표출한 예다.

이런 행동은 어린아이들뿐 아니라 성인에게서도 흔히 볼 수 있다. 시부모와 갈등이 생기면 남편에게 화를 내고, 남편에게 화가 나면 불쑥 아이에게 화를 내고, 음식점에서 종업원이 자신을 무시했다는 이유로 싸움을 걸거나, 뒤에서 다른 사람의 험담을 하거나, 직장에서 상사에게 화가 나면 술이나 담배로 그 화를 다스리는 것 등이 이에 속한다. 이런 것은 우리의 부정적인 생각이나 감정을 표현하는 방식이다. 하지만 이런 행동은 우리의 화나 슬픈 감정을 다소 풀어주지만 해결해 주지는 않는다.

방임형

"네가 정말 원하는 게 뭔지 모르겠지만, 너 하고 싶은 건 뭐든 괜찮으니 해."
"네가 원하는 건 무엇이든지 들어줄게."

이 반응을 한 부모나 교사는 아이가 자신의 마음을 표현하는 것은 좋은 일이라고 생각한다. 특히 감정을 분출하면 모든 것이 해결된다고 믿는다. 그리고 아이의 욕구가 모두 충족되도록 노력하고, 어떤 감정 표현이라도 좋다고 생각해서 아이에게 지나치게 관대하다. 그러나 이 유형은 아이에게 욕구나 감정을 적절하게 표현하는 방식을 배울 기회를 주지는 못한다.

우영(일곱 살)이는 아침마다 어린이집에 가지 않겠다고 고집을 부린다. 우영이를 달래다 보면 엄마가 회사에 지각하기 마련이다. 그래도 우영이는 엄마가 회사에 늦거나 말거나 집에서 놀고 싶다며 떼를 부린다. 오늘도 어떤 옷을 입을지 엄마와 한바탕 전쟁을 치렀다. 결국 화가 난 우영이는 바닥에 털썩 주저앉아 울면서 엄마를 마구 때렸다.

우영이는 자신의 마음을 표현할 수 있어서 심리적으로 편안함을 느낄 수 있다. 자신의 욕구나 화난 감정에 대해 비난받지 않았기 때문이다. 그러나 이 아이는 자신의 욕구가 좌절되면 적절하게 감정을 처리하지 못하고 여과 없이 그대로 분출한다. 화가 나거나 슬프면 다른 사람을 때리거나 물건을 부수거나 떼를 쓴다. 스스로 마음을 가라앉히지 못한다. 또한 어린 시절부터 자신이 원하는 것은 모두 다 이루어졌기 때문에 '뭐든지 다 내 마음대로 되어야만 해.'라는 믿음을 가지고 있어서 타인과 타협할 줄 모른다. 이는 자신의 생각과 감정만을 중요하게 여기기 때문에 앞으로 친구를 사귀거나 교우관계를 유지하는 데 어려움을 겪을 수 있다.

은선이(열 살)는 엄마가 직장에 다니셔서 외할머니가 갓난아이 때부터 여섯 살까지 키워 주셨다. 외할머니는 은선이가 요구하는 것을 모두 다 들어주셨다. 할머니는 은선이 부모님에게도 "애가 해 달라고 하는 대로 모두 해 줘라."라고 말씀하셨다. 할머니는 은선이가 친구들과 놀다가 친구의 장난감이 가지고 싶다고 떼쓰면 친구의 장난감을 빼앗아 주기도 하셨다. 여섯 살이 되어 은선이 엄마가 은선이를 집으로 데리고 왔을 때, 은선이 엄마는 은선이가 요구하는 것을 다 들어줄 수 없을 때가 많았다. 은선이는 친구와 놀다가 친구가 집에 간다고 하면 못 가게 막아달라고 하고, 친구가 자기 아닌 다른 친구랑 놀지 못하게 해 달라고 하고, 마트에 가면 장난감을 몇 개씩 사달라고 졸랐다. 은선이는 원하는 것이 안 될 때마다 울고 떼쓰다가 엄마를 마구 때리기도 하였다. 그럴 때마다 은선이의 요구를 다 들어주기 위해 엄마는 노력했고, '아이가 속상해서 그러는 건데 뭐 어때?'라며 아이가 때려도 그냥 맞았다. 은선이의 그런 행동은 학교에서도 나타났다. 자기 마음대로 되지 않으면 담임 선생님을 비롯해 친구들을 때리고, 자주 화를 냈다. 그때서야 은선이 엄마는 은선이를 야단도 치고, 달래도 보았지만 그럴수록 은선이는 주위의 사람들에게 막무가내로 화를 냈다.

은선이의 어머니는 아이의 욕구나 감정, 생각을 비난하지는 않았지만 이것들을 적절하게 표현하는 법을 알려 주지 못했다. 이런 행동이 친구관계와 학교생활을 어렵게 만들었다. 은선이 어머니는 다른 방식으로 바꾸고 싶었지만 그 방법도 모르고, 은선이의 거부도 심해 결국은 포기할 수밖에 없었다.

행동의 한계를 정해 주고, 욕구나 감정, 생각을 표현하는 적절한 방법을 알려 주면 아이는 안정감을 느낀다. 아이는 자신의 욕구나 감정을 적절하게 표현하는 방법을 알고 있기 때문에 자신이 주체할 수 없는 감정이나 욕구들이 생겨도 잘 처리할 수 있다는 자신감을 갖게 되며, 타인의 마음을 공감할 수 있다.

민감형

"네가 화가 났구나. 어떻게 하면 네 화가 풀릴까?"
"네가 진짜 무엇을 원하는지 알아. 어떻게 하면 좋을까?"

이 반응을 한 부모나 교사는 아이의 마음을 이해하고 적절하게 반응하는 타입이다. 이들은 아이에게 자신의 욕구를 인정하는 방법과 부정적인 감정도 삶의 한 측면으로 인정할 수 있도록 도와준다. 또한 슬퍼하거나, 화를 내거나, 두려워하는 아이의 마음을 공감할 수 있으며, 아이의 과도한 요구에 당황해 하거나 걱정하지 않는다.

부모나 교사의 민감한 반응은 아이에게 자신의 욕구나 감정, 생각들이 존중받고 있다는 느낌을 준다. 또 원하는 것이 이루어지지 않아서 부정적인 감정들이 들 때도 자신의 행동을 스스로 통제할 수 있다는 자신감을 준다.

민감형은 아이가 스스로 자신의 욕구나 감정을 처리할 수 있는 능력을 키워 준다. 이런 능력들은 좌절, 슬픔, 화난 감정 등도 자연스럽게 받아들이도록 하며, 이를 성장의 기회로 만들 수 있도록 한다.

은수는 지난 3년간 같이 축구를 하는 친구들에게 집단으로 놀림을 받았다. 밥을 많이 먹어서 뚱뚱하다는 이유였다. 처음에 은수는 아이들에게 상처받지 않은 척 했지만 생각할수록 너무 화가 났고, 친구라고 생각했던 아이들에게 배신감을 느꼈다. 그 결과 아이들을 때리거나 공격하는 상상을 많이 하게 되었다. 그리고 선생님에게 아이들을 죽이고 싶다고 이야기를 하였다.

은수의 담임 선생님은 은수의 말에 당황하였지만 은수의 이야기를 끝까지 들어주면서 은수의 속상하고 화난 감정을 비난 없이 수용해 주었다. 그리고 "은수야, 아이들이 너를 놀려서 너무 화가 나고 속상했구나. 어떻게 하면 너의 마음이 편할 것 같니?"라고 물어보았다. 은수는 무조건 아이들을 때려야만 화가 풀릴 것 같다고 우겼지만, 선생님은 "때리고 싶을 만큼 화가 났다는 걸 알아. 하지만 친구를 때리는 방법은 적절한 해결책이 아닌 것 같다. 그 방법 말고 다른 방법은 없을까?"라며 은수가 화난 감정을 충분히 말로 표현도 하고 해결책을 생각할 시간을 주었다. 그러자 은수는 "친구들의 사과를 받으면 좋겠어요."라고 하였다. 그리고 은수는 사과를 받기 위한 방법을 선생님과 의논하였다.

은수의 담임 선생님은 은수의 기분이나 생각을 그대로 들어주었다. 그래서 은수는 친구들에게 화난 기분을 선생님에게 이야기할 수 있었다. 그리고 처음에 친구들을 때리고 싶다는 마음에서 사과를 받는 것으로 해결책을 찾아나갔다.

민감하게 반응하기는 쉽지 않다. 아이가 친구에게 받은 상처를 달래 주려고 '다른 친구들과 놀면 돼. 다른 축구팀에 들어가.'와 같이 아이의 슬퍼하는 마음을 바꾸어 주려 할 수도 있으며(전환형), '네가 화난다고 아이들을 때리는 건 안 돼. 그리고 너에게도 뭔가 잘못이 있겠지.'라고 말하며 아이의 감정과 생각을 비난하고 아이에게 문제의 원인을 돌릴 수도 있다(억압형). '화가 날만 해. 실컷 화 내. 화 내다 보면 기분이 풀리겠지.'라고 말하며 욕구나 감정을 해결하기 위한 방식을 알려 주기보다는 기분을 푸는 것이 더 중요하다고 반응할 수도 있다(방임형). 그러나 앞의 반응들과 달리, 아이의 욕구나 감정, 생각들에 민감하게 반응한다는 것은 아이의 마음을 그대로 받아들여 주고, 그것을 스스로 해결하도록 길을 안내하는 것이다.

적절하게 반응하기 전략

아이의 자존감을 향상시킬 수 있는 적절한 반응은 우선 아이의 발달단계에 맞게 아이가 자신의 욕구, 감정, 생각 등을 표현할 수 있도록 도와주는 것이다. 이는 아이에 대한 수용의 경험을 제공하여 자존감을 향상시킨다. 그리고 이런 아이의 욕구와 감정, 생각을 이해하고, 자신이 원하는 것을 해결할 수 있도록 기회를 제공하는 것이 필요하다. 이처럼 자신이 스스로 문제를 해결해 감으로써 성취감을 느낄 수 있으며, 이를 통해 자신의 유능감이 향상되어 자존감이 생기게 된다.

이처럼 아이가 사랑받고, 존중받고 있다고 느끼려면 타인으로부터 자신의 욕구나 감정, 생각을 인정받고 수용받아야 한다. 그러나 부모나 교사도 아이의 마음을 인정하고 수용해 주고 싶지만, 아이의 생각과 행동은 너무 다양하고 때에 따라서는 이해가 되지 않기에 제대로 민감하게 반응하기 힘들다.

다음은 아이의 마음을 정확하게 이해하고 민감하게 반응하기 위한 전략들이다.

신호에 주목하라

아이의 욕구나 감정, 생각에 민감하게 반응하기 위해서는 먼저 아이의 마음의 변화를 알아차려야 한다. 하지만 아이는 어른들과 달리 언어 표현력이 유창하지 않으며, 아이 스스로도 자신의 마음상태를 명확하게 인식하지 못하기 때문에 쉽게 알아차리기 어렵다. 아이의 변화를 알아차리기 위해서는 아이에 대해 관심을 가지는 것이 필요하다. 아이의 평상시 행동패턴들, 즉 아이가 자신의 마음을 표현하는 방식을 기억하는 것이 중요하다. 또한 아이가 몸짓을 통해 말하려고 하는 것에 주의를 기울이며, 아이의 관점에서 세상을 보려고 노력해야만 아이의 마음을 알아차릴 수 있다.

신호에 주목하는 것은 민감하게 반응하기의 첫 단계다.

아이의 신호를 정확하게 해석하라

신호를 알아차리고 나면, 그 신호의 의미를 해석하는 것이 중요하다. 즉, 행동의 동기 및 목적, 그 행동을 지속시키는 원리를 이해하는 것이 중요하다.

다음 사례들을 통하여 행동의 동기와 목적을 알아보도록 하자.

> 영호(초등학교 5학년, 남)는 교실에서 다른 남자 친구와 싸우다가 선생님에게 야단을 맞았다. 처음에는 선생님이 먼저 때린 영호에게 다른 친구에게 사과하라고 제안했지만, 영호는 상대방 친구가 먼저 자신을 놀렸다고 이야기를 하면서 사과하지 않겠다고 하였다. 결국 선생님은 영호에게 반성문을 쓰게 하였다. 그러나 영호는 선생님이 주신 종이를 찢고 밖으로 나가 버렸다.

이 경우에 아이의 행동은 '종이를 찢고 밖으로 나간 것'이다. 환경적 자극은 '반성문을 쓰라는 지시'다. 개인 내적인 자극은 '화가 났다' 또는 '억울하다'는 감정이다.

> 지니(초등학교 4학년, 여)는 수학 시간에 잘 풀리지 않는 문제가 있다며 선생님에게 도와달라고 하였으나 선생님은 문제를 다 푼 다음에 도와주겠다고 하였다. 그러자 지니는 울었고, 선생님은 지니에게 다른 친구에게 방해가 되니 뒤에 가서 앉아 있으라고 했다. 지니는 선생님에게 소리를 지르며 난동을 부렸고, 결국 엄마가 와서 지니를 데리고 집으로 갔다. 그다음부터 지니는 작은 일에도 선생님과 다툼을 보였고, 그럴 때마다 선생님은 엄마가 와서 지니를 데리고 가도록 하였다.

지니의 행동은 '선생님에게 소리를 지르며 난동을 부리는 것'이다. 환경적 자극은 '수학 문제가 잘 풀리지 않는다'와 '뒤에 가서 앉아있으라는 지시'다. 그리고 개인 내적인 자극은 '화가 났다'는 감정과 '무시당했다'라는 감정이다. 아이의 말과 행동을 정확하게 이해하기 위해서는 아이의 말과 행동에 담긴 겉 메시지와 속 메시지를 구별할 수 있어야 한다.

아이를 인정하고 수용하라

아이를 인정하고 수용하는 것은 아이 스스로가 자신의 욕구나 감정을 존중받고 있다고 느끼게 해 준다. 아이가 힘들어하고 두려워할 때 그 마음을 인정해 주면, 아이는 자신의 욕구나 감정이 잘못된 것이 아니라는 것을 깨닫게 된다. 그리하면 아이는 자신의 감정에 빠져 있기보다는 문제를 해결하고자 한다.

아이를 인정하고 수용하는 태도는 우선 부모나 교사가 아이를 바라보는 태도에 의해 영향을 받는다. 부모나 교사의 생각이 아이를 문제라거나 부족하다는 시선으로 바라보면 아이의 행동을 인정하기보다는 잘못된 점을 가르치고 바꾸려고 할 것이다. 자신의 행동이나 생각을 타인에게 비난받으면 아이는 자신을 보호하기 위해 방어하려는 행동을 보일 것이다. 그리고 자신에 대한 부정적인 이미지를 형성하게 될 것이다.

아이를 바라보는 태도는 민감한 반응에 중요하다. 부모나 교사가 가진 가치관이나 선입견, 고정관념 등은 아이의 행동을 바르게 이해할 수 없게 만든다. 유연한 태도를 가져야 아이를 비난이나 비판 없이 수용할 수 있고, 아이와 긍정적인 관계를 가질 수 있다.

유연한 태도는 자신이 살아온 과거의 경험에 의해서 영향을 받는다. 자신이 살아온 과거의 경험은 세상을 보는 틀을 만들고, 이는 다시 아이를 바라보는 태도에 영향을 준다.

다음은 과거 경험이 아이를 바라보는 태도에 영향을 준 사례다.

초등학교 교사인 박 선생님은 어린 시절부터 자주 아픈 엄마 때문에 다른 아이들처럼 떼나 고집을 부려 보지 못하고 스스로 자신의 일들을 어른처럼 해 내면서 자랐다. 어느 날, 반 아이들 사이에 다툼이 일어나서 중재를 하던 중에 유달리 수윤이 편만 들고 있는 자신의 모습을 발견하였다. 수윤이는 엄마 없이 할머니와 단둘이 살고 있는데, 평상시에 말이 없고 성실한 아이였다. 박 선생님은 그런 자신의 마음을 살펴보니, 수윤이가 어린 시절에 엄마에게 의지하지 못했던 자신의 모습과 비슷하여 수윤이 편을 들고 있었던 것을 깨닫게 되었다.

아이에게 적절하게 반응하기 위해서는 아이의 행동을 자신의 관점과 가치관으로 바라보는 것을 멈춰야 한다. 그리고 상황과 사건을 고려하여 다른 관점에서 아이의 행동을 바라보는 유연함이 필요하다.

유연한 관점(mindfulness)을 가진 부모나 교사는 새로운 것에 대해 개방적이고, 맥락에 민감하며, 다양한 관점을 고려할 줄 알고, 관심과 주의가 현재로 향해 있으며, 맥락에 따라 사물이나 사건을 다양하게 해석한다. 또한 기존의 방식에 의문을 제기하고 대안적인 행동들을 적극적으로 고려한다. 이런 경향성은 사회적 고정관념이나 편견을 줄여 주고, 양육이나 교육에서 아이를 다양한 관점으로 바라볼 수 있도록 도와준다.

아이가 문제를 스스로 해결하도록 도와라

부모나 교사는 아이의 욕구를 모두 충족시켜 주고 싶은 마음은 있지만 아이의 욕구는 현실적으로 수용될 수도 있지만, 수용될 수 없는 상황도 있다. 적절하게 반응하는 것은 아이의 욕구를 모두 충족시켜 주는 것이 아니다. '적절하게' 라는 의미는 상황을 고려하여 아이의 욕구를 충족하는 방법을 찾아내는 것이다. 아이의 욕구를 충족하는 방법은 부모나 교사가 찾는 것이 아니라 아이 스스로 찾아낼 수 있도록 해야 한다.

아이 스스로 해결책을 찾아내는 경험은 아이에게 자신의 능력에 대한 믿음을 가져다 주며, 자신의 능력에 대한 성취경험이 된다.

부모나 교사는 아이 스스로 해결책을 찾아낼 수 있는 길을 안내하는 역할을 해야 한다. 아이가 해결책을 찾도록 도와주는 방법은 3장 문제해결력과 자존감을 참조하기 바란다.

PART 3

자존감 향상을 위한 기본 전략

- ■수용과 자존감
- ■공감과 자존감
- ■강점 격려하기와 자존감
- ■경청과 자존감
- ■문제해결력과 자존감
- ■자존감을 손상시키는 의사소통

수용과 자존감

수용이란 아이를 하나의 인격체로 소중하게 여기면서 받아들이는 것이다. 다시 말해, 비판 없이 받아들이는 것이다. 그렇지 않으면 아이의 행동을 좋고 나쁨으로 판단하여 아이에게 섣부른 충고나 조언을 하게 된다. 물론 아이를 무조건적으로 존중하고 수용한다는 것은 쉬운 일은 아니다. 항상 그 아이를 하나의 인격체로 생각하고, 대하려는 기본 마음을 잊지 않는 것이 중요하다.

부모나 교사가 아이의 행동이나 태도를 수용하지 못하는 이유에는 부모나 교사가 가지고 있는 고정관념과 선입견 때문이다. 가령 '머리를 염색한 아이나 귀고리를 한 아이는 불량한 아이일 것이다.' '이혼한 가정의 아이는 심리적 문제를 가지고 있을 가능성이 높다.' '선생님에게 대드는 아이는 가정교육을 제대로 받지 못했을 것이다.' '공부를 못하는 아이는 노력하지 않기 때문이다.' 등과 같은 고정관념과 선입견은 아이를 비판 없이 받아드릴 수 없게 한다.

수용은 아이의 존재를 인정하기 때문에 아이에게 자존감을 높여 준다. 부모와 교사가 아이의 입장에서 자신의 생각과 행동을 인정해 준다고 가정해 보자. 아이의 기분은 어떨까? 그리고 아이는 자신을 어떤 존재라고 생각하게 될까? 그렇다. 아이는 수용적인 부모와 교사의 태도로부터 타인에게 인정받고 사랑받고 있음을 알게 되고, 자신은 그럴 가치가 있다고 느끼게 될 것이다.

다음은 담임 선생님이 인수의 행동을 수용한 예다.

> 고등학교 3학년인 인수는 중간고사를 엉망으로 보았다. 선생님은 인수와 이야기를 하다가 인수가 여자 친구에게 깊이 빠져 있는 것을 알게 되었다. 그래서 학교도 자주 빠지고, 수업에 집중을 할 수 없었던 것이었다. 이 이야기를 들은 담임 선생님은 인수에게 "지금은 다른 무엇보다도 여자 친구와 함께 있는 것이 더 좋은가 보구나."라고 하셨다. 그러고는 어떤 점에서 여자 친구가 더 좋은지 이야기를 나누었다.

담임 선생님은 인수가 여자 친구와 함께 있고 싶어 하는 마음을 수용했다. 담임 선생님은 인수의 행동이 잘못 되었다거나 잘 되었다고 평가하기보다는 인수의 지금 상황과 마음을 그대로 받아들였다. 그리고 인수의 마음을 더 잘 이해하기 위해서 여자 친구가 좋은 이유를 좀 더 탐색하였다. 이 질문을 받은 인수는 여자 친구와 관련된 자신의 경험을 생각하고, 무엇이 자신을 그렇게 여자 친구에게 빠지게 만든 것인지에 대해 생각해 보는 기회를 가지게 되었다.

공감과 자존감

공감(empathy)이란 아이가 이야기하고자 하는 바, 아이가 전하고자 하는 감정과 생각들을 정확하게 이해하는 것이다. 부모나 교사의 아이에 대한 정확한 공감은 아이의 자존감을 향상시킨다. 왜냐하면 자존감은 자신이 속한 집단과의 긍정적 관계를 통해 형성되듯이 공감은 부모나 교사와 아이 간의 밀접한 관계를 맺을 수 있게 하며, 아이에게 타인으로부터 존중과 수용받는 느낌을 줄 수 있기 때문이다. 이로 인해 자신이 가치 있는 사람이라는 생각을 가질 수 있다. 다음은 공감이 아이의 자존감에 영향을 주는 과정이다.

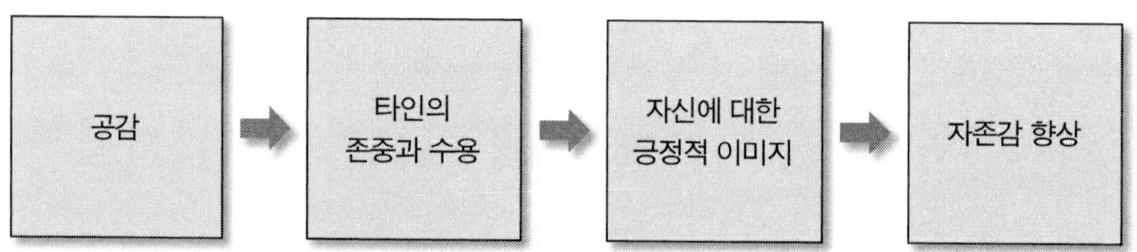

그림 3-1 공감이 자존감에 영향을 미치는 과정

효과적인 공감을 위해서는 여러 가지 방법이 있지만 가장 우선시 하는 것은 아이의 입장에서 생각하는 것이다. 아이는 타고난 천성뿐 아니라 경험하고 자란 사회, 심리, 물리적 환경에 따라 다른 가치관을 가진다. 공감은 이러한 아이를 '나와 같아야 한다.'는 생각으로 바라보지 않고, 아이의 다양성과 다름을 인정하며, 아이가 이야기하는 것을 그대로 들어주는 것이다. 만약 아이의 말이나 행동을 자신의 잣대로 판단하거나 자신에게 편한 것만을 받아들여 아이에게 충고나 설득을 한다면, 아이는 자신의 행동에 대해 부끄러움을 느껴서 부모나 교사에게 마음의 문을 열지 않을 수도 있다.

공감을 돕는 또 다른 방법은 아이가 이야기하는 것을 잘 듣는 것이다. 잘 듣는다는 것은 아이의 말을 글자 그대로 해석하기보다는 상대방이 이야기하고자 하는 내용을 정확하게 이해하는 것이다. 아이의 마음을 정확하게 이해해 주는 것은 아이와 교사와의 신뢰에 기본이 된다.

공감을 돕는 방법은 아이의 말에 담긴 속 메시지와 겉 메시지를 구별하는 것이다. 겉 메시지는 지금 현재 아이가 교사에게 하는 말이고, 속 메시지는 겉 메시지 안에 들어 있는 아이가 진짜로 말하고 싶어 하는 것이다.

다음은 공감 대화의 예다.

"열심히 노력했는데 잘 되지 않아 실망스럽고, ○○의 마음을 잘 이해해 주지 못하는 친구들에게 원망스러운 마음이 느껴진다."

"네가 실망과 두려움을 극복하며 원하는 진로를 선택하고 싶어 하는 강한 의지가 느껴진다."

강점 격려하기와 자존감

『칭찬은 고래도 춤추게 한다』라는 책 제목처럼 아이는 타인에게 인정과 칭찬을 받으면 신이 나서 자신의 일을 더 열심히 하게 된다. 칭찬거리나 강점을 가지지 않은 사람은 없다. 다만 그 사람이 처한 환경에 따라서 그 강점이 드러나지 않을 뿐이다.

아이의 문제행동이 단점처럼 보일 수도 있다. 하지만 때로는 문제행동의 상황과 맥락이 바뀌면 강점이나 장점이 될 수 있다. 이런 강점과 장점, 능력 등을 찾아서 아이를 격려해 주면 아이는 자신도 몰랐던 힘이 있음을 알게 된다.

다음은 강점 격려하기가 아이의 자존감에 영향을 주는 과정이다.

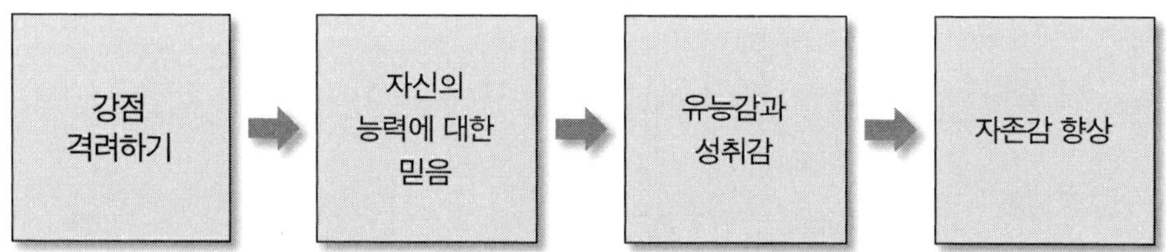

그림 3-2 강점 격려하기가 자존감 향상에 영향을 미치는 과정

아이의 행동에는 좋은 면과 나쁜 면이 항상 함께 공존한다. 매사에 느리고 소심해 보이는 행동도 다른 상황에 가면 신중하고 사려 깊은 행동이 될 수 있다. 부모와 교사가 나쁘고 잘못되었다고 생각하는 행동도 예외 없이 긍정적인 면을 가지고 있다. 다음 사례는 이런 긍정적인 면을 부각시켜 아이의 강점으로 만들어 준 예다.

초등학교 5학년인 동석이는 키가 작아서 친구들에게 항상 놀림을 받았다. 그래서 동석이는 키가 크려고 스스로 우유도 먹고, 치즈도 먹으며 노력했다. 하지만 동석이는 키가 생각처럼 크지 않아 실망하였다. 그러던 어느 날 동석이의 담임 선생님은 반 친구들에게 동석이의 키가 작은 것은 나쁜 것이 아니며, 동석이의 잘못도 아니고, 단지 '다름'이라고 말씀해 주셨다. 그리고 키가 작아서 좋았던 경험을 함께 생각해 보도록 하였다. 어느 날 동석이는 기쁜 얼굴로 선생님에게 와서 "선생님, 오늘 친구들과 잡기놀이를 했는데, 키가 작아서 아이들 팔 밑으로 금방 도망갈 수 있었어요. 잡히지 않았어요."라고 말하였다. 키가 작아서 좋은 점이 많다며 신이 나 있었다.

처음에 동석이는 키가 작은 것이 나쁜 것이라고 생각하고 이를 고치기 위해서 여러 가지 노력을 했다. 하지만 생각보다 키가 크지 않아서 좌절하였고, 자신이 덜 노력해서 그렇다고 생각하였다. 이런 생각은 동석이에게 자신은 노력이 부족한 사람이라는 생각과 함께 자존감을 손상시켰다. 그러나 담임 선생님, 반 친구들과 함께 키가 작아서 좋은 점들을 찾아가는 과정에서 키가 작은 것이 나쁜 것만 있는 것이 아니라 상황과 맥락에 따라 장점이 될 수도 있고, 단점이 될 수도 있다는 것을 알게 되었다.

'격려하기'는 아이의 행동을 평가하거나 비판하는 것이 아니라 아이의 행동을 그대로 받아 주는 것이다. 즉, 아이의 행동에 성취기준을 설정하기보다는 아이가 가지고 있는 내적자원(노력, 끈기, 좌절에 대한 내성, 시도 등)에 관심을 보이는 것이다. 하지만 우리는 가끔 격려와 칭찬을 혼동하여 아이에게 자신감을 주고, 자존감을 높여 주기 위해서 칭찬을 과도하게 사용하는 경우가 종종 있다. 칭찬은 아이를 기분 좋게 만들고 바람직한 행동을 하도록 동기화시킨다. 하지만 과도한 칭찬은 아이를 병들게 한다. 칭찬은 칭찬받는 행동의 기준을 만든다. 그래서 아이는 그 기준에 맞는 행동을 하려고 노력하고, 만약 기준에 맞지 않는 행동을 하게 되면 실망하거나 좌절하게 된다.

읽을거리 칭찬의 방법

구체적으로 제시하라

칭찬은 구체적이어야 한다. '잘했다.' '예쁘다.' '착하구나.'와 같이 모호한 칭찬보다는 '글씨를 바르게 썼구나.' '다른 친구를 도와주었구나.' '휴지를 주웠구나.'와 같이 아이의 행동을 구체적으로 기술해야 한다. 행동을 사실적으로 기술하는 묘사적이고 해설적인 칭찬은 칭찬받는 아이에게 자신의 행동을 바라볼 수 있는 기회를 제공하며, 칭찬하는 사람이 진심으로 자신에게 관심을 가지고 있다고 생각하게 된다.

반면에 아이의 성격이나 인격과 관련된 칭찬은 아이를 불안하게 만든다. 예를 들어, 시험을 잘 본 아이에게 '너 참 머리가 좋구나.'라고 칭찬하면, 다음에 시험을 잘 보지 못하면 자신은 머리가 나쁜 사람이 될 수도 있다는 불안을 가지게 할 수 있다. 머리가 좋다는 칭찬보다는 '이 점수를 받기 위해 열심히 공부했구나.'라는 칭찬이 아이를 더 기쁘게 한다.

일관성 있게 제시하라

일관성은 칭찬뿐 아니라 훈육을 비롯하여 아이의 교육에 중요하다. 일관성이란 동일한 행동에 동일한 칭찬을 하라는 의미다. 만약 동생을 돌봐 주는 아이에게 어떤 때는 칭찬을 하고, 어떤 때는 칭찬을 하지 않는다면 아이는 혼란을 느끼게 된다. 또한 누나가 동생을 돌볼 때는 칭찬을 해 주고, 자신이 동생을 돌볼 때는 칭찬을 해 주지 않는다면 아이는 혼란을 느끼게 된다.

일관성은 아이에게 자신의 행동에 대한 명확한 기준을 설정해 준다. 하지만 비일관성은 아이에게 자신을 칭찬해 줄 사람의 기분이나 생각에 맞추어 행동하게 한다.

비교하는 칭찬은 중단하라

'형보다 네가 잘하는구나.' '동희보다 착하구나.' '네가 제일 멋져.'와 같이 비교하는 칭찬을 받으면 기분이 어떨까? 칭찬을 받는 순간에는 기분이 좋아질 것이다. 하지만 얼마 후 '나도 누군가에게 비교당할 수 있겠구나.' 라는 생각이 들면서 마음 속 깊은 곳에서 알 수 없는 불안이 느껴질 것이다.

칭찬은 누군가와 비교하거나 평가하지 않고 아이가 한 행동만으로 해야 한다. 한 아이가 수학 시험에서 90점을 받아 어머니에게 갔더니, 어머니가 "잘했구나. 그런데 너희 반에 100점은 누구야?"라고 물었다고 한다. 이것은 아이에게 칭찬이 아니다. 100점을 받은 아이와 자신을 비교한 말이다. 즉, 100점을 받지 못한 아이를 비난하는 말이나 마찬가지다. 또 한 어머니는 "누나처럼 공부를 잘 하는구나."라고 칭찬을 하였더니 아이가 갑자기 토라져서 "이제 공부 안 해요."라고 말했다고 한다. 그 이유는 자신이 공부를 열심히 해도 항상 누나보다 못하다는 생각이 들었기 때문이라고 하였다.

아이는 다른 사람과 비교당하고 평가당하기보다는 자신만의 능력, 성취, 행동을 인정받기를 원한다.

성취보다는 과정에 초점을 두라

칭찬은 상대방을 치켜세워 주는 좋은 방법이지만 '너는 공부를 잘하는구나.' '당신의 글씨는 참 예뻐요.'와 같은 칭찬은 성취에 대해 평가하는 칭찬이다. 성취는 아이가 속한 환경과 상황에 따라서 달라질 수 있다. 가령 아이가 공부를 잘하는 집단에 들어가면 그 아이는 공부를 못하는 아이가 될 것이며, 공부를 잘 못하는 집단에 들어가면 그 아이는 공부를 잘하는 아이가 될 것이다. 성취는 절대적인 기준이 아니라 상대적인 기준이다. 상대적인 기준은 칭찬하는 사람의 관점에 따라 달라진다. 자신의 행동에 기준이 달라지면 아이는 불안을 느낀다. 언제든 지금 듣는 칭찬은 사라질 수 있기 때문이다.

한 선생님이 아이를 격려하기 위해 그림이 서툰 아이에게 잘한다고 칭찬을 해 주었다고 한다. 그러자 잠시 후 그 아이는 그림 그리기를 그만두었고, 곧이어 그림을 구겨서 버렸다. 아이에게 그와 같이 행동한 이유를 묻자, 주변에 있는 다른 아이들을 손가락으로 가리키며 "나보다 저 아이들이 더 잘 그려요."라고 말했다. 아이도 자신의 성취와 능력을 객관적으로 평가할 수 있는 능력이 있다. 따라서 '잘했어.'보다는 '열심히 하는구나.' '노력하는구나.'와 같이 과정에 초점을 둔 칭찬을 하는 것이 바람직하다.

진심을 담아 칭찬하라

칭찬은 고래도 춤추게 할 정도로 아이를 힘나게 한다고 모든 사람은 믿고 있다. 그래서 아이에게 칭찬을 많이 하려고 한다. 아이는 칭찬의 홍수 속에 살고 있다 해도 과언이 아니다. 하지만 아이는 말뿐인 칭찬과 진심이 담긴 칭찬을 구별할 수 있다. 예를 들어, '참 귀엽게 생겼다.'라는 칭찬이 진심인지, 인사 치레인지 아이들은 잘 안다. 아이에게 칭찬을 하고 싶다면, 진심을 담아서 칭찬해야 한다.

경청과 자존감

경청이란 아이가 이야기하는 것을 '잘' 들어주는 것이다. 잘 들어준다는 것은 이야기의 내용을 정확히 파악하는 것이다. 또한 자신이 아이의 이야기를 잘 듣고 있다는 것을 아이에게 적절하게 알려 주는 것도 포함된다.

그러기 위해서는 부모나 교사가 아이의 말을 잘 듣고 있다는 것을 언어 또는 행동으로 알려 주어야 한다. '응.' '그렇구나.' '그래서?' '아!' 등 아이의 이야기 도중에 잘 듣고 있다는 표시로 맞장구도 쳐 주고, 고개를 끄덕이는 등의 제스처를 해 주어야 한다. 또한 아이가 하는 말이 잘 이해되지 않을 때는 '네가 이야기하는 것을 잘 못 들었구나. 다시 이야기해 줄 수 있니?' '너의 말이 혹시 이런 뜻이니?' '쉽게 이해가 되지 않는데 좀 더 자세히 설명해 주겠니?'와 같이 아이에게 다시 물어보는 것이 좋다. 그런 반응들은 아이로 하여금 자신의 이야기가 수용되고 있다는 느낌을 주며, 자신을 더 잘 표현할 수 있도록 자신감을 준다.

경청은 타인에게 수용되는 경험을 통하여 자존감을 향상시킨다. 즉, 교사, 부모, 또래가 자신의 이야기를 잘 들어주면 아이는 다른 사람에게 사랑받고 있다는 마음을 가지기 때문에 자존감이 높아진다.

아이가 말하는 것을 잘 듣기 위한 경청 방법에는 명료화, 재진술, 감정 읽어 주기, 구체화하기가 있다.

명료화

명료화는 아이의 대화 내용을 분명히 이해하고 아이가 표현한 바를 정확히 지각하였는지 확인하는 대화 기술이다. 아이가 전달하는 속뜻을 잘 이해하지 못했을 때, 아이가 표현한 내용을 더욱 정교하게 이해하려고 할 때, 또는 자신이 들은 내용의 정확성 여부를 직접 점검하고 싶을 때 사용할 수 있다. 대화 도중에 불명확한 대명사, 애매모호한 어휘, 다중 의미를 가진 어구, 틀린 문법의 사용 등으로 혼란스러워질 때가 있는데 이런 경우에 명료화 기술을 사용한다.

명료화를 하는 요령은 아이의 말을 반복하면서 '~라는 뜻이니?' '~라는 말이니?' '그것이 정확하게 무엇을 뜻하는 것이지?'와 같이 말한다. 명료화 기술은 중간중간 사실을 확인함으로써 아이의 원뜻을 정확하게 이해하고, 이야기의 흐름이 다소 산만해지는 것을 막을 수 있다.

다음은 학생이 표현한 내용에 대해 명료화를 한 예다.

아이 1: "선생님, 학교에 오는 것이 싫어요. 아이들이 저를 이상하게 생각하는 것 같아요. "차라리 제가 사라져 주는 것이 나을 것 같아요."

교사 1: "사라지고 싶다는 말이 무슨 뜻인지 이야기해 줄 수 있니?"

아이 2: "공부에 집중을 할 수가 없어요. 머리가 멍하고 책상에 앉으면 자꾸만 다른 쪽으로 눈이 가요. 그리고 다른 친구들이 무었을 하고 있나 궁금하기도 하고요. 가끔은 제가 바보가 아닌가 싶기도 해요."

교사 2: "네가 바보가 아닌가 싶다고 이야기를 했는데, 그게 무슨 뜻인지 말해 줄 수 있니?"

재진술

재진술이란 아이의 말에 표현된 핵심 내용을 되돌려 주는 기술로서, 아이가 표현한 바를 선생님의 말로 바꾸어 표현하는 것이다. 단순히 반복하는 것이 아니라 아이의 말을 듣고, 선생님이 이해한 내용을 되돌려 주는 것이다. 이 기술은 아이에게 자신의 말이 제대로 이해되고 있는지 판단할 수 있게 해 주며, 선생님에 대한 신뢰감을 준다.

다음은 재진술의 예다.

아이: "국어 선생님이 어떤 때는 잘해 주시다가 어떤 때는 엄하게 하세요. 선생님의 진짜 마음을 모르겠어요."

교사: "선생님의 행동이 자주 바뀌어서 선생님의 진짜 마음을 모르겠다는 말이구나."

감정 읽어 주기

감정 읽어 주기는 아이가 경험하고 있는 세계로 들어가 아이의 감정을 같이 느끼는 것이다. 아이의 이야기에 담겨 있는 감정을 알아줌으로써 아이로 하여금 자신의 깊은 마음이 이해받고 있다는 느낌을 준다. 아이의 이야기에 담겨진 감정을 읽어 주기 위해서는 우선 아이의 말을 경청한 후, 진술 속에 포함되어 있는 감정을 생각해 보아야 한다. 그런 후, 그런 감정을 갖게 된 이유, 즉 특정 사건이나 사람, 또는 사람이나 생각을 고려해 보고 '~ 때문에 ~ 한 기분이 드는구나. ~ 하기를 원하는데.'라는 형태로 말해 준다.

다음은 감정 읽어 주기의 예다.

아이: "엄마, 선생님들은 강요를 너무 많이 해요. 머리 잘라라, 옷 바로 입어라, 수업 중에 바로 앉아라, 복도에서 뛰지 마라……. 정말 요구가 많아요. 학교에 가면 숨을 쉴 수가 없어요. 우리가 기계라고 생각하시는 것인지 정말 이해가 안 돼요."

어머니: "너는 선생님이 너에게 많은 것을 요구한다고 생각해서 화가 나는구나."

구체화하기

아이와 이야기를 하면서 아이의 세계를 아는 방법은 아이가 표현하는 내용을 정확히 이해하는 것이다. 구체화하기는 메시지 중에서 불분명하고 불확실한 부분, 애매모호한 부분, 이해하기 어려운 부분을 정확하게 확인하는 것이다.

다음은 구체화하기의 예다.

아이: "아, 참, 정말…… 그 선생님 때문에 기분이 나빠요. 무지 나빠요."

어머니: "기분이 나쁘다는 말이 무슨 뜻인지 좀 더 구체적으로 말해 주겠니?"

문제해결력과 자존감

문제해결력이란 해결하기 어려운 문제에 부딪히거나 도전을 받았을 때 그것을 해결하고 극복해 나가는 능력을 의미한다. 문제해결을 잘한다는 것은 자존감이 높은 아이의 특징이다. 왜냐하면 아이 스스로 문제를 해결해 나갈 수 있다는 것은 자신의 능력에 대한 믿음이 있다는 것이고, 문제해결 과정을 통해 아이는 유능감 및 성취감을 경험하였을 것이기 때문이다. 따라서 문제를 해결해 가는 법을 배우는 것은 아이에게 삶의 중요한 성취경험이 된다.

모든 아이는 자기가 원하는 방식으로 문제를 해결할 수 있는 능력이 있다. 나이, 인지능력, 경험에 관계없이 아이는 자신만의 방식으로 문제를 해결할 수 있다. 그런데 이런 문제해결 방식을 어른들이 마음에 들어 하지 않거나 대신 해결해 주기 때문에 아이들의 문제해결 능력이 점점 줄어들게 되는 것이다. 그로 인해 자존감도 낮아진다. 다음은 교사가 해결책을 제시한 경우다.

아이: "같이 청소하는 아이가 있는데 너무 마음이 안 맞아요. 어떻게 해야 할지 모르겠어요. 청소할 때는 사라졌다가 검사 받을 즈음에 나타나요. 어떨 때는 늦게 나타나서 검사를 늦게 받았을 때도 있었고요. 그 친구랑 정말 안 맞아요. 그 친구가 너무 미워요."

교사: "그 아이가 청소를 하지 않을 때는 너도 하지 말고 기다리렴."

이처럼 많은 교사는 아이가 고민하고 있거나 어려움에 처해 있으면 빨리 도움을 주어서 그 문제가 해결되기를 바란다. 그래서 문제해결사 역할을 하려고 한다. 이런 교사의 마음은 충분히 이해가 되지만, 이런 과도한 도움은 아이 스스로 문제를 해결하는 능력을 키워 주지 못한다. 설령 문제가 해결되었다고 할지라도 아이는 자신이 스스로 문제를 해결했다고 생각하지 않는다.

따라서 아이의 문제해결력을 키워 주기 위해서 가장 먼저 이루어져야 할 것은 부모와 교사가 아이의 능력을 믿어 주는 것이다. 그리고 문제를 해결할 수 있는 가이드를 제공하고, 아이의 문제해결 방식이 사회적으로 실현가능한 것인지 점검해 주고, 만약 실현가능하지 않는 경우에는 명확한 한계를 설정해 주는 것이 필요하다.

다음은 교사가 아이 스스로 문제를 해결하도록 가이드를 제공한 경우다.

교사: "그래, 너는 그 친구의 행동이 불편하구나."
아이: "예! 밉고 싫은데 아무 말도 못했어요."
교사: "그랬구나. 밉고 싫은 마음도 드는데 아무 말도 못하고 참고 있느라 답답했겠다. 너는 어떻게 하고 싶니?"
아이: "글쎄요. 어떻게 할까요?"
교사: "너는 무엇을 원하니?"
아이: "음……. 그 아이에게 제 기분을 알려 주고 싶어요."
교사: "그럼 어떻게 알려 주고 싶니?"
아이: "그 아이에게 솔직하게 이야기해 볼까요?"
교사: "그래! 그것도 좋은 방법일 수 있겠다."

교사는 아이에게 직접적으로 해결책을 제시하기보다는 아이의 감정을 수용해 주면서 아이 스스로 원하는 것을 얻을 수 있도록 길을 안내해 주고 있다. 이처럼 부모나 교사의 적절한 가이드는 아이의 문제해결력을 증진시킬 수 있다. 다음은 아이의 문제해결력을 증진시키기 위한 구체적인 방법이다.

아이가 원하는 것을 명확히 하라

아이 스스로 문제를 해결할 수 있도록 돕기 위해서는 아이가 원하는 것을 명확히 하는 것이 중요하다. 그러나 아이는 간혹 자신이 원하는 것을 인식하지 못할 때도 있다. 화가 나서 무언가를 하고 싶은데, 왜 화가 났는지, 무엇을 하고 싶은지 모를 경우가 있다. 그래서 물건을 던지거나 소리를 질러서 다소 화난 마음을 가라앉히지만 아이는 화난 기분이 풀렸다고 생각하지 않는다. 그리고 다음에 또 화가 날 것 같은 상황을 두려워한다. 이런 경우에는 아이가 스스로 문제를 해결하기 위해 자신이 화가 난 이유를 알아보는 것이 중요하며, 원하는 것이 무엇인지 알아보아야 한다.

아이가 자신이 원하는 것을 명확하게 알지 못하면 아이 스스로 문제를 해결할 수 없다. 아이가 원하는 것을 명확히 하기 위해서는 '네가 원하는 것이 무엇이니?' '너의 기분은 어떻니?' '너는 저 친구가 어떻게 하면 기분이 좋아지겠니?'와 같은 질문을 사용한다.

대안책을 탐색하라

아이가 원하는 것이 명확해지면 원하는 것을 얻기 위해 교사와 다양한 해결책을 함께 알아보아야 한다. 다양한 해결책은 아이 스스로 생각해 낸 해결책이어야 한다.

아이가 원하는 것을 얻는 방법은 다양하다. 다양한 해결책을 모색하는 것은 아이의 선택을 넓혀 줄 수 있으며, 한 가지 대안이 안 되는 경우에는 다른 대안을 선택할 가능성을 높여 준다.

다양한 대안을 모색한 다음에는 그 대안들의 실현가능성을 아이와 따져보아야 한다. 실현가능성도 부모나 교사의 생각이 아니라 아이의 입장에서 고려되어야 한다. 해결책은 하나의 생각으로만 실제 행동으로 옮겨지는 것이 아니다. 행동으로 옮겨지기 위해서는 한계를 인식하고, 한계 안에서 대안들의 장단점을 충분히 고려하여 최선책을 선택하여야 한다.

대안책의 한계를 탐색하라

아이가 선택한 해결책 중에서 사회적으로 용인될 수 없는 해결책인 경우에는 한계를 제시해야 한다. 예를 들어, 아이가 화났다고 친구를 꼬집거나 때리거나 욕을 하는 등 타인에게 직접적으로 상해를 입히는 행위나 물건을 던지거나 구기는 행동은 용인하지 않아야 한다. 만약 이런 행동들을 용인하면 아이는 나중에 화가 나면 같은 방식을 사용하게 될 것이다. 이런 해결방식은 아이의 사회생활을 방해하여 아이의 성장을 저해한다. 따라서 아이가 화가 났다는 것을 인정하고 수용하되, 그 표현 방법은 적절하지 않다는 것을 알려 주는 것이 필요하다.

이때 '그 방법은 별로 바람직하지 않구나. 그 방법은 타인에게 피해를 주게 돼. 타인에게 피해를 주지 않으면서 네가 원하는 걸 얻을 수 있는 방법이 없을까?'라고 말함으로써 아이의 마음을 그대로 받아 주고, 그 마음을 해결할 수 있는 방법을 찾아볼 수 있도록 안내해 준다.

교사: "수업 중에 닌텐도를 하는 것은 안 돼."

진명: "(소리를 지르며) 싫어요. 전 할 거예요."

교사: "네가 닌텐도를 하고 싶은데 못해서 속상하구나. (마음을 수용하고 공감하기) 하지만 수업 중에 닌텐도를 하는 것은 우리 반 규칙에 어긋나." (한계 제시하기)

진명: "그래도 하고 싶어요."

교사: "그래, 하고 싶구나. 하지만 지금은 할 수가 없단다. (한계 제시하기)
속상하겠다. 우리 반 규칙도 지키고 네가 하고 싶은 것도 할 수 있는 방법이 없을까?"(해결책 모색하기)

진명: "글쎄요."

아이의 행동에 한계를 제시하는 경우에는 아이의 행동이나 감정을 비난하지 않고 마음을 그대로 수용해 주는 것이 중요하다. 그리고 안 되는 이유를 명확하게 잘 전달하기 위해서는 한계에 대한 명확한 이유를 설명해야 한다.

아이의 대안책에 대해서 '안 돼.'라고 말하지 않고, 그 이유를 명확하게 설명해 주어야 한다. 명확하다는 것은 아이가 이해할 수 있는 말로 구체적이고, 또한 그 행동의 결과를 말해 준다는 의미다.

'그건 타인에게 피해를 주기 때문에 안 돼.' '그런 행동은 바르지 않기 때문에 안 돼.' '그런 말은 나쁜 말이기 때문에 안 돼.' 등은 이유가 모호하기 때문에 아이가 자신의 행동을 결정하는 기준을 세울 수 없다. 그보다는 '네가 친구를 때리면 친구들이 아파.' '네가 물건을 말 없이 가져오면 친구는 소중한 것을 잃어서 속상할 거야.' '네가 욕을 하면 친구의 마음에 상처가 돼.' 등과 같은 반응이 아이의 대안책에 대한 결과를 구체적으로 제시한 것이다.

그리고 주의할 점은 조건적인 방식으로 한계를 제시하는 것은 아이의 마음에 상처가 된다. '네가 그런 행동을 하면 사람들이 널 싫어할 거야.' '친구를 때리면 나쁜 아이야.' 등 아이의 행동보다는 아이의 인격과 자아를 비난하는 한계들은 아이에게 깊은 상처를 준다.

최선책을 탐색하라

부모나 교사는 간혹 아이에게 행동의 한계만 제시하고, 아이가 원하는 것을 얻기 위한 방법은 알려 주지 않는다. 그러면 아이는 원하는 것을 참아야 되고, 해결하는 적절한 방법을 알 수 없기 때문에 좌절, 분노, 화, 슬픔과 같은 감정들을 느끼게 된다.

한계를 제시한 다음에는 그 한계 안에서 최선책을 탐색하는 것이 필요하다. 이런 과정을 통해 아이는 문제해결에 대한 자신감을 가지며, 자신이 제시한 대안책이 한계에 부딪혀도 화나 분노와 같은 감정을 덜 느끼게 된다. 한 가지 방식이 안 되면 다른 해결책을 찾으면 되기 때문이다.

해결책의 결정권은 항상 아이에게 있다. 아이가 제시하는 방식이 아이에게 가장 잘 맞고, 적절한 해결책임을 잊지 말아야 한다. 부모나 교사가 제시하는 해결책은 자신들의 삶의 경험을 반영한 것이어서 훌륭한 것일 수도 있지만 아이에게는 적절하지 않은 경우가 많다. 아이는 부모나 교사가 제시하는 해결책에 대해 '좋아요. 그렇게 할게요.'라고는 했지만 행동으로 옮기지 못하는 경우가 많다. 머릿속으로는 부모나 교사가 제시하는 해결책이 그럴듯해 보였지만 아이의 상황에는 잘 맞지 않기에 선뜻 행동으로 옮길 수 없는 것이다.

다음은 아이와 선생님 간에 문제해결 전략을 사용한 대화다.

아이: "한 친구가 자꾸만 저에게 과제를 해 달라고 해요. 절친이니 해 주어야 한다고 생각해서 처음에는 그 친구의 과제를 해 주었는데 자꾸 하다 보니 저도 힘들고, 그리고 그 친구가 절 이용하는 것 같아요. 그런데 제가 거절하면 그 친구가 저랑 절교할 것 같아서 두려워요."

교사: "그래, 친구가 해 달라는 과제를 해 주기는 싫은데 거절하면 절교할까 봐 두려워서 갈등이구나. (공감과 수용) 그래, 너는 어쩌고 싶니?" (아이가 원하는 것 탐색하기)

아이: "저는 그 친구의 과제를 해 주고 싶지 않아요. 하지만 그 친구와는 친한 사이로 남고 싶어요."

교사: "그래, 너는 그 친구와 친구 관계를 유지하고 싶지만 그 친구의 부당한 요구는 거절하고 싶구나." (재진술)

좋은 방법이 없을까?" (대안책 탐색하기)

아이: "그냥 제가 참을까요. 괜히 이야기해서 사이가 나빠질 수도 있잖아요."

교사: "그래, 그런 방법도 있겠구나. 그 방법을 사용하면 어떤 결과가 생길 것 같니?" (대안책의 결과 탐색하기)

아이: "그럼 아마도 시간이 지날수록 저는 화가 날 것 같아요. 그리고 그 친구도 싫어지

겠지요?"

교사: "그렇게 되면 그 친구와 관계를 유지하고 싶은 너의 마음과는 다른 결과네. 다른 해결책은 없을까?" (대안책 탐색하기)

아이: "글쎄요, 그럼 제가 힘들다는 것을 알려 줄까요?"

교사: "네가 힘들다는 것을 알려 주고 싶구나. 알려 주면 어떤 결과가 나올 것 같니?" (대안책의 결과 탐색하기)

아이: "아마 그 아이의 기분이 나쁘겠지만 그래도 저를 이해해 주지 않을까요?"

교사: "그래, 그런 결과가 나올 수도 있지. 너는 그런 결과를 받아들일 수 있을 것 같니?" (최선책 탐색하기)

아이: "예, 지금으로써는 그게 최선인 것 같아요."

교사: "그래, 한 번 해 보고 다시 이야기하자."

자존감을 손상시키는 의사소통

부모나 교사의 생각과 감정을 전달할 때, 아이의 자존감 향상을 위해 되도록 삼가야 하는 표현이 있다. 이 표현은 부모나 교사의 마음과는 달리 아이에게 충고와 비난, 무관심 등으로 다가올 수 있다. 그래서 아이의 감정을 상하게 하고 인격적 관계와 인간적인 따뜻함을 손상하여 상대방에 대한 반감을 야기하며 궁극적으로는 아이의 자존감을 떨어뜨린다.

다음은 자존감을 떨어뜨리는 표현의 예다.

"더 적극적으로 열심히 하는 것이 좋겠다." (충고하기)
"이렇게 하는 것이 더 좋았을 것 같아." (충고하기)
"아무래도 노력이 부족한 것 같아." (비난하기)
"지난 학기에는 열심히 하지 않더니 이번 학기에는 열심히 하고 싶은가 봐." (비꼬기)
"그런 고민을 안 하고 사는 사람은 없어. 시간이 지나면 다 해결될 거야." (무관심)

좀 더 자세히 살펴보면 다음과 같다.

비 난

아이의 자존감 향상을 위해 가장 피해야 하는 것은 비난이다. 왜냐하면 비난은 아이의 행동과 말은 잘못된 것이고, 더 나아가 그 아이가 능력이 없다는 것을 의미하기 때문이다. 그리고 더 나아가 이런 비난의 메시지는 아이의 행동과 말을 수용하지 못하는 것이기 때문에 자존감 향상에 도움이 되지 않는다.

교사: "들으면 기분 좋아지는 말을 돌아가며 해 볼까?"
아이: "돈 준다는 말이요."
교사: "너무 어려서부터 돈을 좋아하면 안 돼."

자존감 향상 프로그램을 진행하던 한 선생님의 말이다. 아마도 이 선생님은 아이가 돈만 좋아하는 사람이 되지 않기를 바라는 마음을 표현한 것일 수 있다. 그러나 이 말을 들은 아이는 더 이상 프로그램에 참여하지 않았다. 아마도 '그래요? 어떤 점에서 돈을 준다는 말이 기분 좋아지게 하죠? 여러분 중에도 ○○처럼 돈을 준다는 말이 기분 좋은 사람 있나요?'와 같이 선생님이 표현해 주었다면 아이는 비난받는 느낌을 가지지 않게 되고, 돈을 좋아하는 자신이 수용받는 느낌을 받았을 것이다.

이처럼 부모나 교사의 마음과는 달리 말이 아이에게 비난의 의미가 되는 경우도 많다. 매사에 완벽하게 하려고 해서 스트레스를 받고 있는 아이에게 "상대방의 실수에 대해서는 관대하지만 정작 너 자신에게는 그렇지 못하구나."라고 이야기한 것은 아이에게 '상대방의 실수에 관대한 것처럼 너에게도 관대해야 한다.'라는 비난이 될 수 있다. 상대방의 실수와 자신의 실수에 대한 기준이 다른 것에도 나름의 이유가 있다. 그렇기 때문에 기준이 다른 것에 대해 관심을 가지고 이야기를 나누는 것이 필요하다.

무 시

무시는 아이에게 '네가 말하는 것은 중요하지 않다.' 또는 '너는 그런 능력이 없다.'라는 메시지를 준다. 자존감은 자신의 능력에 대한 믿음이 있을 때 생기기 때문에 무시의 메시지는 자존감을 향상시키는 데 도움이 되지 않는다.

무시에는 '네가 그걸 어떻게 한다고 그래?' '너에게는 이 정도가 좋아.' '90점을 맞겠다고? 70점만 돼도 잘한 거야.' 등과 같은 말이 해당된다. 또한 다음의 예처럼 아이가 말하고자 하는 것에 대해 관심을 가져 주지 않고, 아이가 원치 않는데도 화제를 돌리는 것도 하나의 무시가 될 수 있다.

아이: "동생이 내 물건을 집어던져서 화가 나 머리를 때리고 등짝도 패 주었어요."

교사: "동생을 때려?"

아이: "엄마도 때려요. 빗자루로요."

교사: "엄마도 때리는구나. 그런데 동생 이름이 뭐였지?" (화제 전환)

충 고

충고는 아이가 처한 어려움을 잘 해결해 갈 수 있도록 방법을 제공하는 것이기 때문에 아이를 위하는 마음을 전하는 데는 효과적이다. 그러나 충고의 이면에는 '너는 스스로 문제를 해결할 능력이 없다.' 거나 '지금 사용하고 있는 방법은 좋은 것이 아니다.'라는 의미를 가질 수 있다. 이런 메시지는 아이의 능력을 믿고, 현재 아이가 사용하고 있는 해결책에 대한 수용의 태도가 아니다. 또한 충고는 충고를 하는 사람의 입장에서 그 문제를 바라보고 그 사람이 최적의 해결책이라고 생각하는 것을 전해 주는 것이기 때문에 아이에게는 잘 맞지 않는 방법일 수도 있다.

교사: "○○이는 학교에 친구가 있니?"
아이: "없어요. 별로 말 걸고 싶은 마음도 없고요."
교사: "그렇구나. 그런데 말을 걸고 싶지 않은 이유가 있니?"
아이: "자꾸 싸우니까요."
교사: "친구에게 싸우지 말자고 말해!"
아이: "네."

이 아이의 경우, 자꾸만 친구들과 싸우게 되다 보니 말을 걸고 싶지도 않게 된 것이다. 나름대로 이 아이는 싸움을 피하기 위해 최선의 방법을 선택한 것이라 볼 수 있다. 그런데 선생님이 준 충고는 이 아이에게는 지금 쓰고 있는 방법에 대한 수용이 없이 선생님에게 더 좋아 보이는 해결책을 전해 준 것이기 때문에 아이의 자존감을 향상시키는 데는 그리 도움이 되지 않는다.

명령/위협

명령이나 위협의 기본 전제는 두 사람 간에 힘의 차이가 있다는 것이다. 그리고 한 사람이 다른 사람에게 자신이 가진 생각을 버리고 본인이 말하는 대로 하라고 하는 것이다. 그렇기 때문에 명령이나 위협이 주는 메시지는 '너의 문제를 다룰 권리가 너에게는 없다.'라는 것이 된다. 즉, '모든 것은 내 통제에 따라야 한다.'라는 의미다. 그렇기 때문에 이런 말은 아이의 자존감을 향상시키는 데는 도움이 되지 않는다.

"떠들면 안 돼요. 떠들면 선물이 없어요."
"종이를 접어서 하는 것은 안 돼."
"연필로만 그려요."
"종이를 돌리면 안 돼요."

심리적으로 판단하기

심리적으로 판단하기는 현재 아이의 행동에 대해 심리적인 이유를 붙여서 해석해 주는 것이다. 이것은 '나는 너에 대해서 너보다 더 잘 알고 있다.'라는 의미가 내포되어 있다. 이것은 아이의 능력에 대해 믿어 주는 태도가 아니기 때문에 자존감 향상에 도움이 되지 않는다.

"너무 과민한 상태야. 진정해."
"너는 우울하구나. 우울은 좋지 않아."

회피하기

회피하기는 아이가 호소하는 어려움에 대해 눈을 감아 버리도록 돕는 것이다. 그런데 이것은 '너에게는 불행을 견딜 수 있는 능력이 없다.'라는 메시지를 준다. 아이가 자신에게 처한 문제를 해결하고 싶어 하며, 그 문제를 해결할 능력도 있고, 해결할 때까지 견딜 수 있는 능력도 아이에게 있다는 믿음을 보여줄 때 아이의 자존감을 향상시킬 수 있다.

아이: "옷을 샀는데 주인에게 바꿔 달라는 말을 못해서 환불 못 받았어요. 그런 말도 못하나 싶고……."
교사: "시장 상가는 원래 그래. 환불 잘 안 해 줘."
아이: "이것저것 걱정이 많아요. 대학교에 가면 챙겨 주는 사람도 없다는데……. 선생

님처럼요."

교사: "괜찮아. 그러면서 강해지는 거야."

이중 언어

이중 언어는 언어적 신호와 비언어적 신호의 의미가 서로 다른 경우가 있다. 즉, 말은 긍정적인 의미이지만, 비언어적 신호는 부정적인 의미를 내포하거나 그 반대의 경우다. 자신이 싫어하는 사람이 옆자리를 가리키며 '여기 앉아도 돼요?'라고 물어보면, '예.'라고 대답하지만 싫은 표정을 하며 자신의 몸을 그 사람과 멀리하기 위해 의자 끝으로 몸을 당겨 앉는 것이 그 한 예다. '서로 사과하고 사이좋게 놀아라.'라고 선생님이 화해를 유도하면, 아이가 '미안해.'라고 말은 하지만 손을 내놓지 않는 경우가 해당된다. 이처럼 상대방과 의사소통을 하는 과정에 언어적 신호와 비언어적 신호가 일치하지 않는 경우, 대부분의 사람들은 비언어적 신호가 그 사람의 진심이라고 믿으면서 비언어적 신호에 더 집중하게 된다.

다음은 항상 시험 때가 되면 걱정 때문에 잠을 이루지 못하는 초등학교 5학년 우진이의 사례다. 우진이 부모님은 우진이에게 시험을 잘 보라고 하거나 성적을 잘 받아오라고 스트레스를 주신 적이 없는데도 우진이는 부모님이 실망하실까 봐 시험이 다가오는 것이 너무 걱정된다고 하였다. 우진이에게 그 이유를 물어보았다.

교사: "우진아, 왜 그렇게 시험을 걱정하니?"

우진: "부모님이 실망하실까 봐요."

교사: "성적이 잘 나오지 않아 부모님이 걱정하시거나 야단치신 적이 있었니?"

우진: "아니요. 저희 부모님은 성적이 나쁘다고 야단치지는 않으세요. 열심히 하는 것이 중요하다고 말씀하세요."

교사: "그런데 왜 그런 걱정을 하게 되었니?"

우진: "3학년 때, 제가 수학을 80점을 맞은 적이 있었어요. 그때 엄마가 잘했다고 말씀은 하셨지만 실망한 표정으로 한숨을 쉬는 모습을 보았어요."

우진이는 어머니의 실망하는 표정을 보고부터 어머니의 말은 믿지 않게 되었다. 또 공부를 잘해야만 어머니가 실망하지 않을 것이라고 생각하게 되었다. 그래서 시험이 다가오면 성적에 대한 부담감 때문에 불안하고 잠이 오지 않았던 것이다.

비언어적 무시

언어적으로 무시의 메시지를 아이에게 주지는 않지만 비언어적으로 아이를 무시하는 경우도 있다. 그 한 예는 아이가 비언어로 의사를 전달했지만 그것에 대해 반응하지 않는 것이다. 초등학교 4학년 공개 수업에서 한 아이가 여러 차례 발표를 하고 싶다고 손을 들었는데 선생님이 발표를 시켜 주지 않았다. 그리고 이 아이가 발표를 하기 위해 손을 든 것에 대해서 아무런 말도 하지 않았다. 그러자 아이는 다음 날 선생님이 자신만 싫어한다며 학교에 가지 않았다. 아이는 선생님이 자신을 무시했다고 생각했던 것이다. 또 하나의 예는 아이의 욕구를 무시하는 것이다. 이것은 직접적으로 아이의 욕구를 무시한다고 하지 않지만, 아이가 원하는 것이 무엇인지 잘 모르고 아이가 하고자 하는 것을 방해하는 결과를 낳게 된다.

아이: "(혼잣말로) 지붕을 빨간색으로 할까, 파란색으로 할까?"
(계속해서 점토를 세게 주먹으로 두드림)
교사: "(침묵 후) ○○이는 오늘 기분이 어때?"
아이: "좋아요. 비만 안 오면 기분 좋아요."
교사: "너무 세게 두드려서 물어본 거야."
아이: "그래야 판판해지잖아요."
교사: "그렇게 세게 때려 주고 싶은 사람이 있니?"
아이: "없어요."
교사: "한 번도?"
아이: "네."

앞의 사례에서 선생님은 아이가 점토를 가지고 활동하는 것을 보고 나름 심리적인 해석을 해 보고 싶어서 아이의 활동을 방해한 것이다. 이것은 아이의 욕구를 무시하는 것이라 할 수 있다.

원하지 않는 도움주기

원하지 않는 도움주기는 아이가 요구하지 않았는데 부모나 교사가 먼저 아이에게 도움이 필요하겠다고 생각해서 도움을 주는 것이다. 이것은 아이에게 '너는 스스로 문제를 해결할 수 없어.'라는 메시지를 준다. 예를 들면, 어떻게 그림을 그려야 할지 몰라 고민하고 있는 영만이를 지켜보던 선생님이 대신 그림을 그려 주거나, 기억에 남는 상황을 그림으로 그리는 시간에 준현이가 색연필로만 그리는 것을 보고 선생님은 크레파스도 필요할 것이라 생각해서 남는 아이의 것을 빌려다 준다거나, 친구에게 3천 원을 빌려 주고 못 받아서 속상해 하는 은영이의 이야기를 듣고, 상진이를 불러서 돈을 빨리 갚도록 이야기해 주는 것이다.

이 예들은 살펴보면 부모와 교사는 아이의 어려움을 해결해 주었다. 어려움을 해결해 주어서 아이는 부모와 교사에게 감사함을 느낄 수 있을지 모르지만, 아이가 자신의 능력을 확인하고 성취경험을 느낄 수 있는 기회를 박탈한 것이므로 자존감이 낮아질 수 있다.

PART 4

자존감 향상 프로그램의 구성과 목표

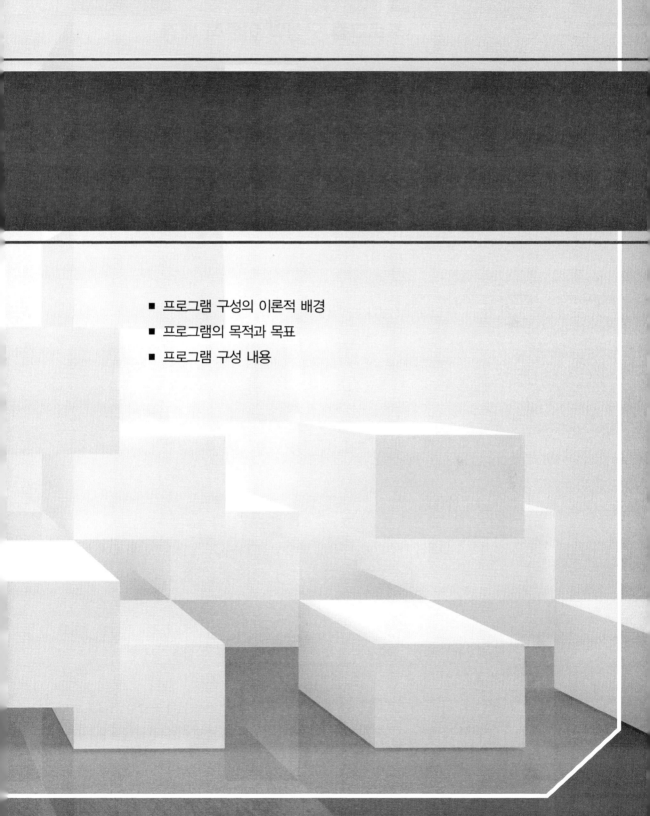

- 프로그램 구성의 이론적 배경
- 프로그램의 목적과 목표
- 프로그램 구성 내용

프로그램 구성의 이론적 배경

민감성

자존감 향상 프로그램의 구성 영역인 '관계형성' '자기수용' '타인수용' '유능성 및 성취감'은 타인과의 상호작용에 의해 자아 형성 과정이 달라진다는 이론에 근거를 두고 있다. 자아는 삶에서 의미 있는 타인과의 상호작용에 의해 형성된다. 영아는 세상에 태어나 생존을 위해서는 양육자와 친밀한 유대감을 형성해야 한다. 이런 정서적 유대감을 형성하기 위해서는 영아와 양육자가 적절한 상호작용을 해야 하는데, 상호작용의 질은 양육자의 반응에 의해서 결정된다. 양육자의 반응은 아이에게 '나는 가치 있다.' '나는 사랑스럽다.'와 같은 긍정적인 자신의 이미지를 가지게 할 뿐 아니라 '나는 무가치하다.' '나는 사랑스럽지 못하다.'와 같은 부정적인 이미지를 가지게 할 수도 있다. 아이는 양육자와의 경험을 반복하면서 자신에 대한 상(자아상)을 형성한다. 이렇게 형성된 자아상은 아이의 자존감을 형성하는 데 뿌리가 되며, 아이의 삶에 지속적인 영향을 준다. 가령, 어려서부터 부정적인 피드백을 받았던 아이는 다른 사람과의 상호작용에서 비난받을 것이라고 예상하며, 자신을 사랑받지 못하는 존재라고 생각하게 된다.

코헛(Kohut, 2002)은 건강한 자존감은 자신의 무능력도 받아들이는 것이라고 하였다. 그는 아이는 영아 시절에 자신이 모든 것을 다 할 수 있다는 전능감을 가지게 되고, 세상의 중심이 자신이며, 자신의 능력이 무한하다고 생각한다고 하였다. 하지만 점점 아이는 세상과 만나 좌절을 경험하면서 자신에게 전능한 능력이 없음을 알게 되고, 좌절감을 경험하게 된다. 그래서 아이는 위대해 보이는 부모와 자신을 동일시해 부모의 힘에 기대어 전능감을 유지하거나, 자신의 능력을 과대포장해 거대한 자아를 만든다. 아이의 이런 행동들은 건강한 자존감이라고 할 수 없다. 건강한 자존감은 자신의 좋은 면과 나쁜 면 모두를 그대로 받아들일 때 형성된다.

아이가 자신의 좋은 면과 나쁜 면을 모두 받아들이려면 자신의 모습을 그대로 반영하고, 비춰 주는 따스한 대상이 있어야 한다. 이 대상이 주로 어머니다. 따스한 어머니는 아이의 좋은 면만 수용하거나 받아 주는 대상이 아니라 좋은 면과 나쁜 면을 모두 수용해 주고, 아이가 좌절을 견딜 수 있도록 정서적인 지지를 지속적으로 주는 대상이다. 예를 들어, 아이가 사회적으로 바람직하지 않은 행동을 할 때도 훈육에 앞서 아이가 그럴 수밖에 없었던 입장을 먼저 이해해 주는 것이 필요하다. 간혹 부모들이 '이렇게 말썽을 피울 거면 할머니 집에 가라.' '네가 이러면 엄마는 너랑 더 이상 못 산다.'와 같은 말로 아이들을 위협하는 경우가 종종 있다. 이런 경우에는 아이의 좋은 면과 나쁜 면을 그대로 수용해 주는 것이 아니라, 좋은 행동을 하는 아이만 인정하고 수용해 주는 것이다. 이러면 아이는 자신의 나쁜 면이 들어날까봐 두려워하며 불안하게 된다.

따스한 어머니에게는 '민감성'이 필요하다. 민감성은 그 사람의 욕구를 정확하게 이해하고, 이에 적절하게 반응해 주는 능력이다(김은실, 손현동, 2011). 민감성은 아이에게 자신이 비난과 비판 없이 충분히 수용되고 있다는 경험을 주며, 이는 자신에 대한 긍정적인 관점을 제공해 준다.

자존감 향상 프로그램에서 운영자는 따스한 어머니의 역할을 해야 한다. 또한 아이들이 자신의 부정적인 모습으로 인한 좌절을 견딜 수 있도록 하며, 스스로 문제를 해결할 수 있도록 안내하는 안내자의 역할도 필요하다.

인본주의

인간을 바라보는 많은 관점 중 인본주의는 인간은 스스로 성장하려는 욕구를 가지고 있으며, 스스로 성장해 나갈 수 있는 내적인 힘이 있다고 본다. 자아 성장의 욕구는 환경에 따라 좌절되거나 사회적으로 바람직하지 않은 형태로 드러나기도 하지만 누구나 마음속에 갈망하는 욕구다. 개인이 가진 자아 성장의 욕구가 제대로 발현되고, 촉진되기 위해서는 다른 사람의 '무조건적인 긍정적 존중'과 '수용'이 필요하다. '무조건적인 긍정적 존중'과 '수용'이란 '나는 당신이 ~할 때만 괜찮은 사람으로 인정한다.'가 아니라 '나는 당신을 있는 그대로 존중한다.'라는 것이다. 이것은 타인의 비난과 비판이 없는 반응, 즉 그 사람 자체를 인정하고 받아들이는 것이다. 또한 이것은 민감하고 반응적인 따스한 어머니의 반응과도 유사하다.

자존감 향상 프로그램은 인본주의 관점을 프로그램 운영에 도입해 아이들에게 '이것은 좋고, 저것은 나쁘다.' 또는 '이렇게 해라, 저렇게 해라.'라고 안내하고 지도하지 않으며, 아이들이 운영자나 다른 아이들로부터 무조건적인 존중과 수용을 경험해 '나(self)'자체를 인정할 수 있도록 구성되었다.

긍정 심리학

자존감 향상 프로그램은 참여자가 가진 강점을 부각시키고, 강점을 발견할 수 있도록 기회를 제공한다. 인간은 행복을 위한 동물이라고 한다. 행복이란 사람마다 느끼는 정도와 상황이 다르다. 하지만 행복을 느끼는 사람들은 자존감이 높다는 공통점이 있다. 자존감이 높은 사람은 자신에 대한 신뢰도가 높으며, 자신의 가치를 높이 평가한다. 자신에 대한 평가는 환경 자체보다 실제로 주어진 환경을 해석하는 방식에 따라 달라진다. 가령, 그림을 못 그려서 친구들에게 놀림을 받는 아이가 있다고 가정하자. 한 아이는 자신은 그림을 그리지 못하지만 체육은 잘한다고 생각하고, 다른 아이는 다른 것처럼 그림도 못 그린다고 생각할 수 있다. 이처럼 같은 상황이라도 해석하는 관점에 따라 자신의 가치에 대해서 달리 생각하게 된다.

자존감 향상 프로그램은 자신의 긍정적이고 부정적인 측면들을, 그리고 자신이 처한 상황과 환경을 긍정적인 관점으로 바라볼 수 있도록 격려한다. 이를 위해 아이가 부정적인 면이라고 생각하는 것을 긍적적으로 생각해 볼 수 있는 기회를 제공한다. 더 나아가 이를 강점으로 인식할 수 있도록 돕는다. 예를 들어, 다른 사람들에게 '욕심이 많다'라는 비난을 자주 듣는 아이가 프로그램 도중에 색연필 여러 개를 가져갔다고 가정하자. 이런 경우 대부분의 운영자들은 '그러면 다른 아이들이 못 쓴다.' '욕심 내는 것은 옳지 않다.' 등과 같이 아이의 행동을 부정적인 시각으로 인식할 것이다. 하지만 '너는 여러 개를 선택하고 싶었구나.' '여러 개의 색깔로 표현하고 싶었구나.' 라고 아이가 여러 가지 색으로 풍부하게 표현하고 싶어 하는 마음을 강점으로 만들어 줄 수 있다.

강점은 환경 및 처한 상황에 따라 달라지는 것으로 상황 의존적이다. 따라서 어떤 상황에서는 그 아이의 행동이 단점이 되지만 다른 상황에서는 강점이 되기도 한다. 따라서 운영자들은 아이들의 모든 행동에서 강점을 찾아낼 수 있어야 한다.

집단상담

집단상담은 다양한 장점을 가지고 있기 때문에 상담 장면과 학교에서 선호하는 상담의 한 형태다. 우선 아동과 청소년은 어른과 일대일로 진행되는 개인상담보다 또래들과 함께하는 집단상담을 덜 위협적이라 생각해 편안하게 느낀다. 따라서 아이의 자발성을 촉진할 수 있기 때문에 참여 수준을 높일 수 있으며, 소속감과 동료의식을 발전시킬 수 있다. 그리고 또래의 도움을 받기도 하고, 또래에게 도움을 줄 수도 있으며, 또래로부터 자신의 행동과 생각에 대한 반응을 들을 수도 있다. 이 과정에서 아이는 다르나 참여자들로부터 수용되는 경험을 하며, '다른 아이들도 나와 같은 경험을 한다.'라고 공감을 하게 된다.

집단상담은 개인상담에서 다룰 수 없는 것들을 다루기 때문에 효율적이다. 집단상담은 좀 더 아이의 실생활과 가깝기 때문에 개인상담에서 나타나지 않았던 대인관계 문제가 나타나 이에 대한 탐색과 표현이 가능해진다. 그리고 실제생활과 유사한 상황에서 연습할 수 있는 기회를 제공하기도 한다. 특히 대인관계기술을 연습할 수 있으며, 그동안 아이가 사용했던 표현방법이 아닌 대안적인 표현방법을 실험해 볼 수도 있다. 이런 연습의 장은 다른 아이들에게는 대리학습의 기회를 제공해 줄 수 있다.

또한 아이는 자신의 행동을 다른 아이의 모습에서 보면서 자신의 문제를 객관화 할 수 있기 때문에 자신의 문제를 좀 더 효과적으로 다룰 수 있다. 가령, 집에서 형제간에 자주 싸우는 아이의 경우, 집단에 참여한 아이들이 싸우는 모습을 보면서 자신의 모습을 바라보고 타인의 입장을 생각할 수 있는 기회를 가질 수 있다.

그리고 집단상담은 짧은 시간에 많은 아이들의 성장을 도울 수 있어 시간과 비용면에서 효율적이다. 현실적으로 교과 지도나 다양한 업무로 인해 시간과 에너지가 부족한 학교 현장에서는 더욱 효율적으로 사용될 수 있다.

따라서 자존감 향상 프로그램은 타인수용의 경험을 극대화하고, 적은 노력으로 효율성을 가져오기 위해 집단상담의 형식으로 프로그램이 구성되었다. 그러나 프로그램의 효과를 극대화하기 위해서는 집단상담이 가지는 장점을 잘 살릴 수 있도록 운영방식을 잘 숙지해야 한다. 특히, 집단 내에서 일어나는 갈등이나 문제들을 집단 내에서 다루어 주는 것이 좋다. 예를 들어, 두 명의 아이들이 싸우고 있다면 '싸우지 마.'라고 지시하는 것이 아니라 다른 아이들에게 그들의 모습이나 싸우는 이유, 해결방식

등을 공개적으로 서로 이야기할 수 있도록 한다. 구체적인 예는 다음의 사례를 통해 살펴보자.

> 지원이는 집단 프로그램 시간에 다른 아이를 공격하는 말을 자주 해 다른 사람들을 화나게 한다. 지원이의 행동으로 인해 소영이가 마음의 상처를 입었다. 소영이가 경매하기 활동에서 자신의 장점을 발표하자 오늘도 지원이는 "소영이는 뚱뚱해서 별로예요. 사가도 아무 소용도 없을 걸요."라고 말하였다.

이때 운영자가 '친구를 비난하지 않도록 해요. 이건 우리 규칙에 어긋나요.'라고 하면 이 반응은 규칙을 어긴 아이에게 규칙을 상기시키는 효과가 있다. 하지만 이런 반응은 지원이에게 수용받지 못하고 비난받았다는 느낌을 줄 수 있다. 따라서 운영자는 집단 운영 방식에 따라 두 사람의 갈등을 집단에서 다룰 수 있도록 해야 한다. 우선 다른 아이들에게 지원이의 행동을 어떻게 생각하는지, 어떤 느낌이 드는지에 대해 말해 보도록 한다. 그리고 '너의 말이 다른 아이에게 상처를 줄 수도 있겠구나. 너의 마음을 다른 사람이 상처 받지 않게 다른 말로 표현해 볼 수 있겠니?'라고 반응한다. 그러면 지원이도 자신의 생각을 표현할 수 있어서 수용받는 느낌을 받을 것이고, 자신의 마음을 적절한 방식으로 표현할 수 있는 경험도 할 수 있을 것이다.

프로그램의 목적과 목표

프로그램의 목적

자존감 향상 프로그램의 목적은 자존감(Self-esteem)을 향상시켜 자신, 타인, 세상에 대한 긍정적인 관점을 형성하도록 하며, 이를 통해 창의성, 인성, 사회성, 지적 발달을 비롯한 전반적인 발달을 도모하는 것이다. 또한 궁극적으로는 아이가 적응적이고 행복한 삶을 영위할 수 있도록 돕는 것이다.

프로그램의 목표

- 자기탐색, 자기인식, 자기표현을 통해 자존감을 향상시킨다.
- 의미 있는 타인과 긍정적인 경험 및 수용을 통해 자존감을 향상시킨다.
- 협동적이고 창의적인 활동을 통해 유능감과 성취감을 경험해 봄으로써 자존감을 향상시킨다.

기대 효과

- 불안 및 두려움, 우울, 분노, 무기력 등과 같은 부정적 정서들이 감소한다.
- 행복감, 기쁨, 감사 등과 같은 긍정적인 정서가 증진된다.
- 타인에 대한 긍정적인 이미지를 갖게 되어 타인과 긍정적인 관계를 형성한다.
- 성취적 활동을 비롯해 모든 상황과 일에서 긍정적이며 적극적인 태도를 보인다.

프로그램 구성 내용

자존감 향상 프로그램의 구성 내용은 민감성, 인본주의, 긍정심리학의 이론적 관점에 근거해 '관계형성' '자기수용' '타인수용' '유능감 및 성취감'의 네 가지 영역으로 구성되었다. 운영 방식은 집단에 참여한 아이들 간의 피드백을 치료적 장점으로 활용하기 위해 집단상담의 형태를 채택하였다.

- 1~2회기는 '관계형성' 단계로 프로그램의 목적, 내용, 운영 방식을 구조화하고, 아이들 간의 친밀감을 형성하도록 구성되었다.
- 3~6회기는 '자기수용' 단계로 '자기인식' '자기이해' '자기수용'의 세부 영역으로 나누었으며, '자기수용' 세부 영역은 다시 '긍정적인 모습 수용'과 '부정적인 모습 수용'의 단계로 세분화되었다.
- 7~10회기는 '타인수용'의 단계로 타인과의 관계 안에서 자신의 모습을 인식하고, 타인으로부터 수용받는 경험들을 통해 소속감을 느끼도록 구성되었다. 이때 타인의 범주는 아동의 경우에는 가족과 학교 친구로 한정지었으나, 청소년 이상은 가족과 학교 친구뿐 아니라 사회적 관계를 맺는 모든 대상으로 확장해 탐색하도록 구성되었다.
- 11~15회기는 '유능감 및 성취감' 단계로 또래와 함께하는 협동 활동과 문제해결의 경험을 통해 자신의 능력을 인식하고, 창의적인 활동을 통해 성취감을 느끼도록 구성되었다.
- 16회기는 '마무리' 단계로 자신의 긍정적 변화에 대해 인식하고 격려할 수 있도록 구성되었다.

표 4-1 프로그램 전체 구성의 예(초등학생용)

구성 영역	세부 영역	회기	활동명	목표	활동 내용
관계 형성	자기 소개	1	나는요	• 프로그램의 목표 및 운영 방식 이해하기 • 자기소개를 통해 집단원 인식하기	• 프로그램 소개 • 규칙 정하기 • 명함 만들기 • 명함 발표하기
	친밀감 형성	2	친하게 지내요	• 긴장감 줄이기 • 집단원 간에 긍정적 감정 교류하기	• 밀가루 반죽놀이 • 음식 만들기 • 음식으로 파티하기
자기 수용	자기 인식과 이해	3	나는 원해요	• 나의 욕구 탐색하기	• 신체 모형에 자신이 원하는 것, 하고 싶은 것, 되고 싶은 것, 가지고 싶은 것, 타인으로부터 듣고 싶은 말을 생각하여 잡지책에서 찾아 붙이기
		4	나는 특별해요	• 나의 장점 및 강점 찾기	• 나의 장점을 찾아 홍보판 만들기 • 나를 경매하기
	자기 수용	5	나에게 이런 모습도 있어요 (1)	• 관계 안에서 긍정적인 나의 모습 발견하기 • 긍정적인 나의 모습에 대해 인식하기	• 다른 사람과의 관계에서 긍정적인 나의 모습을 찾아 말풍선 만들기 • 긍정적인 나의 모습에 대해 감정 평가하기
		6	나에게 이런 모습도 있어요 (2)	• 관계 안에서 부정적인 나의 모습 발견하기 • 부정적인 나의 모습에 대해 인식하기	• 다른 사람과의 관계에서 부정적인 나의 모습을 찾아 말풍선 만들기 • 부정적인 나의 모습에 대해 감정 평가하기
타인 수용	가족 관계 이해 및 수용	7	우리 가족은요	• 나와 가족관계 인식하기	• 찰흙으로 동물 가족 만들기 • 가족 구성원에 대해 소개하기
		8	가족과 함께하면 즐거워요	• 가족과의 즐거웠던 경험 탐색하기	• 가족과의 즐거웠던 경험을 앨범으로 만들기 • 그때의 나의 감정을 나누기
	또래 관계 이해 및 수용	9	친구와 나는요	• 나와 친구의 관계를 인식하기	• 나와 친구의 관계도 그리기 • 관계도에 대해서 발표하기
		10	친구와 함께하면 즐거워요	• 친구와의 즐거웠던 경험 탐색하기	• 친구와의 즐거웠던 경험을 앨범으로 만들기 • 그때의 나의 감정을 나누기

<table>
<tr><td rowspan="5">유능감 및 성취감</td><td rowspan="3">협동 및 문제 해결</td><td>11</td><td>친구와 같이 놀아요</td><td>• 친구와 함께하는 놀이를 통해 협동심과 문제해결력 키우기</td><td>• 신문지 찢기 놀이
• 신문지로 공 만들기
• 신문지 공으로 게임하기</td></tr>
<tr><td>12</td><td>높이 높이 쌓아요</td><td>• 협동 활동을 통해 집단원에 대한 신뢰감 형성하기
• 협동 활동을 통해 문제해결력 키우기</td><td>• 찰흙으로 높은 탑 쌓기
• 탑을 쌓은 후 주변 꾸미기
• 함께한 경험 나누기</td></tr>
<tr><td>13</td><td>함께 그려요</td><td>• 협동 활동을 통해 타인에 대한 신뢰감 형성하기
• 협동 활동을 통해 문제해결력 키우기</td><td>• 전지에 협동화 만들기
• 함께한 경험 나누기</td></tr>
<tr><td rowspan="2">성취감</td><td>14</td><td>신나게 만들어 봐요</td><td>• 창의적인 활동을 통해 성취감 경험하기</td><td>• 우드락 볼 구조물 만들기
• 구조물 주변 꾸미기
• 작품을 발표하기</td></tr>
<tr><td>15</td><td>나만의 화분</td><td>• 꽃을 돌봄으로써 생명의 소중함 인식하기
• 꽃 돌보는 활동을 통해 성취감 경험하기</td><td>• 꽃을 심고, 화분을 나의 상징물로 그려 꾸미기
• 꽃을 심고 돌보는 느낌에 대해서 나누기</td></tr>
<tr><td>마무리</td><td>자기 평가 및 수용</td><td>16</td><td>나는 자랑스러워요</td><td>• 자신의 긍정적 변화에 대해 인식하기
• 자신의 긍정적 변화를 격려하기</td><td>• 변화된 나에게 점수 주기
• 나에게 축하 카드 쓰기
• 자존감 선언문 낭독하기</td></tr>
</table>

PART 5

자존감 향상 프로그램 운영

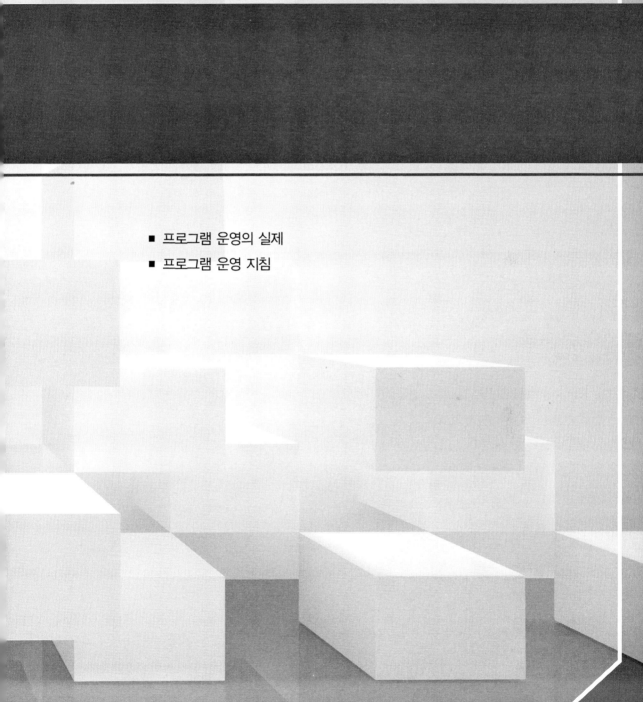

- 프로그램 운영의 실제
- 프로그램 운영 지침

프로그램 운영의 실제

프로그램 대상

자존감 향상 프로그램은 긍정적 자존감을 형성하고 싶어 하는 모든 아이를 대상으로 한다. 또한 이 프로그램은 학교 문제, 또래 문제, 가족 문제, 학업 문제 등 부적응적이고 심리적으로 어려움을 보이는 아이에게는 치료적 의미를 가질 수 있다. 그리고 특별한 어려움은 없지만 다소 자존감이 낮아 앞으로 대인관계 및 사회적 상황에서 어려워할 가능성이 높은 아이에게는 예방의 의미가 있다. 또한 현재 긍정적인 자존감을 가진 아이에게는 이를 자신의 내적인 강점으로 더욱 개발하도록 도울 수 있다.

다음과 같은 특징을 가진 아이들이 자존감 향상 프로그램에 참여하면 자존감 향상의 효과를 거둘 수 있을 것이다.

- 대인관계에서 자신감이 부족해 잘 어울리지 못하는 아이
- 불안이 심해 과도하게 권위 대상에게 의존적인 아이
- 발표나 자기주장이 필요한 상황에서 자기표현을 하지 못하는 아이
- 타인과 원만한 관계를 형성하지 못하고 자주 싸우는 아이
- 어려운 일이나 상황에서 쉽게 좌절하고 포기하는 아이
- 우울하거나 자살시도 및 충동이 있는 아이
- 학교폭력 가해 · 피해 아이
- 공황장애, 틱, 말더듬, 발모증, 야뇨증, 강박 등 다양한 불안 문제를 가진 아이

프로그램 제외 대상

자존감 향상 프로그램은 집단 프로그램을 기반으로 하기 때문에 다른 참여자에게 신체적 · 심리적 상처를 줄 가능성이 높은 아이는 제외하는 것이 좋다. 이들은 개인상담을 활용하여 개인적인 문제를 해결한 후에 집단에 합류시키는 것이 바람직하다.

구체적인 제외 대상은 다음과 같다.

- 과도하게 공격적인 성향을 가지고 있어 집단 구성원에게 신체적 · 언어적 폭력을 사용할 가능성이 높은 아이
- 자신의 의견을 전혀 타협할 줄 모르고, 자신의 고집만을 부려서 협동과제를 수행할 수 없는 아이
- 정서적으로 심하게 위축되어서 집단활동에 전혀 참여하지 않는 아이(예: 선택적 함묵증이 있는 아이는 이런 특징을 보이는 아이들끼리 따로 집단을 구성해 이들에게 맞게 프로그램을 다소 변형하는 것이 좋다.)
- 심한 정신적 손상으로 인지활동에 어려움을 보이는 아이

도움말 지적장애, 고기능 자폐성 장애, 아스퍼거 장애와 같이 기질적 손상을 가진 아이들에게 자존감 향상 프로그램을 적용해 본 경험에 의하면, 지능지수 50 이상의 아동 및 청소년에게 이 프로그램을 수정 없이 적용해도 효과적이다. 단, 언어 지시 및 활동내용을 참여하는 아이의 인지적 수준에 적합한 용어로 사용하는 것이 필요하다.

앞의 제외 대상 외에는 프로그램 운영을 다소 조정해 집단을 구성할 수 있다. 가령, 주된 욕구가 힘(power)인 아이 중 자신의 힘을 다른 참여자들을 공격함으로써 표현하는 아이는 개별상담을 통해 공격적인 성향을 다루어 준 후 프로그램에 참여하도록 하는 것이 바람직하다.

이처럼 집단을 구성할 때는 참여자의 성향과 역동을 고려해 집단원 간에 성장을 도모할 수 있도록 하는 것이 좋다. 집단 구성은 동일한 행동 특성을 보이는 참여자끼리 구성하는 방법과 다른 행동 특성을 보이는 아이들끼리 구성하는 방법이 있다. 동일한 특성을 보이는 아이들의 경우에는 서로의 어려움에 대해 공감할 수 있다는 장점이 있지만, 적절한 사회적 행동에 대한 모델링의 기회가 부족하다는 단점이 있다. 반면에 다른 특성을 가진 이질 집단은 다양한 특성을 가진 사람들을 경험할 수 있어서 실제 대인관계나 또래관계에 일반화할 수 있다는 장점이 있지만, 친밀감을 형성하는 데 시간이 걸린다.

프로그램 운영 시간

자존감 향상 프로그램의 운영 시간은 50분을 기준으로 한다. 그러나 참여자의 크기와 특성에 따라 조정 가능하다. 미취학 아동은 도입 부분을 짧게 조정해서 40분 정도로 진행하는 것이 적당하며, 청소년은 90분 정도로 늘려서 실시할 수 있다.

활동이 많은 프로그램에서는 시간이 중요하다. 참여자들이 충분히 자신들의 생각과 감정을 표현할 수 있는 시간적 여유가 필요하겠지만, 활동 자체에 너무 많은 시간을 소모하는 것은 바람직하지 않다. 따라서 활동 내용을 충분히 고려해 프로그램 시간을 결정하는 것이 좋다.

프로그램 참여 인원

집단에 참가하는 아이들의 수는 4~6명을 기준으로 한다. 그러나 청소년은 8~10명까지로 늘려서 실시할 수 있다. 운영은 주 운영자와 보조 운영자 각각 한 명씩 필요하다. 아이들의 수가 많으면 보조 운영자를 추가할 수 있다.

단, 앞에서 언급한 프로그램 제외 대상에 해당하는 아이는 일대일 개별 프로그램으로 진행해도 좋다. 이 경우 집단 역동이 가져다주는 치료효과는 없지만 개개인의 심리 상태를 좀 더 자세히 탐색할 수 있다는 장점이 있다.

그리고 20명 이상의 학급 전체를 대상으로 실시하는 경우도 있다. 이럴 때 가장 큰 어려움은 활동 후에 이야기 나누기 시간이 부족하다는 것이다. 이 프로그램이 효과를 발휘하기 위해서는 표현한 것을 교사와 함께 이야기를 나누면서 자신에 대한 깊은 탐색과 이해를 가지는 것이 중요한데, 학급 전체로 활동할 때는 이야기를 나눌 수 있는 시간이 부족하여 효과가 떨어질 수 있다. 이때 한 가지 방법으로 학급 아이를 6명씩 집단으로 나누어서 활동을 진행하는 방법이다. 구체적인 방법은 다음과 같다.

① 한 집단을 6~8명으로 나눈다.
② 각각의 집단에게 활동에 대한 전체 지시를 준다.
③ 활동 후, 한 명의 리더를 정해서 아이들끼리 돌아가면서 이야기를 나누도록 한다.
④ 집단활동이 끝나면 교사는 활동을 통해 느낀 점을 이야기하도록 한다.

⑤ 한 명의 아이가 자신의 느낀 점을 이야기하면 비슷한 경험이나 느낌을 가진 다른 사람이 있는지 물어본다.

⑥ 교사는 발표한 사람들에 대해 격려를 한다.

프로그램 운영 지침

전반적인 운영 지침

자존감 향상 프로그램의 전반적인 운영 지침은 집단상담의 기본 운영 지침과 유사하다. 그러나 앞에서 설명한 이론적 배경에 입각해 운영자는 다음과 같은 운영 지침을 숙지해야 한다.

운영자의 태도

◉ 프로그램의 구성 내용과 이론적 배경을 충분히 숙지하라

자존감 향상 프로그램이 다른 자존감 프로그램과 구별되는 가장 큰 특징 중 하나는 운영자의 반응이다. 운영자의 반응은 참여한 아이들로부터 수용받는 경험을 주기 때문에 매우 중요하다. 운영자의 수용적인 반응을 위해서는 자존감 향상 프로그램의 이론적 배경이 되는 원리들을 잘 숙지하고 있어야 한다. 특히 자존감이 타인의 적극적인 수용과 민감한 반응을 통해 형성된다는 사실을 잊지 말고 운영자가 민감해지기 위해 노력해야 한다.

◉ 아이의 신체 및 언어 표현에 민감하게 반응하라

운영자의 태도와 반응은 아이에게 타인으로부터 수용받는 경험을 제공한다. 아이의 신체 및 언어 표현은 아이의 심리적 욕구를 드러내는 일종의 신호이기 때문에 운영자는 이를 신속하게 알아차려서 적절하게 반응해야 한다. 이를 위해서는 아이의 심리적 욕구나 행동 방식에 대해 충분히 이해하고 있어야 하며, 이에 대한 적절한 반응이 무엇인지에 대해서도 잘 알고 있어야 한다(김은실, 손현동, 2011).

◉ 모든 아이가 소외감을 느끼지 않도록 세심한 관심을 기울여라

프로그램을 진행하다 보면 자발적이거나 적극적인 아이에게 피드백이 먼저 가는

경우가 종종 있다. 그러나 자발적인 아이에게만 기회를 제공하고, 다른 아이에게는 기회를 주지 않는다면 집단에 참여하는 것이 오히려 소외와 좌절의 경험이 될 수 있다.

또한 참여하지 않거나 참여에 소극적인 아이를 격려하기 위해 과도한 관심을 주는 경우도 종종 있다. 이런 경우에도 관심을 끌기 위한 방식으로 소극적인 태도를 계속 사용할 가능성이 높고, 이로 인해 다른 아이들에게는 불공평한 경험이 될 수 있다. 따라서 모든 아이들에게 골고루 관심을 기울이는 것이 중요하다.

필자들이 자존감 향상 프로그램 진행에 대한 자문 과정에서 프로그램 운영자가 자신과 심리적으로 편안한 아이 근처에 머물면서 다른 아이에 비해 더 많이 격려해 주는 것을 간혹 보게 된다. 이 경우 다른 아이들은 운영자의 비언어적 행동을 재빨리 알아차려서 다른 심리적 문제를 일으키거나 집단 내에서 갈등을 야기하기도 한다. 한 아이는 "선생님이 다른 아이들과는 눈을 자주 마주치는데 저와는 잘 마주치지 않아 무시당하는 기분이 들었어요." "다른 아이들이 말할 때는 "그렇구나."라고 말해 주시는데 제가 말할 때는 고개만 끄덕였어요."라고 말하며 자신이 소외된 것 같다는 경험을 이야기하기도 하였다. 이처럼 아이는 운영자의 언어적 표현은 물론 비언어적 표현도 재빨리 알아차린다. 그렇기 때문에 운영자의 공평성은 매우 중요하다.

자존감 향상 프로그램의 내용과 활동은 각 회기별 목표를 달성하기 위해 고안된 것이다. 그렇지만 그 내용과 활동이 주가 아니라 아이에게 관심을 보이고 적절하게 반응하는 것이 더 중요하다. 따라서 프로그램을 진행하는 데 급급해서 아이를 보지 못해 아이가 관심을 받지 못한다는 느낌을 가지지 않도록 주의해야 한다.

◉ 아이의 행동이나 활동 수행을 평가하지 마라

자존감 향상 프로그램은 아이의 행동을 수정하기 위한 교육 프로그램이 아니다. 집단에 참여한 아이의 정서적인 면을 자극하고, 그들 스스로 통찰을 통해 자신을 좀 더 잘 인식하고, 자신의 가치를 높일 수 있게 하는 심리 발달 프로그램이다. 따라서 '잘했다.' '좀 더 노력해라.' 등의 평가는 아이의 행동을 그대로 수용해 주기보다 행동의 기준을 제시해 주는 것이다. 행동의 기준은 자기인식과 이해, 수용을 방해하며 자아상(self-image)이 타인의 평가에 의해 영향을 받기 때문에 심리적 불안감을 가져온다.

◉ 아이의 성격, 인지, 행동, 정서적 특성을 재빨리 파악하라

'참여하는 아이가 활동적인지, 소극적인지' '어떤 기질 및 신체적 특징을 갖고 있는지' '성격유형은 어떠한지' '새로운 상황에 적응적인지' 등 다양한 아이의 심리적 특성을 재빨리 파악하는 것은 중요하다. 이는 아이 개개인에 맞게 활동과제의 수준을 조정하고 운영자 반응의 기준을 세우는 데 도움을 주기 때문이다. 가령, 정서적으로 우울한 아이에게는 다소 복잡하고 에너지가 많이 필요한 활동보다 에너지가 덜 드는 활동으로 조정할 수 있다. 또한 활동적인 아이에게는 아이가 에너지를 마음껏 발산할 수 있도록 커다란 도화지를 제시할 수도 있다.

운영에 대한 활동 지침

◉ 회기별로 필요한 준비물을 충분히 준비하라

자존감 향상 프로그램은 다양한 활동을 중심으로 구성되었기 때문에 준비물이 많다. 준비물이 철저히 준비되지 않으면 활동의 흐름을 방해하게 된다. 또한 준비물의 양도 충분해야 하는데, 준비물이 부족하면 아이에게 심리적 결핍감을 줄 수 있기 때문이다. 가령, 타인에 비해 자신의 것이 부족하다고 생각하여 심리적 결핍감을 가지고 있는 아이의 경우 준비물이 부족하면 또 다른 심리적 결핍감을 느낄 수 있다. 이로 인해 그 아이는 준비물을 더 많이 확보하려고 과제에 집중할 수 없게 된다.

또한 자존감 향상 프로그램은 아이의 생각과 마음을 자유롭게 표현하도록 돕는 것인데, 재료가 부족하면 자신의 생각과 마음을 마음껏 표현하는 데 제한이 될 수 있다.

◉ 운영자가 재료를 임의로 배분하지 마라

재료는 아이가 마음대로 선택할 수 있도록 한다. 때로 운영자가 아이에게 재료를 직접 나눠 주는 경우가 있다. 이런 행동은 아이가 자유롭게 재료를 선택할 수 있는 선택의 기회를 박탈하는 것이라서 자존감 향상에 도움이 되지 못한다. 활동에 필요한 모든 재료를 책상 가운데에 놓고 아이가 자유롭게 가져다 사용할 수 있도록 한다.

◉ 색지, 도화지, 색연필, 크레파스 등 기본적인 그리기 재료는 충분히 준비하라

각 활동에 필요한 A4 색지나 도화지는 충분히 준비한다. 이때 운영자는 같은 색지

를 참가 인원 수만큼 준비하도록 한다. 인원이 8명이라면 빨간색 색지를 8매 이상 준비해서 다시 하고 싶을 때 맘껏 가져가 작업할 수 있도록 해야 한다. 재료가 부족하면 아이는 결핍감을 느끼기 때문이다. 특히 심리적 결핍감이 있는 아이는 부족한 것에 대해 예민해서 '저는 한 장인데, 얘는 두 장이에요.'와 같이 반응할 수 있다.

또한 다음의 예처럼 참여한 아이 중 특정 아이에게 재료를 더 준다거나 그 아이가 좋아하는 것을 더 준비하는 것도 삼가야 한다.

> 진영이라는 아이는 평상시에 말을 잘하지 않는 편이다. 그의 부모님은 진영이가 파워레인저 스티커를 좋아한다고 하였다. 그래서 운영자는 진영이가 집단에 잘 참여할 수 있도록 파워레인저 스티커를 따로 준비해 진영이에게 주었다.

진영이는 자신이 좋아하는 스티커를 받아서 기뻐할 수 있다. 그러나 이것이 다른 아이들에게는 불공평함을 야기한다. 또한 진영이에게도 소극적인 행동을 하면 특별한 대우를 받을 수 있다는 강화로 작용할 수 있다. 때문에 특정 아이만을 고려한 재료는 준비하지 않도록 한다.

미취학 아이는 색지의 종류가 너무 많으면 선택이 어려울 수 있다. 특히 자존감이 낮은 아이가 선택을 어려워하는데, 선택할 색깔이 너무 많으면 심리적 갈등을 더욱 심화시킬 수 있다. 이런 때는 색지의 색깔을 3~5개 이하로 준비하는 것이 좋다. 색연필도 마찬가지로 색깔의 수가 너무 많은 것은 자제하는 것이 좋다. 다만 청소년은 다양한 색으로 자신의 감정을 표현할 수 있도록 20가지 이상의 색깔이 있는 표현 도구를 준비하는 것이 좋다.

◉ 아이가 이해할 수 있는 언어 및 지시문을 사용하라

운영자는 아이의 인지 수준에 적합한 언어 및 지시문을 사용해야 한다. 지시문이나 언어가 너무 어려우면 운영자의 지시를 이해하기 어려워 활동에 집중하지 못한다. 이런 경우에는 아이에게 실패와 좌절의 경험을 가져다주어 자존감을 떨어뜨린다.

◉ 아이의 개별 목표와 전략을 설정하라

자존감 향상 프로그램은 자존감을 향상시킨다는 큰 목표를 가지고 있지만, 아이마다 자존감의 정도와 자존감을 향상시키기 위한 전략이 다르다. 따라서 아이의 개별 목표를 구체적인 행동으로 설정하는 것이 중요하다. 가령, 발표를 하지 않는 아이는 '발표를 할 수 있다.'는 목표를 설정하고, 재료를 스스로 선택하지 못하는 아이는 '스스로 재료를 선택할 수 있다.'는 개별 목표를 설정해야 한다. 이때 아이의 개별 목표는 구체적이고, 행동으로 관찰가능하며, 객관적인 것일수록 좋다. 개별 목표가 구체적이면 아이가 자신의 행동을 정확하게 평가하고, 이를 성취경험으로 귀인할 기회가 높아진다.

◉ 행동계약서를 작성하라

행동계약서는 집단 참여에 대한 동기를 높여 준다. 또한 스스로 자신의 행동을 조절할 수 있는 동기를 제공해 자신에 대한 긍정적인 이미지를 형성할 수 있도록 한다. 내용으로는 집단상담의 일반적인 행동계약의 조항들이 들어가고, 집단특성에 맞는 조항들이 추가되어야 한다(부록의 '참가 서약서' 참조).

◉ 아이의 행동을 끊임없이 격려하라

운영자는 언제, 어디서나 아이를 끊임없이 격려해야 한다. 격려는 '주영이가 참으로 열심히 하는구나.'처럼 모호한 표현보다는 '주영이는 파란색을 사용하고 있구나.' '진수는 동그라미를 그렸구나.' 등 구체적인 행동으로 격려하는 것이 좋다. 이런 격려는 아이에게 타인의 관심과 자기수용으로 다가올 수 있다.

세부 운영 지침

아이가 집단활동 중에 보이는 행동에는 반드시 이유가 있다. 따라서 아이에게 적절하게 반응하기 위해서는 그 행동의 이유를 우선적으로 탐색해야 한다. 그다음에 아이의 개인적 특성에 따라 적절하게 반응해야 한다. 다음은 아이의 행동에 따른 세부 운영 지침들이다.

활동에 (적극적으로) 참여하지 않는 아이

프로그램 활동에 잘 참여하지 않는 아이가 종종 있다. 이때는 우선 아이가 활동에 참여하지 않는 이유를 찾아야 한다. 그 이유로는 활동 과제의 수준이 높은 경우, 프로그램 활동이 재미없는 경우, 자신을 표현하면 다른 사람들에게 비난받을 것이라고 생각하는 경우, 활동을 이해하지 못하는 경우, 신체적으로 피곤한 경우, 자신의 무능력을 드러내고 싶지 않는 경우 등 다양하다. 먼저 아이가 활동에 참여하지 않는 이유를 관찰을 통해 찾아내는 것이 선행되어야 한다. 그다음에는 이유에 따라 적절한 반응을 한다.

다음은 활동에 참여하지 않는 아이를 위한 일반적인 반응 지침들이다.

◉ 우선 아이의 마음을 수용해 주라

운영자는 활동에 참여하지 않는 아이의 행동을 재촉하거나 비난하지 말고 우선 활동에 참여하고 싶지 않은 아이의 마음을 수용해 준다. 예를 들어, '동희는 하기 싫구나.' '너무 어렵다고 생각하는구나.' '다른 친구들이 동희의 것을 보고 놀릴까 봐 걱정이 되는구나.'라고 말해 아이의 마음을 알아준다.

◉ 아이가 활동에 참여할 수 있는 방법을 아이와 함께 찾아라

먼저 아이의 마음을 수용해 준 다음에 아이가 활동에 참여할 수 있는 방법을 함께 찾아본다. 이때 '문제해결 전략'을 사용한다. 예를 들어, 아이가 '저는 가위를 사용할 수 없어요.'라고 한다면 '그럼 가위를 사용하지 않고 할 수 있는 방법은 무엇이 있을까?'라고 대안을 생각할 수 있도록 제시한다. 그리고 아이가 스스로 다양한 해결책 중 하나를 선택할 수 있도록 안내한다. 이때 집단 규칙에서 벗어나지 않는 선에서 아이가 원하는 것을 들어준다. 만약 아이가 원하는 방식이 집단 규칙에 벗어난다면 '한계설정전략'을 사용해 아이와 함께 문제를 해결한다.

◉ 활동 참여에 대한 구체적인 행동을 격려하라

아이가 조금씩 활동에 참여하기 시작하면, 아이의 구체적인 행동을 격려해 주도록 한다. 이때 아이의 참여를 격려하기 위해 칭찬은 제한적으로 사용하고, 아이의 행동을 반영해 주는 방식을 사용한다. 예를 들어, '잘했어요.' '그것 봐. 동희도 잘하는구나.'라는 칭찬보다 '동희가 가위를 들었구나.' '동희가 활동에 참여하기 시작했구나.' '동희가 부끄럽지만 용기를 내서 만들기를 하려고 하는구나.' 등과 같이 아이의 행동을

구체적으로 반영해 준다.

다음은 활동에 참여하지 않는 아이를 위한 좀 더 구체적인 원인별 전략들이다.

◉ 활동 과제 수준이 높은 경우

활동이 어려워서 참여하지 못하는 경우에는 먼저 아이의 마음을 공감해 주는 반응을 한 후 '어떻게 하면 이 활동에 참여할 수 있겠니?' '선생님이 어떻게 도와주면 좋겠니?' '어떻게 하면 네가 좀 더 쉽게 참여할 수 있겠니?' 등과 같이 아이의 의견을 물어본다. 예를 들어, 가위 사용이 어려워서 활동을 못하고 있는 아이가 있다면 '가위를 사용하지 않고 할 수 있는 방법이 무엇이 있을까?'라고 물은 후 가위를 사용하지 않고 찢는 방법과 같은 대안적인 활동을 하도록 한다.

◉ 남에게 자신을 표현하는 것이 두려워서 참여하지 않는 경우

다른 사람 앞에서 표현하는 것이 두려워서 참여나 발표를 하지 못하는 아이가 있다면 어떻게 하는 것이 좋을까? 운영자가 '어떻게 하면 좋겠니?'라고 물어봤지만 그래도 고개를 숙이고 답을 하지 않는 아이가 있다면 어떻게 하는 것이 좋을까?

이런 경우 '동희는 오늘 활동을 아직 안 했구나.'와 같이 아이가 한 행동에 대한 결과를 단순히 읽거나 '동희는 다른 친구들이 놀릴까 봐 활동을 안 했구나.'와 같이 아이의 행동에 대해 미리 해석하지 않도록 한다.

아이가 심리적으로 위축되어서 자신을 표현하기 어려워하는 경우에 과제를 쉽게 해 주거나 환경을 조정해 주는 것으로는 도움이 되지 않을 수 있다. 그리고 아이에게 '빨리 해 보자.'와 같이 활동을 하도록 재촉하는 것도 '지금 활동을 하지 않는 것은 잘못된 것이다.'라는 간접적인 비난이 될 수 있다. 또한 참여하지 않는 이유를 묻는 것도 아이에게 더욱 긴장감을 줄 수 있다. 이럴 때 운영자에게 필요한 것은 그 아이가 하고 있는 행동이 매우 적응적이라는 마음을 갖는 것이다. 우선은 '그렇구나. 동희는 오늘 활동에 참여하고 싶지 않구나.'라고 아이의 마음을 공감하고 넘어가도록 한다.

그리고 다른 아이와 똑같이 기회를 주고 기다려야 한다. 그러다가 아이가 색종이를 만지작거린다거나, 가위를 든다거나, 활동에 조금이라도 참여하기 시작하면 '동희가 가위를 들었구나.' '동희가 종이를 만지고 있구나.' '동희가 선을 그었네.' 등과 같

이 관심을 보인다. 그리고 아이가 활동에 더욱더 참여할수록 강화를 주면서 점진적으로 더 깊이 참여할 수 있도록 도와준다. 간혹 4~5회기 동안에도 전혀 활동에 참여하지 않는 아이도 있다. 이때도 운영자는 아이가 스스로 참여할 때까지 기다려야 한다. 기다림은 아이에게 운영자가 자신의 행동을 수용해 준다는 수용의 경험을 전해줄 수 있다. 실례로 비행행동으로 인해 학교 측의 권유로 본 프로그램에 참여한 학생이 3회기 동안 전혀 활동에 참여하지 않았다. 그때 운영자는 그 학생의 선택을 존중해 주고 기다려 주었다. 그 결과 그 학생이 프로그램 마지막 시간에 '다른 선생님들은 제가 아무것도 안 하면, 저에게 무능력하다거나 버릇이 없다고 하셨어요. 그런데 여기서는 그런 저의 행동을 그대로 받아주어서 기분이 좋았어요.'라고 소감을 이야기하였다.

◉ 활동에는 참여하는 데 발표를 하지 않는 경우

활동에는 참여하되 발표를 하지 않는 아이도 있다. 이런 아이는 '어떻게 하면 좋겠니?'라고 물을 수도 있으나, 이런 질문에 아이가 답을 하기 어려워할 수 있다. 이때는 개방형 질문보다 아이가 좀 더 쉽게 답을 할 수 있는 선택형 질문을 사용한다.

> "동희가 들고 서 있으면 선생님이 대신 읽어 주는 방법, 자리에 앉아 들고 있다가 동희가 손가락으로 가리키면 선생님이 대신 읽어 주는 방법, 동희는 들고만 있고 친구들이 궁금한 것이 있으면 질문하는 방법, 이름만 말하는 방법 등이 있는데 동희는 어떤 것이 더 좋을까?"

이처럼 아이가 문제를 해결하기 어려워하면 운영자가 몇 가지 해결책을 제시하도록 한다. 운영자가 몇 가지 해결책을 제시하면 아이는 심리적인 부담을 덜 수 있다는 장점이 있어서 위축된 아이에게 초기단계에 사용하면 도움이 된다. 이처럼 운영자는 각 장면마다 몇 개 대안을 가지고 있는 것이 좋다.

그렇지만 이런 방법들 모두 마음에 들지 않는다고 하면 그때는 '이런 방법들이 모두 마음에 들지 않는구나. 그럼 너에게 더 좋은 방법이 생각나면 그때 이야기해 줄래?'와 같은 반응으로 아이의 선택을 수용해 준다. 그리고 그다음 아이에게로 차례를 넘긴다. 만약 발표를 하지 않는 아이에게 너무 초점이 오랫동안 머물게 되면 아이는 더욱 위축되기 때문이다. 또한 다른 아이들에게도 그 아이는 발표를 못하는 아이라는 인식을 심어 줄 수 있다.

특히, 선택적 함묵증이나 발표불안을 가지고 있는 아이는 운영자가 제시하는 대안들에 대해서도 말을 하지 못하는 경우가 많다. 이런 경우에는 '예/아니요'로 답을 하게 하거나, 그마저도 어려워하면 고개를 끄덕여서 답을 할 수 있도록 돕는다.

산만한 아이

아이가 산만한 행동을 하는 이유를 먼저 탐색한다. 아이가 산만한 행동을 하는 이유로는 주의력 결핍인 경우, 운영자를 비롯해 참여한 아이들의 관심을 끌려는 경우, 환경 자체가 산만해 활동에 몰입할 수 없는 경우, 심리적으로 불안해 한 곳에 집중할 수 없는 경우, 과제가 어려워서 회피하려고 하는 경우 등 다양하다.

◉ 주의력 결핍인 경우

주의력 결핍인 경우에는 아이가 스스로 행동을 조절할 수 있도록 활동 전에 행동규범을 정한다. 행동규범은 '일어서지 않는다' '활동 중에 돌아다니지 않는다' '운영자가 말할 때 끼어들지 않는다' 등과 같이 구체적인 행동으로 정한다.

그리고 행동규범에 대한 피드백을 주어 스스로 자신의 행동을 인식할 수 있도록 한다. 처음에는 운영자가 '동희야, 지금 네가 일어서 있구나.' '돌아다니고 있구나.'라고 외부단서를 주고, 그다음에는 운영자와 아이가 함께 신호를 정해서(예: 돌아다니면 '으흠'이라는 소리를 낸다) 아이가 돌아다니면 아이에게 신호를 주어 자신의 행동을 인식할 수 있도록 한다.

◉ 관심 끌기의 경우

관심 끌기인 경우에는 관심 끌기와 관련된 행동은 무시하고, 아이가 활동에 참여하거나 긍정적인 행동을 보일 때만 관심을 보인다. 아이가 관심 끌기를 하는 것은 다른 사람들에게 사랑이나 인정을 받고 싶은 마음이 있다는 의미다. 현재 자신의 행동으로 원하는 사랑과 인정을 받고 있지 못하다는 의미이기도 하다. 따라서 이들에게는 프로그램이 진행되는 동안에 사랑과 인정을 끊임없이 주는 것이 중요하다.

◉ 환경에 의해 주의산만한 경우

환경이 어수선해 주의를 분산시킬 경우에는 지금 하는 활동에 방해가 되는 준비물이나 물건을 모두 책상 아래로 정리한다. 준비물 상자는 가급적 뚜껑이 있는 것을 사용해 아이가 준비물에 대한 호기심이 자극되지 않도록 한다. 또한 옆에 있는 아이들이 주의를 분산시킬 경우에는 자리배치를 바꾸어 산만한 자극을 사전에 제거한다.

◉ 심리적으로 불안한 경우

아이가 심리적으로 불안해서 산만한 경우에는 먼저 불안의 요소를 찾아 제거해 주도록 한다. 예를 들어, 가위를 무서워하는 아이가 있다면 가위를 치워 주도록 한다. 그래도 무서워하면 아이가 편안함을 느낄 수 있도록 눈을 감고 숨을 크게 쉬게 하거나, 10까지 세는 등과 같은 '이완법'을 사용한다. 그리고 아이의 불안의 위계를 정해 점진적으로 불안을 덜 야기시키는 활동부터 참여할 수 있도록 한다.

◉ 과제 회피의 경우

아이가 과제를 회피하려는 경우는 실패에 대한 두려움이 있기 때문이다. 이 경우에는 앞에서 제시한 '활동에 참여하지 않는 아이'와 같이 아이와 함께 과제의 난이도 및 활동 내용을 조정해 아이가 과제를 통해 성공을 경험할 수 있도록 한다.

공격적이고 파괴적인 행동을 하는 아이

먼저 공격적이고 파괴적인 행동이 나타나는 이유를 탐색한다. 공격적이고 파괴적인 행동을 하는 이유로는 좌절을 화로 표현하는 경우, 충동조절의 어려움으로 인한 경우, 힘을 과시해 다른 사람들에게 인정을 받고 싶은 경우, 의사소통의 한 방식으로 사용하는 경우 등 여러 가지가 있다. 다음은 공격적이고 파괴적인 행동을 하는 아이에 대한 대체방안이다.

◉ 다른 아이에게 지속적인 피해를 줄 경우에는 집단에서 제외하라

공격적이고 파괴적인 행동이 집단 안에서 너무 심해 다른 아이들에게 지속적인 피해를 주는 경우에는 일단 집단에서 제외한다. 이런 아이는 집단 선별 과정에서 충분히 고려되어야 하며, 집단보다 먼저 개별 프로그램을 실시하는 것이 좋다.

◉ 한계를 제시하고, 다른 방식으로 행동할 때 관심을 보이라

아이가 공격행동으로 힘을 과시하려는 경우에는 일단 공격행동은 집단 내에서 허용되지 않는다는 한계를 제시하고, 아이가 힘이 아닌 다른 방식으로 행동할 때 관심을 보이도록 한다.

◉ 화가 진정될 때까지 '혼자 있는 시간'을 주라

아이가 심하게 화가 나서 진정되지 않을 때는 혼자 화를 낼 수 있는 장소와 시간을 제공한다. 이때 아이에게 '혼자 있는 시간'의 의미를 알려준다. '혼자 있는 시간'은 처벌의 의미가 아니라 마음을 진정하기 위한 것임을 알려준다. 그다음에 아이가 이해할 수 있도록 그 방법과 과정을 설명해 주고 시범을 보인다. 아이가 '혼자 있는 시간'에서 본래 활동으로 돌아오면 적절한 행동을 격려한다.

소극적이고 위축된 태도를 보이는 아이

자존감이 낮은 아이가 보이는 대표적인 행동 유형 중 하나가 소극적이고 위축된 행동이다. 이들에게는 점진적으로 개입을 유도하는 것이 좋다. 다음은 소극적이고 위축된 태도를 보이는 아이를 위한 대처전략이다.

◉ 참여하는 작은 행동도 격려하라

소극적이고 위축된 태도를 보이는 아이는 활동에 잘 참여하지 않거나 자신의 의견을 주장하지 못하는 경우가 많다. 이때 행동을 작은 단위로 나누어서 점진적으로 강화를 주는 것이 좋다. 처음에는 아이가 활동에 참여하고 있는 다른 아이를 바라볼 때도 '동희가 다른 친구들이 무엇을 하는지 궁금하구나.'라고 관심을 보이도록 한다. 그리고 아이가 작은 움직임이라도 보이면 이를 적극적으로 격려한다.

◉ 재료나 활동 내용을 선택할 수 있는 기회를 주라

아이가 재료나 활동 내용을 선택할 수 있는 기회를 적극적으로 제공하도록 한다. 처음에 아이가 선택을 하지 못하면 선택할 수 있는 조건을 두 가지 정도 제시한다. 또한 말로 자신의 의견을 표현하지 못하면 말이 아닌 눈짓, 몸짓 등으로 자신의 의사를 표현할 수 있도록 격려한다.

◉ 활동의 일부만 참여할 경우에는 그 이유를 물어보고 수용하라

활동에는 참여하지만 발표를 하지 않는 아이에게는 그 이유를 물어보고 아이의 의견을 적극적으로 수용해 준다.

갈등이 발생한 경우

프로그램 운영 중에 아이들 간 또는 아이와 운영자 간에 갈등이나 싸움이 발생할 수 있다. 이런 경우에는 다음과 같은 방식으로 갈등을 조정한다.

◉ 아이가 원하는 것을 명확하게 하기

"네가 원하는 게 뭐니?"

"너는 뭘 하고 싶니?"

◉ 현실적으로 허용되지 않는 한계를 제시하기

"그 방식은 ______해서 적절하지 않은 것 같은데 또 다른 방법은 없을까?"

◉ 해결책을 모색하기

"어떻게 하면 좋을까?"

◉ 최상의 해결책 모색하기

"너는 그중에서 어떤 방법이 더 좋니?"

강화를 사용할 경우

자존감 향상 프로그램은 강화를 사용하지 않는 것이 원칙이다. 그러나 아이들이 어리거나 동기수준이 낮은 경우에는 동기를 높이기 위해 강화를 사용할 수 있으며, 개별 목표 중에 '돌아다니지 않기' '친구 때리지 않기' 등과 같은 행동목표가 포함되어 있는 경우에도 그 행동을 증가시키기 위해서 강화를 사용할 수 있다. 강화를 사용할 경우 다음과 같은 방식을 따른다.

◉ 행동이 발생한 즉시 제공하라

아이가 강화받을 목표행동을 하게 되면 5초 안에 즉각적으로 강화물을 제시한다. 그리고 강화물도 처음에는 강화계획에 따라 일관성 있게 제시해야 한다.

◉ 강화받을 목표행동은 구체적으로 설정하라

가령, '선생님 말 잘 듣기'보다 '의자에서 일어서지 않기' '친구에게 물건을 빌릴 때는 먼저 허락을 구하기'처럼 구체적인 행동으로 정한다. 그리고 처음에는 1~2개의 행동으로 시작하다가 점차 늘리는 것이 좋다.

◉ 대상에 따라 강화기법을 달리하라

초등학교 고학년이나 중·고등학교 아이의 경우에는 즉각적인 강화보다 지연된 강화나 자기감찰법과 같은 자기강화기법을 사용한다. 지연된 강화나 자기강화는 자신의 성취를 자기에게로 귀인하여 자존감을 높일 수 있다.

Q & A

Q1. 아이가 활동 후 스티커와 같은 재료를 집으로 가져가겠다고 하면 어떻게 할까?

A. 개인 작품은 가져가도 된다. 그러나 스티커를 비롯해 활동 재료들은 개인이 가져가지 않도록 지도한다.

Q2. 운영자의 시선 처리는 어떻게 하는 것이 좋은가?

A. 운영자의 시선은 아이들에게 골고루 돌아갈 수 있도록 하는 것이 좋다. 운영자가 지속적으로 시선을 주면 어떤 아이는 이것을 관심으로 받아들일 수도 있지만, 위축된 아이는 오히려 긴장감을 느끼고 비난이나 감시로 받아들일 수도 있다. 따라서 너무 한곳에 오랫동안 시선이 머물기보다 한 아이에게 5초 정도의 시선이 머무르는 것이 좋다. 발표 때도 운영자는 발표하는 아이에게 주로 시선을 두지만 다른 아이의 행동도 살펴야 한다.

Q3. 아이가 활동 중간에 교실을 나가려고 하면 어떻게 하는 것이 좋은가?

A. 생리적인 문제와 같은 불가피한 경우가 아니면 프로그램 도중에 교실 밖으로 나가지 않도록 해야 한다. 이것이 집단규칙으로 정해져 있다면 집단의 규칙으로 나갈 수 없다는 것을 알려줄 수 있다. 만약 그렇지 못한 채 여러 회기가 진행된 후에 아이가 교실 밖으로 나가려고 하면 이때도 운영자가 교실 밖에 나가는 것은 안 된다는 한계를 제시한다. '○○가 놀려서 나갈 거예요.' 등과 같이 기분이 상해서 나가려 하는 경우에는 '네가 화가 난 것은 알지만, 활동 중에 나가는 것은 우리 반 규칙에 어긋나는데 어쩌면 좋겠니?'라고 말한다.

Q4. 운영자는 아이와 신체 접촉을 어떻게 하는 것이 좋은가?

A. 어린 아이는 어깨를 두드리거나 머리를 쓰다듬는 것과 같은 가벼운 신체 접촉은 친밀감을 형성하는 데 도움을 줄 수 있다. 그러나 위축된 아이에게는 이런 가벼운 신체 접촉도 위협으로 다가올 수 있다. 따라서 가능하면 신체 접촉은 삼가는 것이 좋으며, 대신 눈이나 미소로 친밀감과 격려를 표현하는 것이 바람직하다.

Q5. 발표하는 아이를 다른 아이가 비난하는 경우는?

A. 발표하는 시간에 '동연이가 방해해서 제대로 못 했어요.' '동연이 때문에 신경질이 나요.' '동연이가 놀려서 싫어요.' 등과 같이 다른 아이에 대해 불만을 토로하는 경우가 종종 있다. 이때는 '동연아, 소영이에게 사과해.' '친구를 놀리는 행동은 나쁜 거예요.'와 같은 평가가 내포된 말은 하지 않도록 한다. 대신에 '동연이 때문에 많이 불편했구나. 다음 시간에 어떻게 하면 좋을까?'라고 말해 주고 스스로 해결책을 모색하도록 한다. 만약 아이가 '다음 시간부터 자리를 바꿔 주세요.'라고 직접적으로 요청하는 경우에는 자리를 바꿔 주는 것도 좋다.

Q6. 그림이나 글씨를 써 달라고 요청하면 어떻게 하는 것이 좋은가?

A. 집단활동 중에 무엇을 표현하고 싶은데 가진 재료에서 찾을 수 없어서 그림이나 글씨로 대처하고 싶지만 자신은 그림을 잘 그리지 못하겠다고 대신 해 달라고 하는 아이도 있다. 이때는 아이가 스스로 할 수 없는 것이라 판단이 되면 운영자가 그려 줄

수도 있다. 또 한글을 모르는 아이가 있다면 써 주는 것도 좋다.

Q7. 아이가 한 것 모두를 한 번에 발표하는 것이 좋을까?

A. 어린아이나 주의력에 문제가 있는 아이는 다른 아이가 4~5개를 발표하는 동안 기다리기 힘들어하는 경우가 많다. 이럴 때는 한 명이 한 가지씩 서로 돌아가면서 발표를 하는 것이 좋다. 그러나 청소년은 한 가지씩 돌아가면서 발표를 하면 산만해질 수 있기 때문에 한 번에 발표하도록 하는 것이 도움이 된다.

Q8. 아이가 관심을 끌려고 운영자에게 계속 요구를 하거나 말을 하는 경우 운영자는 어떻게 해야 할까?

A. 이런 아이는 운영자의 관심을 계속 요구한다. 운영자가 이 아이에게 계속 반응을 해주다 보면 다른 아이들에게 관심을 가질 시간이 상대적으로 줄어든다. 그렇다고 이 아이의 요구를 무시하면 아이는 무시를 재경험하게 되어 자존감을 회복하기 어렵다. 이런 경우에는 보조 운영자가 아이에게 관심을 가져 주는 역할을 하거나 프로그램이 끝난 후에 이야기를 나눌 수 있는 시간을 따로 마련해서 아이가 자신의 욕구를 지연하고 조절할 수 있는 기회를 주는 것이 좋다. 한편 관심을 끌기 위한 행동을 하지 않고 스스로 열심히 활동할 때를 찾아서 적극적인 격려를 주는 것을 잊지 말아야 한다.

PART 6

자존감 향상 프로그램 세부 활동 내용

- 1회기 나는요
- 2회기 친하게 지내요
- 3회기 나는 원해요
- 4회기 나는 특별해요
- 5회기 나에게 이런 모습도 있어요(1)
- 6회기 나에게 이런 모습도 있어요(2)
- 7회기 우리 가족은요
- 8회기 가족과 함께하면 즐거워요
- 9회기 친구와 나는요
- 10회기 친구와 함께하면 즐거워요
- 11회기 친구와 같이 놀아요
- 12회기 높이 높이 쌓아요
- 13회기 함께 그려요
- 14회기 신나게 만들어 봐요
- 15회기 나만의 화분
- 16회기 나는 자랑스러워요

1회기
나는요

✲ 구성 영역 관계형성

✲ 세부 영역 자기소개

✲ 목표
- 프로그램의 목표 및 운영 방식 이해하기
- 자기소개를 통해 참여한 아이들 인식하기

✲ 준비물 끈, 색지, 손 코팅지, 매직, 사인펜, 색연필, 스티커 등

✲ 활동 안내 1회기는 프로그램에 대한 구체적인 안내와 참가한 아이들을 서로 알아가는 것이 목표다.

프로그램에 대한 안내를 프로그램의 구조화라고도 하는데, 자존감 향상 프로그램의 목표, 시간(기간, 진행 시간 등), 장소 등에 대한 정보들을 제공하고, 집단 내에서 지켜야 할 규칙을 정한다. 그리고 프로그램에 참여한 아이들이 자기를 소개하는 시간을 통해 인식할 수 있도록 한다. 이를 위해 명함 만들기 활동을 한 후 자신을 소개하고, 궁금한 점에 대해 서로 질문하는 시간을 가진다.

	활동 내용
도입 (10분)	■ 운영자와 보조 운영자를 소개한다. "안녕하세요? 선생님은 16주 동안 여러분과 함께 할 ○○○예요. 여러분을 만나서 대단히 반가워요. 내 옆자리에 누가 앉아 있는지 둘러보고 인사를 나누어 보세요. 아직은 좀 서먹하지만 마음의 문을 열고 함께 인사를 나누어 보세요." ■ 프로그램의 목표와 시간·장소에 대해 안내한다. "우리 프로그램의 이름은 ____________ 이에요. 그리고 이 프로그램의 목표는 ____________ 이에요." ■ 오늘의 활동 내용을 소개한다. "오늘은 내 명함을 직접 만들어 보고, 나를 소개하는 시간을 가질 거예요."
전개 (30분)	■ 활동 순서 ① 집단 규칙을 정한다. "지금부터 우리가 함께하는 동안 지켰으면 하는 규칙을 정했으면 좋겠어요." ② 명함을 만든다. "나의 이름, 나이, 취미, 성격 등 나를 소개하고 싶은 것을 넣은 명함을 만들고 명함을 내 마음대로 꾸며 보세요. ③ 자기를 소개한다. "멋지게 꾸민 명함을 다른 친구들에게 소개해 주세요."
마무리 (10분)	■ 오늘의 활동에 대해 자유롭게 이야기한다. ■ 오늘의 활동을 정리한다.
운영자 지침	■ 이름과 관련된 사연을 이야기할 때, 다른 아이들이 진지하게 경청할 수 있도록 한다. ■ 아이들이 자유롭게 각자의 의견과 느낌을 나누도록 격려한다. ■ 자기소개를 힘들어하는 경우에는 보조 운영자가 도움을 준다.

도 입

■ **운영자와 보조 운영자를 소개한다.**

운영자는 아이의 연령이나 인지 수준에 따라 운영자 자신을 소개하도록 한다. 어린 아이에게는 이름, 취미, 사는 곳, 나이, 집단 내에서의 역할 등에 대해서 간단하게 소개한다. 하지만 나이가 많은 아이에게는 집단의 특성에 따라 운영자에 대한 다양한 정보(취미, 특기, 자신의 신념 등)를 소개하는 것이 좋다.

■ **프로그램의 목표와 시간 · 장소에 대해 안내한다.**

> "우리 프로그램의 이름은 ______________ 이에요. 그리고 이 프로그램의 목표는 ______________ 이에요."

프로그램 목표에 대한 안내는 참여한 아이들의 참여 동기를 높이는 효과가 있다. 목표를 제시할 때는 아이의 연령과 인지 수준에 맞게 제시하는 것이 좋다. 예를 들어, 6~7세에게는 다음과 같이 쉽게 설명해 준다.

> "우리 프로그램의 이름은 '나를 자랑스럽게 생각하기 프로그램'이에요. 이 과정을 마치면 나를 자랑스럽게 생각하게 될 거예요."
>
> "우리 프로그램의 이름은 '자신감아 커져라 프로그램'이에요. 이 과정을 마치면자신감이 생기게 될 거예요."

이처럼 프로그램 목표를 아이의 발달 수준에 맞게 구체적인 용어로 설명해 주도록 한다. 그러나 청소년은 '자존감'이라는 용어를 그대로 사용해도 무방하다.

그리고 프로그램이 진행되는 시작 시간, 운영 시간, 운영 기간, 실시 장소 등에 대한 구체적인 안내를 한다. 예를 들어, '우리는 매주 이곳에서 3시부터 4시까지 한 시간 동안 16번을 만날 거예요.'라고 안내한다.

이런 과정을 구조화라고 한다. 구조화는 아이에게 안정감과 자기조절 능력을 제공해 준다. 예를 들어, 프로그램이 언제 시작하고 끝나는지에 대해 아이가 알고 있으면 심리적으로 안정감을 느낄 수 있다. 그리고 프로그램 운영 시간 중에 교실 밖으로 나가는 것이 허용되지 않는다면, 아이가 기다려야 하는 시간을 알려 주기 때문에 자기 조절 능력을 키워 줄 수 있다.

전 개

① 집단 규칙을 정한다

집단 규칙은 참여한 아이들이 스스로 지키고 싶은 규칙을 직접 결정하도록 하는 것이 좋다. 이는 집단 참여 동기와 정해진 규칙을 지키려는 동기를 높일 수 있다.

"지금부터 우리가 이 집단에서 지켰으면 하는 규칙을 말해 볼까요?"

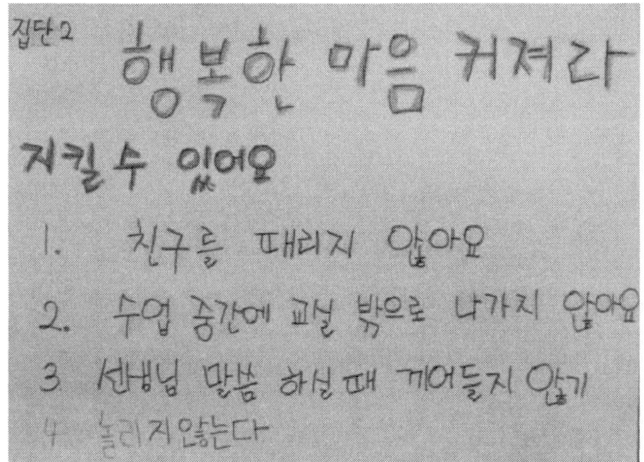

그림 6-1 초등학교 저학년 집단에서 정한 규칙

• 규칙은 몇 개 정도가 적당할까?

"우리가 지금부터 프로그램을 마칠 때까지 지켰으면 하는 규칙을 정할 건데, 어떤 규칙들이 좋을까요?"

규칙의 수는 가능하면 적을수록 좋다. 규칙이 많을수록 아이가 자유롭게 자신을 표현할 수 있는 기회와 자율성을 침해할 수 있다. 따라서 다른 아이를 공격하거나 자해를 하지 않는 것과 같은 집단 운영에 기본이 되는 최소한의 규칙과 참여한 아이들이 모두 동의하는 것을 규칙으로 정한다.

또한 프로그램 참가 서약서도 작성하도록 한다(부록 참조). '집단 내 비밀보장' '결석이나 지각하지 않기' '다른 아이 때리지 않기' 등과 같이 집단 운영에 꼭 필요한 규칙들에 대해 서약을 받는 것도 집단 참여 동기를 높일 수 있다.

• 규칙 정하기에 의견을 내지 않는 아이가 있다면?

규칙 정하기에 적극적으로 참여하는 아이가 있는 반면 소극적인 아이도 있다. 이처럼 자기의 생각을 표현하지 않는 아이가 참여할 수 있도록 돕지 않으면 아이에게 또 다른 좌절과 자존감이 떨어지는 경험이 될 수 있다. 때문에 운영자는 이런 아이를 개입시킬 필요가 있다. 예를 들어, '나경이는 어떤 규칙이 있었으면 좋겠니?' '나경이는 다른 친구가 정한 규칙에 동의하니?' 등과 같이 자신의 의견을 자발적으로 이야기하지 않는 아이를 직접 호명해 아이의 의견을 물어보도록 한다.

• 구체적이고 관찰가능한 행동을 규칙으로 정하기

집단 규칙을 정하는 경우, 참가한 아이들이 여러 가지 규칙을 제안하도록 한다.

다음은 아이들이 제안한 규칙의 예다.

"소리를 지르지 않아요."
"선생님 말씀을 잘 들어요."
"친구를 놀리지 않아요."
"사이좋게 지내요."

그런데 이런 규칙들 중에는 모호한 것들이 있다. 집단 규칙은 관찰가능하고 구체적인 행동이어야 한다. 규칙을 명료화해야 자신이 규칙을 잘 지키고 있는지, 아니면 어기고 있는지에 대한 명확한 기준을 세울 수 있기 때문이다.

예를 들어, '사이좋게 지내요.'는 다음과 같이 구체화할 수 있다.

"병선이가 '친구들과 사이좋게 지내요.'라고 이야기했는데, '사이좋게 지낸다.'는 것을 친구들이 모두 알 수 있게 하려면, 어떤 것을 '사이좋게 지낸다.'라고 할 수 있겠어요?"

그러면 아이들이 '친구에게 물건을 빌려줘요.' '때리지 않아요.' 등과 같이 구체적인 행동을 말하게 된다. 이것이 집단의 규칙이 된다.

• 참가한 아이들 모두가 동의하는 규칙 만들기

제시된 규칙에 대해서는 모든 아이들에게 '소영이가 이런 규칙이 있었으면 좋겠다고 하는데, 다른 친구들 생각은 어떤가요?' '소영이가 낸 규칙에 찬성하는 사람?' 등과 같이 다른 친구의 의견을 물어서 모두의 규칙이 될 수 있도록 돕는다. 이런 과정은 아이들에게 규칙을 스스로 지키도록 동기를 불어넣어 주며, 프로그램에 적극적으로 개입할 수 있도록 만든다.

• 벌칙을 정해야 하나?

아이가 규칙을 지키지 않는 것에 대한 벌칙을 정하는 것보다 규칙을 잘 지킬 때 강화와 격려를 해 주는 것이 더 좋다. 그러나 타인을 공격하거나 물건을 던지는 등 다소 공격적인 행동을 하는 경우에는 타임아웃(time-out)과 같은 벌칙을 적용할 수도 있다.

• 규칙을 정하는 과정에서 논쟁이나 갈등이 벌어지면?

규칙을 정하는 과정에서 두 가지 의견이 상반되어서 논쟁이 벌어질 수 있다. 규칙 정하기에 시간을 너무 많이 소비하면 프로그램 진행에 방해가 될 수 있다. 가능하면 빨리 문제를 해결하고 규칙을 정한 후에 다음 활동을 진행하도록 한다. (자세한 문제해결에 대한 내용은 '5장 자존감 향상 프로그램 운영'의 '세부적인 운영 지침' 갈등이 발생한 경우 참조)

"주영이는 한 번이라도 규칙을 어기면 벌을 받고, 은수는 두 번부터 벌을 받아야 한다고 하는데, 이 두 의견은 서로 달라요. 그럼 어떤 것을 우리 규칙으로 했으면 좋겠어요?"

이처럼 프로그램 진행에 방해가 될 정도로 논쟁이 길어지면 다른 아이들의 의견을 참조해 결정하고 나중에 프로그램이 끝난 후에 의견이 채택되지 않았던 아이의 마음을 이해하고 공감해 주는 시간을 별도로 가지도록 한다.

② 명함을 만든다

이 활동의 목표는 참여한 아이들을 인식하는 것이다. 이 활동 시 아이의 인지와 지적능력에 맞게 응용하는 것이 바람직하다.

초등학교 저학년은 '당신은 누구십니까?'라는 게임이나 '이름표 만들기' 등의 활동으로 대체할 수 있다. 그리고 운영자가 명함 만들기 활동에 대해 소개할 때, 초등학교 저학년은 활동 지시를 잘 이해하지 못하는 경우도 있다. 이런 경우에는 명함 만들기 활동을 작은 단계로 나누어 샘플을 미리 제시하는 것이 효과적이다. 즉, '빈 종이 한 장 → 자신의 모습을 그린 것 한 장 → 자신의 이름, 나이, 취미, 좋아하는 것 등을 쓴 것 한 장 → 명함을 꾸민 것 한 장'처럼 단계별로 아이에게 보여 주어 활동의 진행 상황을 눈으로 볼 수 있게 한다.

또한 다음 그림처럼 아이 스스로 명함 만들기를 어려워하면 명함을 구조화해서 명함 틀을 제시한 후 공란에 이름이나 좋아하는 것을 쓰도록 한다. 그리고 가운데에 자신을 그려 넣도록 해서 명함을 완성하도록 한다.

다음의 예는 6세 여아에게 자신의 모습을 그리게 하고, 이름, 나이, 학교, 사는 곳,

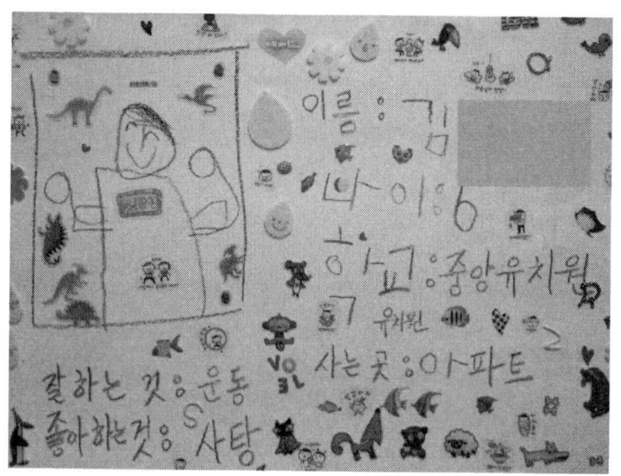

그림 6-2 나의 명함 만들기 (6세, 여)

잘하는 것, 좋아하는 것 등을 적도록 틀을 제시한 후 작성하도록 한 것이다([그림 6-2] 참조). 글씨는 운영자가 대신 써 주었다.

> "내 나이는 여섯 살이고, 난 아파트에 살고, 운동을 잘해요. 그리고 사탕을 좋아해요."

③ 자기를 소개한다

자신이 만든 이름표나 명함을 다른 아이들에게 소개하도록 한다. 이때 누가 먼저 소개할 것인지 물어보고 잠시 기다려 준다. 만약 발표를 하려는 아이가 없는 경우에는 운영자가 임의로 지정해 주어도 좋다.

그림 6-3 자신을 표현할 수 있는 주요 특징만 그려서 자기소개하기 (고등학교 1학년, 여)

• 발표 내용에 대한 운영자의 피드백

한 명씩 돌아가면서 발표를 하면 운영자는 아이가 발표한 것에 대해 피드백을 해 준다. 피드백은 '잘했다'라는 칭찬보다 '잘 들었다'라는 격려가 더 좋다. 이런 격려 중

하나로 운영자와 참여자 모두가 박수를 쳐 주는 것이다. 박수는 '너의 이야기를 잘 들었다.'라는 격려의 한 표현이다.

그런 후에 다른 아이들에게 발표한 것에 대한 궁금한 점을 질문하도록 한다. 질문은 발표한 아이에게 관심과 타인으로부터 수용받는 느낌을 줄 수 있다. 이런 형태의 타인수용은 집단 활동 내에서 운영자와 다른 아이들의 반응을 통해 지속적으로 이루어져야 한다. 즉, 타인이 관심을 가지고 있다는 것을 아이가 느낄 수 있도록 운영자가 촉진해 주어야 한다.

만약 다른 아이들의 질문이 없을 때는 운영자 또는 보조 운영자가 아이가 발표한 내용 중 몇 가지를 대신 질문할 수도 있다.

• 경청해서 듣기

아이가 발표할 때, 다른 아이들이 경청하는 것이 중요하다. 이는 타인으로부터 수용받는 경험을 주기 때문이다. 따라서 아이가 발표할 때 경청하는 것은 다른 사람에 대한 존중의 의미가 있음을 발표 전에 미리 알려준다. 또 발표 후에 게임식으로 '나영이의 취미가 뭐라고 했어요?' '소영이는 어디에 살아요?'와 같이 소개한 내용 중 한 가지 정도를 다른 아이들에게 질문해 경청에 대한 동기를 높일 수 있다.

마무리

활동이 끝나면 마무리를 하는 것이 꼭 필요하다. '오늘 명함 만들기 재미있었나요?'와 같은 폐쇄형 질문보다 '오늘 명함 만들기 활동 어땠어요?'와 같은 개방형 질문을 사용해 아이들이 자유롭게 활동에 참여했던 경험을 표현할 수 있도록 돕는다.

그 반응으로 '재미있어요.' '시시했어요.' '몰라요.' 등과 같은 반응이 나올 수 있다. 이런 반응도 모두 수용해 준다. 첫 회기에서는 '그랬구나.' '넌 이 활동이 시시하게 느껴졌구나.'와 같이 아이들의 마음을 반영만 해 준다. '왜 시시했어요?' '뭐가 재미있었어요?' 등과 같은 깊이 있는 탐색은 운영자와 참여한 아이들 간에 친밀감이 형성된 후에 진행하도록 한다.

활 용

초등학교 고학년이나 중 · 고등학생에게는 '별칭 짓기' 활동으로 활용할 수 있다. 별칭 짓기는 아이의 심리적 욕구와 정체성을 드러내는 경우가 많다. 예를 들어, '선물'이라는 별칭을 지은 고등학교 여학생은 자신이 다른 사람에게 선물 같은 존재가 되고 싶다고 하였다. 또 '파란 새'라는 별칭을 가진 학생은 학교와 가정으로부터 자유로워지고 싶다는 마음을 표현하기도 하였다.

초등학교 고학년이나 중 · 고등학생에게는 다음의 그림처럼 아이가 원하는 다양한 방식으로 자신을 표현하고 소개하도록 격려할 수도 있다.

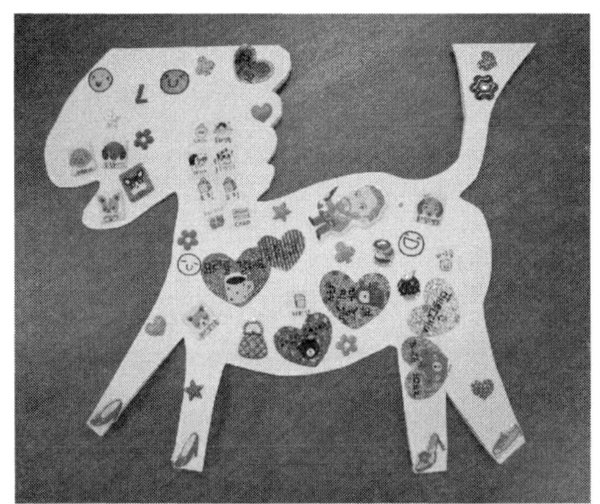

그림 6-4 스티커를 활용한 명함
(초등학교 4학년, 여)

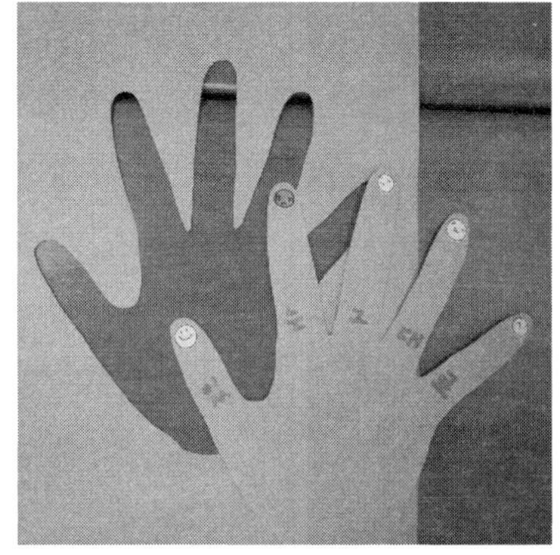

그림 6-5 손을 이용한 자기소개
(중학교 1학년, 여)

주의할 점

• 활동과 발표 시간 배분

모든 프로그램은 작품을 완성하고 활동 자체를 잘하는 것이 목표가 아니다. 각 회기별 목표를 달성하기 위한 하나의 활동이다. 따라서 명함 만들기 활동에 너무 많은 시간을 할애해 자신을 소개하고 다른 아이들을 인식하는 데 시간이 부족하지 않도록 해야 한다.

• 발표할 때 놀리는 경우에는?

발표할 때, 아이의 이름이나 소개한 내용에 대해서 놀리는 경우가 종종 있다. 예를 들어, 이름이 공병선이라면 '공병이네.'라고 놀릴 수 있다. 만약 집단 규칙에 놀리는 말은 하지 않기로 했다면, '동연아, 그렇게 생각할 수도 있겠구나. 그런데 그것은 친구를 놀리는 말처럼 들릴 수도 있어. 그렇게 이야기하는 것은 우리 집단 규칙에 어긋나요.'라고 반응한다.

• 그림 그리는 것에 부담을 느끼는 아이가 있다면?

자존감 향상 프로그램에서는 그림을 그리거나 재료를 활용해 만드는 작업이 많은데, 잘해야 한다고 생각해서 부담을 느끼는 아이들이 있다. 이런 경우에는 '다른 아이들도 수준이 비슷해.'라거나 '어렵게 생각하지 말고.' 등과 같은 위로나 충고보다는 '잘해야 한다고 생각하니 부담이 되는가 보구나. 그런데 이 활동은 그림을 잘 그리는 것보다는 자신을 표현해 보기 위한 거야. 그러니까 너무 어려워하지 말고 내가 하고 싶은대로 하면 돼.'처럼 공감과 안내를 해 주는 것이 필요하다.

2회기
친하게 지내요

✲ 구성 영역 관계형성

✲ 세부 영역 친밀감 형성

✲ 목표
- 긴장감 줄이기
- 또래 간에 긍정적 감정 교류하기

✲ 준비물 비닐 장판, 식용 물감, 스팽글, 구슬, 조개, 곡물, 밀가루 등

✲ 활동 안내 2회기는 아이들 간에 서로 친밀감을 가질 수 있도록 돕는 시간으로, 다른 사람을 처음 만났을 때 생기는 낯설음이나 경계심과 같은 감정들을 풀어 주기 위한 회기다.

이 회기는 다음 회기부터 진행되는 자신에 대한 이야기를 자유롭게 표현할 수 있도록 긴장감을 완화하는 것이 목표다. 긴장을 이완시키기 위한 활동으로 밀가루를 만져 보기도 하고, 각자 만들고 싶은 음식을 만든 후 다른 아이와 파티를 하도록 한다.

회기가 16회기보다 적은 경우에는 이 회기를 생략할 수도 있다.

	활동 내용
도입 (10분)	■ 지난 한 주 동안 일어난 일이나 감정에 대해 이야기를 나눈다. ■ 오늘의 활동 내용을 소개한다. "오늘은 두 번째 시간으로 밀가루로 음식 만들기 놀이를 할 거예요. 내가 좋아하는 음식을 만들어 친구들과 함께 나누고 파티를 하며 친해지는 시간을 가져요."
전개 (30분)	■ 활동 순서 ① 긴장을 이완시키는 음악을 들으며 밀가루를 탐색한다. "비닐 장판에 있는 밀가루를 손으로 만져 보세요. 밀가루를 만져 보고 어떤 느낌이 드는지, 어떤 것이 떠오르는지 생각해 보세요." ② 밀가루에 물감을 섞어 반죽을 하고 음식을 만든다. "자신이 좋아하는 색을 선택해 밀가루에 섞어 보세요. 그리고 여기에 있는 여러 재료를 가지고 내가 만들고 싶은 음식을 만들어 보세요." ③ 만든 음식의 제목을 정하고 함께 파티를 한다. "자, 자신이 만든 음식에 제목을 정하세요. 그리고 친구들과 함께 파티상을 차려봐요."
마무리 (10분)	■ 오늘의 활동에 대해 자유롭게 이야기한다. "오늘은 밀가루 반죽으로 맛있는 음식을 만들어 나눠 주는 함께하는 활동을 했어요. 오늘 활동을 하면서 느꼈던 점은 무엇이었나요? 친구와 함께 음식을 만들어서 파티를 한 느낌은 어땠나요?" ■ 오늘의 활동을 정리한다.
운영자 지침	■ 긴장감을 줄이고 편안한 마음을 줄 수 있도록 밀가루 반죽을 충분히 탐색할 수 있도록 한다.

도 입

■ 지난 한 주 동안 일어난 일이나 감정에 대해 이야기를 나눈다.

지난 한 주 동안에 일어난 일이나 감정에 대해 서로 이야기를 나눈다. 이때 운영자는 참여자들이 자유롭게 표현할 수 있도록 수용적인 분위기를 조성한다. 아이들 중 발표하는 사람이 없으면 운영자가 특정 아이를 지목하여 어떻게 지냈는지 물어볼 수 있다.

전 개

① 긴장을 이완시키는 음악을 들으며 밀가루를 탐색한다.

긴장을 완화하는 것이 중요하다. 그러기 위해 넓은 비닐 위에 밀가루를 놓고 자유롭게 탐색하도록 한다. 밀가루를 탐색하는 과정에서 자연스럽게 다른 아이들과의 신체 접촉을 통해 친밀감을 형성하도록 한다.

자존감 향상 프로그램에서는 밀가루를 이용한 활동이지만 집단의 특성에 따라서 '찰흙 만들기' '전기 게임(서로 손을 잡고 전기를 보내는 게임)' '핑거 페인팅으로 그리기' '파우더 손 찍기' 등과 같은 놀이 활동으로 자연스럽게 아이들과 신체를 부딪히면서 친밀감을 형성하도록 돕는 방법도 좋다. 단, 이때 '3. 6. 9 게임' '끝말잇기' 등과 같은 언어적 활동은 넣지 않는다. 언어적 활동은 아이의 인지 수준 차이가 드러나 친밀감보다 경쟁심을 유발할 수 있기 때문이다.

② 밀가루에 물감을 섞어 반죽을 하고 음식을 만든다.

> "자신이 좋아하는 색을 선택해 밀가루에 섞어 보세요. 그리고 여기에 있는 여러 가지 재료를 가지고 내가 만들고 싶은 음식을 만들어 보세요."

이 활동은 밀가루를 큰 그릇에 넣거나 큰 종이를 깔고 다 같이 반죽하는 것이 더 효과적이다. 그리고 아이가 음식을 만들 때는 같은 밀가루에서 반죽을 떼어다가 만들도록 한다. 친밀감 형성에서 가장 중요한 것은 접촉인데, 밀가루를 반죽하거나 반죽을 떼어가면서 아이들 간에 자연스런 신체 접촉이 일어날 수 있도록 하기 위해서다.

반죽 활동을 충분히 하고 나면 음식을 만들도록 한다. 음식의 종류나 형태는 상관없다.

• 아이들의 흥미를 유지하기 위해서는…

반죽 활동 시 아이의 흥미도가 떨어지지 않도록 다양한 재료들을 계속 제시한다. 예를 들어, 처음에는 밀가루로만 반죽을 하다가 한 가지 색소를 넣고, 잠시 후에 다른 색소를 넣고 반죽한다. 또 반죽하는 과정에 도구를 사용하거나 마카로니, 옥수수와 같은 다른 재료를 섞어서 반죽할 수도 있다.

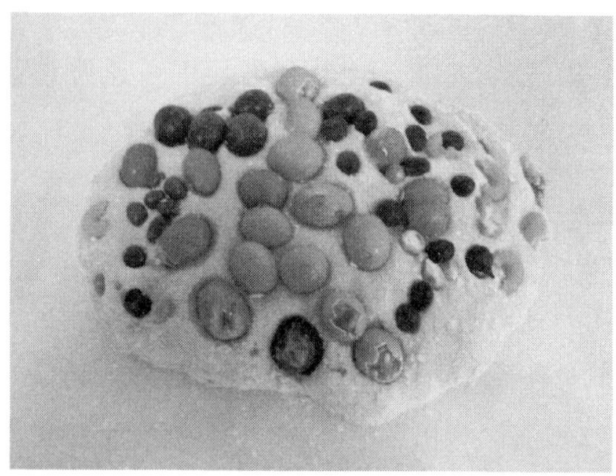

그림 6-6 **케이크** (7세, 남)

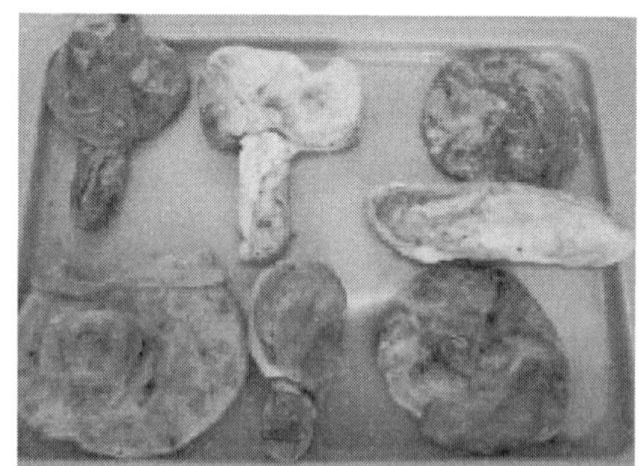

그림 6-7 **내가 먹고 싶은 것들** (초등학교 4학년)

③ 만든 음식의 제목을 정하고 함께 파티를 한다.

아이가 만든 음식에 이름을 정하고 이것을 한곳에 모아 함께 파티를 한다. 이때 음식의 제목은 아이가 창의적으로 정하도록 한다. 예를 들어, 자존감 향상 프로그램에 참여했던 초등학교 5학년 아이가 '마음이 씩씩해지는 마법의 약'이라는 음식을 만들었다.

그림 6-8 다 같이 파티하며 나눠 먹어요 (초등학교 6학년)

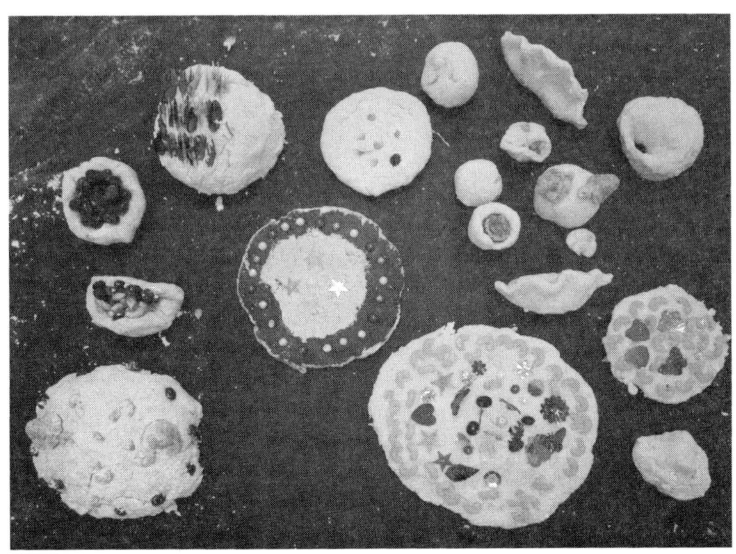

그림 6-9 축하 파티 (초등학교 1~3학년)

마무리

활동이 끝나면 소감을 나누는 시간을 갖도록 한다. 이때 모든 아이들이 활동에 참여한 느낌을 자유롭게 표현할 수 있도록 돕는다.

> "오늘은 밀가루 반죽으로 맛있는 음식을 만들어 나눠 주는 함께하는 활동을 했어요. 오늘 활동을 하면서 느꼈던 점은 무엇이었나요? 친구와 함께 음식을 만들어서 파티를 한 느낌이 어땠나요?"

◎ 활 용 ◎

아이들의 친밀감을 형성을 위해 전통놀이나 신체게임 등을 활용해도 좋다. 가령, '당신의 이웃을 사랑하십니까?' '무궁화 꽃이 피었습니다' '신문지 올라서기' '짝짓기' '동대문 놀이' 등의 신체놀이를 통해 아이들의 친밀감을 도모할 수 있다. 하지만 이때 경쟁적인 게임은 아이들의 친밀감보다는 경쟁심을 유발하여 친밀감 형성을 방해할 수 있으므로 주의해야 한다.

◎ 주의할 점 ◎

• 책상 위에 비닐을 준비함

밀가루 작업 시, 책상 위에 큰 종이나 비닐을 깔고 하는 것이 좋은데, 이때 종이나 비닐은 되도록 두꺼운 것을 사용하여, 활동 도중에 찢어지지 않도록 한다.

• 활동 내 시간 배분

이 회기의 목표인 친밀감 형성을 위해서는 음식을 만드는 것보다 반죽하기가 더 중요하기 때문에 반죽하기에 시간 비중을 더 두는 것이 좋다.

3회기
나는 원해요

✽ 구성 영역　자기수용

✽ 세부 영역　자기인식과 이해

✽ 목표
- 나의 욕구 탐색하기
- 나의 욕구 탐색을 통해 자기인식 및 이해하기

✽ 준비물　잡지, 도화지, 풀, 가위, 색연필, 사인펜, 스티커 등

✽ 활동 안내　3~6회기는 '자기수용'을 촉진하기 위한 회기들이다. 자기수용은 자기 감정이나 행동, 생각을 아는 자기인식(느끼는 것), 자신의 감정이나 행동, 생각의 이유를 알게 되는 자기이해(아는 것), 그리고 이것을 받아들이는 자기수용(행동)으로 구성되었다.

3회기는 자신의 욕구를 탐색하고 아는 것을 통해 자기인식을 돕는 것이 목표다. '나는 원해요'는 우선 자신의 신체 모형을 그린 후 '가지고 싶은 것' '하고 싶은 것' '되고 싶은 것' '듣고 싶은 말' 등을 잡지에서 오려 붙이거나 그림 또는 글로 표현하는 활동이다.

	활동 내용
도입 (10분)	■ 지난 한 주 동안 일어난 일이나 감정에 대해 이야기를 나눈다. ■ 오늘의 활동 내용을 소개한다. "이번 시간에는 '내가 원하는 것'을 알아보고 표현하는 시간입니다."
전개 (30분)	■ 활동 순서 ① 나의 신체 모형을 그린다. "자, 눈을 감고 나의 몸을 생각해 보세요. 그리고 종이에 나의 모습을 그리세요. 머리, 얼굴, 가슴, 팔, 다리, 발까지 모두 그리세요." ② 하고 싶은 것, 되고 싶은 것, 가지고 싶은 것, 듣고 싶은 말을 생각한다. "자, 내가 원하는 것들을 눈을 감고 생각해 보세요. 가지고 싶은 것, 하고 싶은 것, 되고 싶은 것, 듣고 싶은 말을 생각해 보세요." ③ 신체에 자신이 원하는 것을 표현한다. "잡지에서 찾아 자신이 하고 싶은 것은 발 쪽에, 되고 싶은 것은 머리 쪽에, 가지고 싶은 것은 손 쪽에, 듣고 싶은 말은 가슴 쪽에 오려 붙이세요. 잡지에 없는 것은 그림으로 그리거나 글로 써도 좋아요." ④ 완성품에 제목을 정하고 발표한다.
마무리 (10분)	■ 오늘의 활동에 대해 자유롭게 이야기한다. ■ 오늘의 활동을 정리한다.
운영자 지침	■ 자신의 욕구를 탐색할 수 있는 시간을 충분히 준다. ■ 자신의 욕구를 잡지뿐 아니라 다양한 방법으로 자유롭게 표현할 수 있도록 한다.

도 입

■ 오늘의 활동 내용을 소개한다.

"이번 시간에는 '내가 원하는 것'을 알아보고 표현하는 시간입니다."

어린아이는 '내가 원하는 것'이라고 하면 물질적인 것만 생각하는 경우가 종종 있다. 이 활동의 중심은 물질적인 것이 아니라 심리적인 것을 탐색하는 것이다. 따라서 원하는 것에 대해 구체적으로 예를 들어 설명해 주는 것이 좋다.

"이번 시간에는 '내가 원하는 것'에 대해 알아볼 거예요. 원하는 것에는 하고 싶은 것도 있고, 내가 가지고 싶은 것도 있고, 내가 되고 싶은 것도 있어요. 또 내가 다른 사람들로부터 듣고 싶은 말도 있어요. 예를 들어, 선생님이 원하는 것은 친구가 다가와 '사이좋게 놀자'라고 말하는 것도 있고, 또 어떤 때는 엄마가 나를 칭찬해 주는 것을 원하기도 해요."

전 개

① 나의 신체 모형을 그린다.

어린아이는 운영자가 미리 신체 모형을 만들어 가는 것이 좋다. 그러나 초등학교 이상의 아이는 스스로 자신의 몸을 그리게 하거나 한 명씩 눕게 한 뒤 운영자나 보조 운영자가 신체 본뜨기를 해 주면 아이의 참여 동기를 높일 수 있다.

② 하고 싶은 것, 되고 싶은 것, 가지고 싶은 것, 듣고 싶은 말을 생각한다.

아이는 자신이 원하는 것이 무엇인지 인식하지 못하는 경우가 많다. 욕구를 탐색하는 일은 매우 힘든 일이다. 그래서 충분히 생각할 수 있는 시간을 주는 것이 좋다. 아이가 잘 생각하지 못하면 각각의 아이들이 원하는 것을 찾을 수 있도록 운영자가 도움을 준다.

③ 신체에 자신이 원하는 것을 표현한다.

하고 싶은 것, 되고 싶은 것, 가지고 싶은 것, 듣고 싶은 것을 다음 그림처럼 표현하도록 한다. 듣고 싶은 말은 가슴 쪽에 붙이도록 하고, 가지고 싶은 것은 손 쪽에 붙이도록 안내해도 좋다. 대신 잡지에서 찾지 못하는 것은 그림으로 그리거나 글로 써도 좋다.

그림 6-10 힘이 센 나
(초등학교 4학년, 남)

그림 6-11 나 좀 나눠요
(초등학교 6학년, 남)

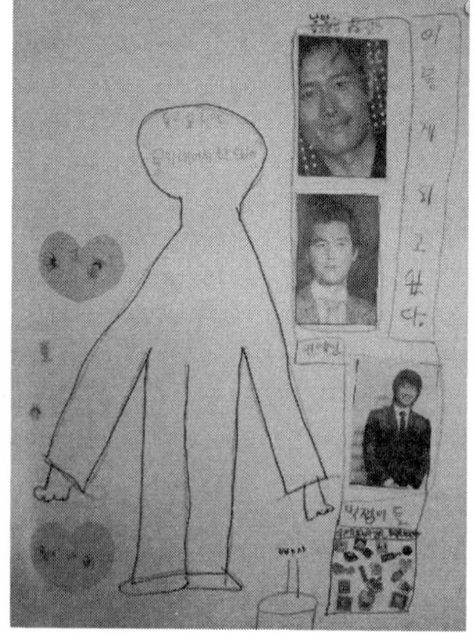

그림 6-12 멋진 나 (초등학교 3학년, 남)

유아나 초등학교 저학년은 언어로 표현하는 것이 어렵기 때문에 글로 쓰기보다는 잡지에서 자신이 원하는 것을 오리거나 찢어서 붙이도록 한다. 또는 다음 그림처럼 신체상을 그리지 않고 자신이 원하는 것을 도화지에 마음대로 찾아 붙이는 방법도 좋다.

그림 6-13 가지고 싶은 것들 (7세, 남)

청소년은 그림으로 그릴 수 있도록 그리기 도구를 준비하는 것이 좋으며, 포스트잇에 자신이 원하는 것을 글로 써서 붙이는 방법도 좋다([그림 6-14] 참조).

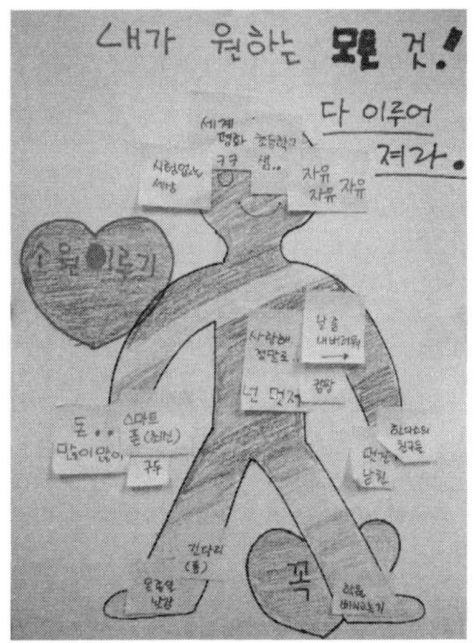

그림 6-14 내가 원하는 것들 (중 2학년, 여)

"난 자유를 원하고, 세계 평화를 원해요. 그리고 나중에 초등학교 선생님이 되고 싶어요. 또 멋진 남자 친구도 가지고 싶고, 친구들도 많이 가지고 싶어요. 그리고 엄마나 어른들이 나를 내버려 두었으면 좋겠어요."

④ 완성품에 제목을 정하고 발표한다.

아이가 표현한 것들을 발표할 때, 운영자는 왜 그런 것들을 선택했는지 물어본다. 그런데 아이가 표현한 것을 모두 발표하면 다소 시간이 부족할 수 있다. 이런 경우에는 아이가 자신이 표현한 것 중에서 특징적인 것 한두 가지를 선택해 발표하게 한다. 그리고 여러 가지 중에서 한두 가지를 택한 이유를 물어본다. 발표한 후에는 자신의 욕구를 인식할 수 있도록 돕기 위해서 발표한 내용 중 특징적인 것에 대해 '동연이는 가방을 붙였는데, 왜 이것을 붙였는지 말해줄래?'라고 추가적인 탐색 질문을 한다.

◎ 활 용 ◎

4~7세의 아이는 잡지에서 자신이 원하는 것을 찾는 것이 다소 어렵다. 그리고 잡지의 내용이 아이의 발달상 욕구와 잘 맞지 않는 경우가 많으므로 유아용 잡지를 준비하도록 한다. 또는 [그림 6-15]처럼 아이의 경험이 쉽게 투영될 수 있는 그림 도안

그림 6-15 내가 원하는 것들 (5세, 여)

집(예: 유치원 그림 도안)을 이용해 자신의 원하는 것을 찾아서 붙이도록 한다.

"나는요, 사과랑 귤, 포도, 딸기를 먹고 싶어요. 그리고 밥도 잘 먹고요, 엄마랑 목욕도 하고 싶어요. 또 줄넘기도 잘하고 싶어요."

- **재 료**
  - 종이

    종이의 크기는 보통 아이의 심리적 에너지의 크기를 의미한다. 따라서 종이는 다양한 크기를 준비하는 것이 좋다. 특히 이 활동은 전지나 4절지 정도의 큰 종이를 준비하는 것이 좋다. 그래야 신체를 크게 그려 맘껏 오려 붙일 수 있기 때문이다. 그런데 ADHD(주의력결핍 및 과잉행동장애) 아이는 A4 종이를 사용하거나 잡지에서 선택할 수 있는 가지의 수를 미리 정해 주는 방식으로 이 아이가 가진 충동성을 조절할 수 있도록 도와준다.
  - 잡지

    잡지는 아이 수준에 맞는 것으로 준비한다. 유아는 잡지보다 유아 활동집을 준비하는 것이 좋지만 최대한 다양한 자료를 가져가는 것이 중요하다. 간혹 잡지는 원하는 것을 금방 찾기 어려워서 좌절과 짜증을 유발할 수 있으며, 원하는 것이 없을 수 있다는 한계가 있음을 알고 다양한 종류의 잡지(여성지, 요리책, 인테리어 잡지, 자동차 잡지, 자연환경이 있는 잡지, 인물 잡지 등)를 준비한다.

4회기
나는 특별해요

✲ 구성 영역 자기수용

✲ 세부 영역 자기인식과 이해

✲ 목표
- 나의 장점 및 강점을 인식하고 수용하기
- 자기인식을 통하여 자기이해를 확장시키기

✲ 준비물 색도화지, 색종이, 사인펜, 크레파스, 스티커, 색연필, 장점 목록표(부록 참조) 등

✲ 활동 안내 4회기의 목표는 자신의 강점과 장점을 인식하는 것이다. 자존감이 낮은 아이는 자신의 장점보다는 단점에 더 초점을 두는 경우가 많다. 이런 방식은 다시 자존감을 떨어뜨리는 악순환을 가져온다.

강점과 장점에는 내적인 것('끈기가 있다.' '노래를 잘한다.' '참을성이 있다.' '사회성이 좋다.' 등)은 물론 외적인 것('친절한 엄마가 있다.' '날 이해하는 친구가 있다.' '교회에 다닌다.' 등)도 포함된다.

아이에게 자신의 장점과 강점을 생각해 보도록 한 후 이것을 이용해 적극적으로 자신을 알리기 위한 '홍보판 만들기' 활동을 한다. 만든 홍보판을 다른 아이들에게 소개하고 자신을 경매하는 활동을 한다.

활동 내용	
도입 (10분)	■ 지난 한 주 동안 일어난 일이나 감정에 대해 이야기를 나눈다. ■ 오늘의 활동 내용을 소개한다. "이번 시간에는 나의 홍보판* 만들기를 할 거예요. 나에 대해 잘 생각해 보고, 나의 특별한 점, 나의 좋은 점, 내가 가진 강점 등을 찾아 홍보판을 만들 나의 좋은 점을 파는 놀이를 할 거예요."
전개 (30분)	■ 활동 순서 ①나의 장점이나 강점(나의 성격, 능력이나 재주, 외모, 활용할 수 있는 자원)을 생각한다. "나의 장점과 강점을 생각해 보세요. 나의 성격, 내가 잘하는 것, 내가 가진 것들을 생각해 보세요." ②나의 장점을 적은 홍보판을 만든다. ③만든 홍보판을 들고 다른 아이들 앞에서 소개한다. ④나를 경매한다.
마무리 (10분)	■ 오늘의 활동에 대해 자유롭게 이야기한다. ■ 오늘의 활동을 정리한다.
운영자 지침	■ 자신의 장점을 스스로 찾지 못할 경우, 강점이나 장점을 운영자가 다른 아이들과 함께 찾아준다. ■ 경매놀이에서 아무도 사가지 않는 아이는 운영자가 경매한다.

* 홍보판 만들기는 장점 나무 만들기로 대체할 수 있다.

전 개

① 나의 장점이나 강점(나의 성격, 능력이나 재주, 외모, 활용할 수 있는 자원)을 생각한다.

자존감이 낮은 아이는 장점이나 강점을 생각해 내기 어려울 수 있다. 이런 경우 운영자는 아이에게 장점이나 강점이 될 수 있는 예를 들어주는 것이 좋다. 성격적인 측면, 능력이나 재주, 신체나 외모의 특징에 대한 예를 들어주어 장점과 강점으로 생각할 수 있는 폭을 넓혀 준다. 그리고 부모나 형제자매, 선생님, 친구, 지역 사회에서 이용 가능한 기관 등 자신이 활용할 수 있는 자원들도 강점이 될 수 있음을 알려준다.

> "나의 장점과 강점을 생각해 보세요. 나의 성격, 내가 잘하는 것, 내가 가진 것들을 생각해 보세요. 예를 들어, '나는 공손하다.' '나는 축구를 잘한다.' '나는 책읽기를 좋아한다.' '나는 잘 참는다.' '부모님이 내 말을 잘 들어주신다.' '힘 센 누나가 있다.' 등과 같이 다양한 것들이 모두 나의 장점이 될 수 있어요."

② 나의 장점을 적은 홍보판(또는 장점 나무)을 만든다.

홍보판이나 장점 나무는 아이가 자유롭게 표현할 수 있게 재료에 제한을 두지 않도록 한다. 자신의 장점이나 강점은 외모를 비롯해 특별한 행동 및 버릇 등 다양한 것일수록 좋으므로 충분히 자신의 장점이나 강점을 생각해 표현할 수 있도록 돕는다.

이 활동은 자신을 인식하는 것이 목표이므로 작품을 잘 만들거나 만들지 못하는 것이 중요하지 않다. 간혹 작품이 제대로 되지 않아서 짜증을 내거나 좌절을 하는 아이도 있다. 그런 경우에는 작품을 잘 만들거나 만들지 못하는 것이 중요한 것이 아니라 자신을 마음껏 표현하는 것이 더 중요하다고 격려한다.

③ 만든 홍보판(또는 장점 나무)을 들고 다른 아이들 앞에서 소개한다.

자신의 홍보판이나 장점 나무를 아이들에게 보여 주며 발표한다. 이 활동에서는 아이가 자신의 장점을 인식하고 더욱더 장점으로 생각할 수 있도록 하는 것이 목표다.

개인마다 생각하는 장점이 다를 수 있다. 따라서 운영자가 비교하는 반응은 삼가야 한다. 다음과 같은 반응이 적절하다.

"해주야, 너에게는 이런 장점이 있구나."

"너는 그런 점이 네 마음에 드는구나."

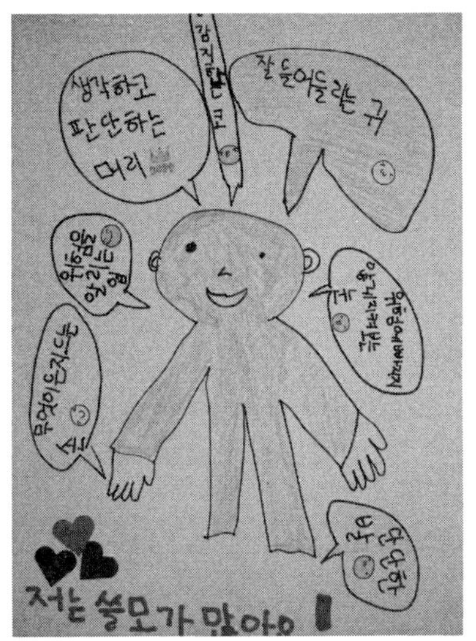

그림 6-16 **저는 쓸모가 많아요**
(초등학교 2학년, 남)

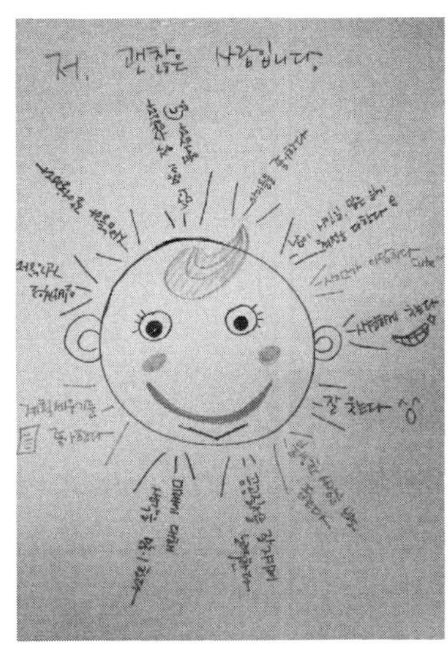

그림 6-17 **저, 괜찮은 사람입니다**
(중학교 2학년, 남)

• 장점의 개수가 적은 경우

홍보판 만들기나 장점 나무 활동을 할 때 주의해야 할 점은 장점의 개수가 달라서 아이들 간에 서로 비교가 되는 것이다. 그렇다고 개수를 미리 정해 주는 것은 아이가 자신을 표현하는 데 제한하는 것이기 때문에 바람직하지 않다. 이런 경우, 다른 아이들에 비해 장점을 적게 쓴 아이에게는 '여러 가지 것 중에서 지금은 두 개밖에 생각이 나지 않는구나.'라고 반응을 해 주고 나서 다른 아이들에게 그 친구의 장점을 같이 찾아주도록 함으로써 또래수용을 촉진시킬 수 있다. 만약 집단 참가자들이 장점을 찾아주지 못하면 운영자가 '너는 집단에서 다른 친구의 말을 잘 들어줘.' '너는 자신의 생각을 잘 이야기해.'라고 아이의 장점을 직접 찾아 준다.

도움말 아이의 장점을 계발시키기 위해서 프로그램이 진행되는 동안 장점 나무나 홍보판을 벽에 붙여 놓고 언제든지 생각나는 대로 자신의 장점을 추가해서 표현할 수 있도록 하는 것도 좋다. 실제로 초등학교 2학년 아이들에게 프로그램이 운영되는 동안 자신의 장점을 추가해서 표현할 수 있도록 하자, 아이들이 하루에 하나씩 자신의 장점을 찾아오거나 장점을 계발하려고 노력하는 모습을 보였다.

• 장점을 너무 많이 쓴 경우

장점을 많이 쓰는 것은 좋다. 하지만 발표 시간에 이것을 모두 발표하게 되면 한 아이에게 너무 많은 시간이 소요된다. 그래서 발표를 하지 못한 다른 아이들은 좌절을 경험하게 된다. 실제로 한 집단에서 어떤 아이가 자신의 장점을 모두 발표하느라 발표 시간을 모두 사용한 적이 있었다. 이때 다른 아이들은 소외당한 느낌이었다고 자신의 소감을 발표하였다. 이런 경우에는 발표할 수 있는 개수를 미리 정해 주는 것이 좋다. 가령 열 개가 넘는 장점을 쓴 아이에게는 '너에게는 많은 장점이 있구나. 그중에서 두세 개만 골라서 발표해 줄 수 있겠니?'라고 지시를 준다.

④ 나를 경매한다.

경매하기는 홍보판 만들기 작업 후에 이루어진다. 제작한 홍보판에 있는 자신의 장점과 그 장점의 가치를 다른 친구들에게 설명한 후 장점을 판다. 다른 아이들이 적은 장점의 내용 중 자신이 가지고 싶은 장점들을 산다. 예를 들어, 키가 작은 아이는 다른 아이의 장점 중 '키가 크다.'라는 장점을 사갈 수 있다.

이때 주의할 점은 아이들에게 배당된 금액 중 경매에 참여할 수 있는 한계를 정해 주는 것이 좋다. 한계가 정해지지 않는 경우에는 한 가지만 산다거나, 간혹 일부 장점 목록에만 경매가 몰릴 가능성이 있기 때문이다.

그리고 동기를 높이기 위해서 장점 목록을 팔지 않고 장점을 가진 사람을 경매로 사게 한 후 경매가 끝나면 경매에서 사간 사람의 요구를 5분 정도 들어주는 시간을 줄 수도 있다. 하지만 아무도 경매에 참여하지 않는 경우가 있는데, 이런 경우에는 운영자나 보조 운영자가 경매에 참여한다(단, 싼값에 사지 마세요!).

• 경매 가격에 차이가 나서 비교가 되는 경우

경매를 하다 보면 자연스럽게 경매 가격에 차이가 나서 아이들 사이 비교가 될 수 있다. 이때 운영자는 상대적 비교 반응을 해서는 안 되고, 모든 아이들이 자신의 가치가 수용되고 인정되는 경험이 될 수 있도록 지속적으로 반응을 해 준다.

그리고 아이들이 '동연이는 천 원밖에 안 해요.' '재는 사가 봐야 소용도 없을 걸요.' '민수는 뚱뚱해요. 그래서 밥을 많이 먹을 것 같아서 안 살래요.'와 같이 비교하는 경우가 있다. 이때 운영자는 단점처럼 보이는 것을 강점으로 바꾸어서 말해 준다. 예를 들어, '민수는 뚱뚱해서 사기 싫어요.'라고 말했다면, '그래, 그렇게 생각했구나. 그런데 뚱뚱하면 좋은 점은 없을까?'라고 말해 긍정적인 관점으로 수용할 수 있도록 돕는다. 단순히 '뚱뚱해도 무거운 짐을 들 수 있어.'라고 하면 뚱뚱해서 싫다고 이야기한 아이의 말을 수용하지 못하고 비난한 결과가 될 수 있다. 이런 경우에도 말한 아이의 의견을 먼저 수용한 후에 아이에게 긍정적인 측면을 생각할 수 있는 질문을 통해 아이가 스스로 답을 찾을 수 있도록 한다.

◎ 활 용 ◎

• 초등학교 저학년 이하

4~7세, 그리고 초등학교 저학년 아이에게는 '장점 나무 만들기' 활동이 더 적절하

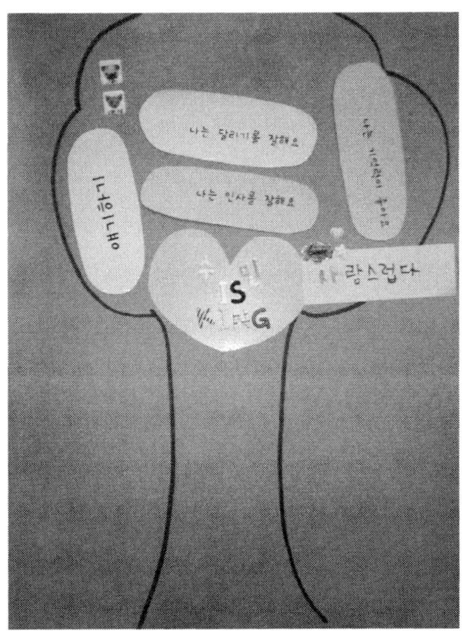

그림 6-18 나는 왕이다 (초등학교 2학년, 여)

다. 그리고 간혹 또래에 비해 발달이 늦거나 언어 이해력이 늦은 아이는 장점이란 어휘가 다소 어려울 수 있다. 이런 경우에는 장점을 쉬운 말로 풀어서 설명을 해 주도록 한다. 나무를 그리고 만드는 것을 다소 어려워하는 아이는 활동의 목표보다는 활동 자체를 완성하는 데 많은 에너지를 사용하게 된다. 이런 경우에는 미리 사과를 그려 둬서 사과에 장점을 쓰고, 그것을 미리 만들어져 있는 나무에 붙이도록 활동의 난이도를 조정할 수 있다.

때로는 스스로 장점을 생각해 내지 못하는 아이에게는 '장점 목록표(부록 참조)'를 제시할 수도 있다([그림 6-19] 참조).

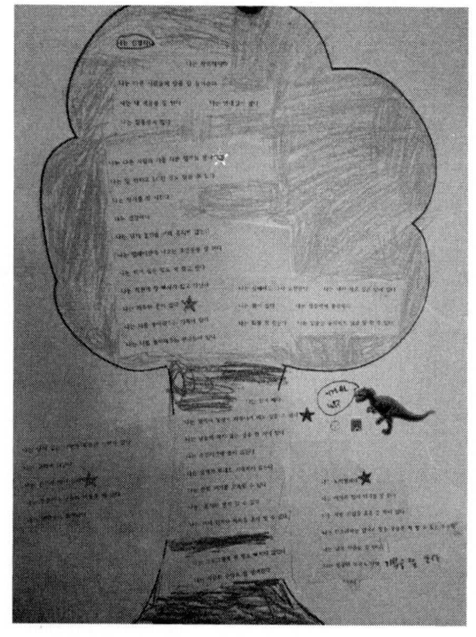

그림 6-19 저는 장점이 아주 많아요 (초등학교 5학년, 남)

사 례

중학교 1학년인 선철이는 수업 중에 질문을 하면 대답도 하지 않을 뿐만 아니라 또래관계도 소극적이다. 항상 잘하는 것이 하나 없다는 어머니의 말씀처럼 선철이는 스스로 잘하는 것이 없다고 생각하였다. 그런데 자존감 향상 프로그램을 진행하면서 선철이는 또래와 '교사로부터 만들기를 잘한다.' '창의적이다.'라는 긍정적 피드백을 들었다.

선철이는 자신의 장점 나무를 만드는 활동을 통해 '나는 창의적이다.' '나는 만들기를 잘한다.' '나는 상상력이 풍부하다.' 등 자신의 장점을 발견하고 인식하게 되었다. 그 후로 선철이는 수업태도가 적극적으로 변화하였다.

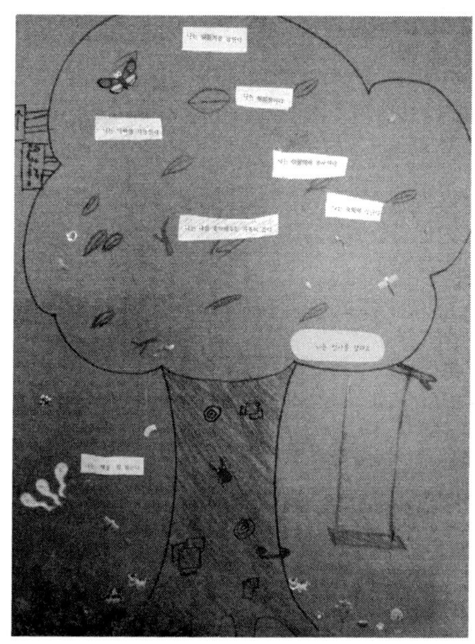

그림 6-20 내가 찾은 장점 (중학교 1학년, 남)

5회기
나에게 이런 모습도 있어요(1)

✲ 구성 영역 자기수용

✲ 세부 영역 자기수용(긍정적인 자기 모습 수용)

✲ 목표
- 타인의 피드백을 통해 자기수용 긍정적인 내 모습 발견하기
- 타인의 피드백을 통해 긍정적인 모습 수용하기

✲ 준비물 색도화지, 색연필, 사인펜, 감정카드 등

✲ 활동 안내 자존감은 타인의 다양한 반응으로부터 형성된다. 타인으로부터 긍정적 또는 부정적인 피드백을 받았던 경험들이 자아에 대한 이미지를 형성한다.

5회기는 타인으로부터 받은 자신에 대한 긍정적인 이미지를 알아보고 이를 수용하는 것이 목표다. 이를 위해 다른 사람들에게 들었던 기분 좋은 말, 칭찬 등을 생각해 보게 한 후 말풍선 안에 적도록 한다. 그리고 긍정적인 피드백을 받았을 때 느꼈던 감정을 표현하도록 한다.

	활동 내용
도입 (10분)	■ 지난 시간에 이루어졌던 활동에 대해 이야기를 나눈다. ■ 오늘의 활동 내용을 소개한다. "이번 시간에는 다른 사람들과의 관계 안에서 나의 긍정적인 모습을 알아보려고 해요. 다른 사람들에게 들었던 긍정적인 말이나 평가들을 생각해 보세요."
전개 (30분)	■ 활동 순서 ① 다른 사람들과의 관계 안에서 받았던 긍정적인 피드백을 생각한다. "다른 사람들에게 들었던 기분 좋은 말, 칭찬 등을 생각해 보세요." ② 말풍선 안에 긍정적 피드백을 적는다. "다른 사람에게 들었던 긍정적인 말을 말풍선 안에 적어 보세요." ③ 그때 느낀 감정들을 글이나 감정카드로 표현한다. "그때 느낀 감정들을 글로 적어 보세요. 아니면 감정카드에 있는 단어들을 선택해서 표현해 보세요. 그리고 그 감정의 정도를 숫자로 나타내 보세요." ④ 완성된 작품에 제목을 정하고 발표한다.
마무리 (10분)	■ 오늘의 활동에 대해 자유롭게 이야기한다. ■ 오늘의 활동을 정리한다.
운영자 지침	■ 긍정적인 면을 생각해 내지 못하는 아이는 집단 안에서 긍정적인 면을 찾아서 피드백을 준다.

전 개

① 다른 사람들과의 관계 안에서 받았던 긍정적인 피드백을 생각한다.

"다른 사람들에게 들었던 기분 좋은 말, 칭찬 등을 생각해 보세요."(5~10분 정도 생각할 시간을 준다.)

긍정적인 피드백을 생각할 수 있는 시간을 충분히 제시한다.

② 말풍선 안에 긍정적 피드백을 적는다.

"타인에게 들었던 기분 좋은 말을 말풍선 안에 적어 보세요."

자신을 종이 가운데에 그린 후 말풍선 안에 다른 사람들에게 들었던 긍정적인 피드백을 적는다. 말풍선이라는 말은 어린아이에게는 다소 생소한 단어다. 이때는 '말이 들어가는 풍선'이라고 안내하거나 미리 샘플을 만들어 보여 주는 것이 좋다.

③ 그때 느낀 감정을 글이나 감정카드로 표현한다.

"여러분이 말풍선 안에 써 놓은 말을 들었을 때 느낀 감정을 글로 적어 보세요. 아니면 감정카드에 있는 단어를 선택해서 표현해 보세요."

다른 사람에게서 긍정적인 피드백을 들었을 때 어떤 느낌이 들었는지 인식할 수 있도록 돕는다. 초등학교 저학년은 감정을 세분화해서 표현하기보다는 '좋다와 싫다' '기쁘다와 슬프다'로 단순하게 표현하는 경우가 많다. 따라서 그 당시의 기분을 명확하게 인식하기 위해 감정을 세분화할 필요가 있다. 이를 위해서 그때 들었던 기분이나 감정을 글로 쓰거나 감정카드에서 찾아 표현하도록 한다. 감정의 종류도 중요하지만 상황에 따라 감정의 정도도 다르다. 감정의 정도도 인식할 수 있도록 감정카드나 감정을 적은 글 옆에 감정의 정도를 1~10까지 표현하도록 한다. 초등학교 저학년 이하의 아이는 감정카드보다 시중에서 판매하는 감정 얼굴 스티커를 사용하는 것도 좋다.

그림 6-21 **나는 멋져** (초등학교 3학년, 남)

"나는 친구들이 '사이좋게 지내자' '같이 놀자'라고 말하면 기분이 좋아져요."

그림 6-22 **기분 좋은 말** (초등학교 4학년, 여)

"저는 친구들이 저에게 살 빠졌다고 이야기하고, 예뻐졌다고 이야기할 때가 기분이 좋아요. 그리고 엄마랑 선생님이 잘했다고 칭찬을 해줄 때 기분이 좋아요."

④ 완성된 작품에 제목을 정하고 발표한다.

"자, 자신이 만든 작품을 친구들에게 보여 주며 마음에 드는 말이나 그때의 기분을 이야기해 봐요."

완성된 작품의 제목은 아이의 심리를 잘 나타낸다. 그와 같이 제목을 정한 이유를 반드시 물어본다. 그리고 아이가 자신이 들었던 긍정적인 피드백과 그때 느꼈던 감정을 이야기하면, '그런 말을 들으면 기분이 좋겠구나. 다른 친구들은 이런 기분이 들어 본 적이 있니?' '그런 말을 들으면 기분이 좋겠구나. 이런 말을 들었을 때 친구들은 기분이 어땠었니?' 등과 같은 반응으로 운영자는 아이가 느낀 감정을 다른 아이들과 함께 공감할 수 있도록 돕는다.

구체적인 이야기가 생략된 경우에는 운영자가 '언제 그런 이야기를 들었어?' '왜 그런 기분이 들었니?' 등과 같이 좀 더 관심을 보여 준다. 발표를 마치고 나면 다른 아이들에게 동일한 경험을 했던 적이 있었는지를 물어서 경험과 감정을 함께 공유할 수 있도록 격려한다.

◎ 활 용 ◎

• 초등학교 저학년 이하

초등학교 저학년 이하 아이는 오늘의 활동을 소개할 때 긍정적이라는 단어를 이해하기 어렵기 때문에 '남에게 들었던 기분 좋은 말이나 칭찬'과 같이 쉽게 풀어서 이야기를 해 주도록 한다. 또는 '너는 멋져.' '너는 친절해.' 등과 같은 구체적인 예를 들어 주는 것도 좋다. 간혹 활동 자체를 이해하지 못하는 아이도 있다. 이런 경우에는 미리 샘플을 만들어 가는 것도 도움이 된다.

• 왕따 경험이 있는 아이

왕따 경험이 있는 아이는 타인, 특히 친구에게 받았던 긍정적 경험들이 많지 않다. 그래서 이 활동 시 소극적인 태도를 보이거나 자신의 싫었던 경험만이 생각나서 오히려 자존감을 낮추는 활동이 되기도 한다. 이런 경우에는 현재보다 과거에 좋았던 경험을 생각하도록 유도하거나 아이가 앞으로 듣고 싶은 말로 바꾸어서 활동을 활용하는 것도 좋다. [그림 6-23]는 왕따 경험이 있었던 아이의 작품으로, 앞으로 다른 사람들에게 듣고 싶은 말들을 생각해 보고 그때의 기분이 어떨지를 상상하도록 하였다.

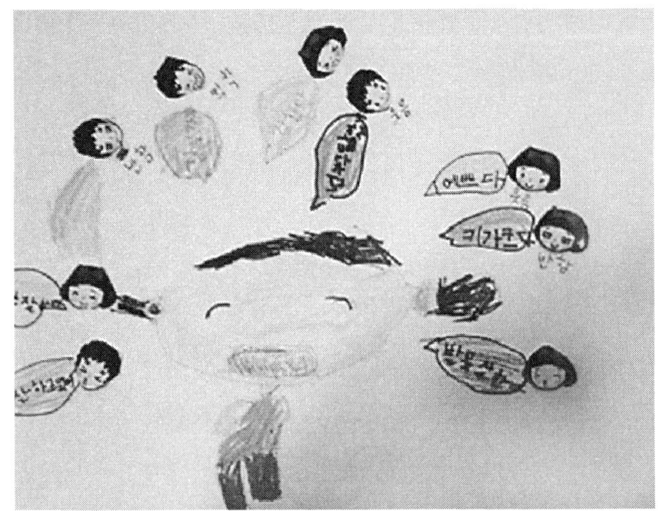

그림 6-23 **들으면 기분 좋을 말 (초등학교 6학년, 여)**

> "저는 '잘하고 있다.'거나 '예쁘다.' '키가 크다.'라는 말을 들으면 기분이 좋을 것 같아요. 그리고 그런 말들을 듣고 싶어요. 저는 못생기고 키가 작아서 친구들에게 놀림을 받았어요. 그래서 너무 속상했어요. 앞으로는 아이들에게 '예쁘게 생겼다.'는 말도 듣고 싶고, 아이들이 저를 좋아해 주었으면 좋겠어요."

• 사회성이 부족한 아이

사회성이 부족한 아이도 마찬가지로 또래로부터 긍정적인 피드백을 받은 경험이 적다. 이들은 사회적 관계에서 문제해결력이 부족하고, 다른 사람과 친밀한 관계를 형성하기 위한 사회적 기술이 부족하다. 이 활동을 사회적 기술을 향상시키기 위한 방법으로 활용할 수도 있다.

우선 아이에게 친구들에게 들으면 기분 좋을 말을 생각해 보게 한다. 그리고 그 말을 듣기 위해서 아이 자신이 해야 하는 일들을 적도록 한다. 마지막으로 그 행동들을 하나씩 실천하도록 격려한다.

교사: 네가 다른 친구들에게 들었으면 하는 말을 생각해 보자.

아이: 저는 친절하다는 말을 듣고 싶어요.

교사: 네가 다른 친구들에게 친절하다는 말을 들으려면 어떤 행동을 해야 할까?

아이: 친구가 무거운 것을 들고 갈 때 도와줘요.

교사: 그래, 그런 방법이 있겠구나. 그럼 그 방법을 사용해 볼 수 있겠니?

아이: 예.

⊙ 사 례 ⊙

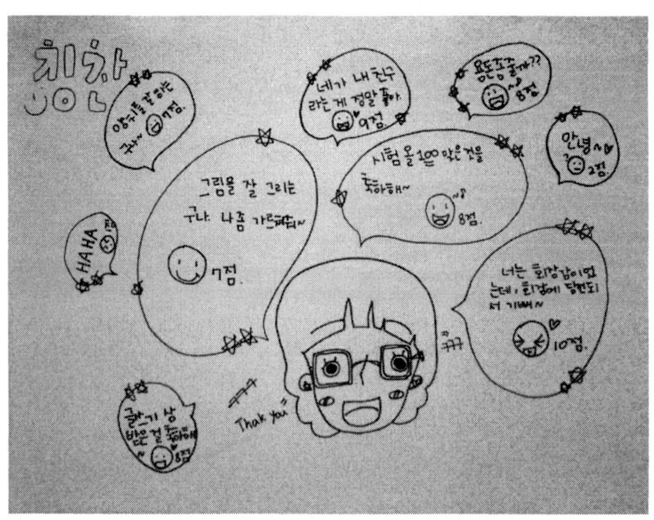

그림 6-24 기분 좋은 말 (초등학교 6학년, 여)

"저는 친구들이 저에게 잘한다고 인정해 줄 때 기분이 좋아요. 그리고 가끔 엄마가 용돈을 준다고 하실 때 기분이 좋아요."

이 아이는 반 친구들에게 인기가 많은 아이이다. 반에서 리더 역할을 하고 있고 다른 친구들을 도와주는 역할도 하고 있다. 이 아이가 다른 사람들에게 듣기 좋았던 말들은 주로 친구들이 자신의 능력을 인정해 주었던 말들이다. 이처럼 청소년기로 넘어가면서 부모나 교사보다는 또래의 인정이 훨씬 중요함을 알 수 있다.

6회기
나에게 이런 모습도 있어요(2)

✲ **구성 영역** 자기수용

✲ **세부 영역** 자기수용(부정적인 자기 모습 수용)

✲ **목표**
- 관계 안에서 부정적인 피드백 인식하기
- 부정적인 내 모습에 대해 인식하고 벗어나기

✲ **준비물** 색도화지, 색연필, 사인펜, 감정카드, 필기도구 등

✲ **활동 안내** 6회기는 가족과 타인과의 관계에서 받은 부정적인 피드백과 그때 느낀 감정들을 인식하고, 이를 수용하는 것이 목적이다. 대부분의 사람들은 타인의 부정적인 피드백으로 인해 정서적으로 화나 서운함, 속상함과 같은 부정적인 정서를 마음에 간직하고 있다. 이런 부정적인 정서는 타인과의 관계를 어렵게 만들고, 이로 인해 타인의 부정적인 피드백을 유발하는 악순환을 가져온다. 또한 내사화되어 부정적인 자아상이 되면 다른 사람에게 보여 주기를 꺼려한다. 이런 두려움은 진정한 자존감을 발달시키는 데 방해요인이 된다. 따라서 자존감을 향상하기 위해서는 타인의 부정적인 피드백으로부터 벗어나고 자신의 부정적인 자아상에서 벗어날 수 있도록 도와야 한다.

<table>
<tr><th colspan="2">활동 내용</th></tr>
<tr><td>도입
(10분)</td><td>■ 지난 시간에 이루어졌던 활동에 대해 이야기를 나눈다.

■ 오늘의 활동 내용을 소개한다.
"오늘은 다른 사람들과의 관계 안에서 나의 부정적인 모습을 알아보고, 그것을 표현해 보려고 해요."</td></tr>
<tr><td>전개
(30분)</td><td>■ 활동 순서
① 다른 사람들과의 관계 안에서 받았던 부정적인 피드백을 생각한다.
"자, 눈을 감고 다른 사람들에게 들었던 속상한 말이나 슬픈 말, 기분 나쁜 말을 생각해 보세요."
② 말풍선 안에 부정적인 피드백을 적는다.
③ 그때 느낀 감정을 글이나 감정카드로 표현한다.
"그때 느낀 감정을 글로 적어 보세요. 아니면 감정카드에 있는 단어들을 선택해서 표현해 보세요. 그리고 그 감정의 정도를 숫자로 나타내 보세요."
④ 완성된 작품에 제목을 정하고 발표한다.</td></tr>
<tr><td>마무리
(10분)</td><td>■ 오늘의 활동에 대해 자유롭게 이야기한다.

■ 오늘의 활동을 정리한다.
"우리는 다른 사람과 함께할 때 좋은 모습도 있지만, 좋지 않은 모습도 있어요. 그게 바로 나예요. 나에게는 좋은 점도, 좋지 않은 점도 있지만 나는 소중하고 사랑받을 만한 가치가 있는 사람이에요."</td></tr>
<tr><td>운영자
지침</td><td>■ 부정적인 면을 용기 내어 말한 행동에 대해 칭찬해 준다.

■ 아이들이 친구 사이에 있었던 부정적인 정서를 표현할 경우에는 이야기를 경청하고, 그 감정을 수용해 준다.</td></tr>
</table>

도 입

■ 오늘의 활동 내용을 소개한다.

"오늘은 다른 사람들과의 관계 안에서 나의 부정적인 모습을 알아보고, 그것을 표현해 보려고 해요."

오늘의 활동을 소개할 때 부정적인 모습이라는 단어는 어린아이들이 이해하기 어렵기 때문에 '남에게 들었던 기분 나쁜 말' '속상했던 말' '슬펐던 말'과 같이 구체적인 예를 들어주거나 쉬운 말로 안내해 주는 것이 좋다.

전 개

① 다른 사람들과의 관계 안에서 받았던 부정적인 피드백을 생각한다.

"자, 눈을 감고 다른 사람들에게 들었던 속상한 말이나 슬픈 말, 기분 나쁜 말을 생각해 보세요."(5~10분 정도 생각할 시간을 준다.)

4~7세의 아이는 부정적인 말을 들었던 경험이 없다고 말할 수도 있다. 이에 반해 청소년들은 긍정적인 피드백보다 부정적인 피드백 경험이 더 많을 수 있다. 이 회기는 아이에게 매우 힘든 시간이 될 수 있다. 자신의 부정적인 경험과 감정을 드러내야 하기 때문이다. 그로 인해 어떤 아이는 드러내기를 거부하거나 피하기도 하고, 갑자기 문제행동을 일으킬 수도 있다. 이렇게 피하고 싶은 마음이 드는 것은 자연스러운 일이다. 운영자는 이런 행동들이 충분히 일어날 수 있다는 가능성을 염두에 두어야 한다.

② 말풍선 안에 부정적인 피드백을 적는다.

말풍선이라는 말은 어린아이에게는 다소 생소한 단어다. 이때는 '말이 들어가는 풍선'이라고 안내하는 것이 좋다. 또는 미리 샘플을 만들어 가는 것도 도움이 된다.

그림 6-25 나를 슬프게 하는 말 (중학교 3학년, 여)

"저는 엄마에게 이제껏 너를 키운 게 회의가 든다는 말을 들었어요. 제가 무슨 잘못을 하였던 것 같았지만 그래도 자식에게 그런 말을 한다니 정말 슬펐어요."

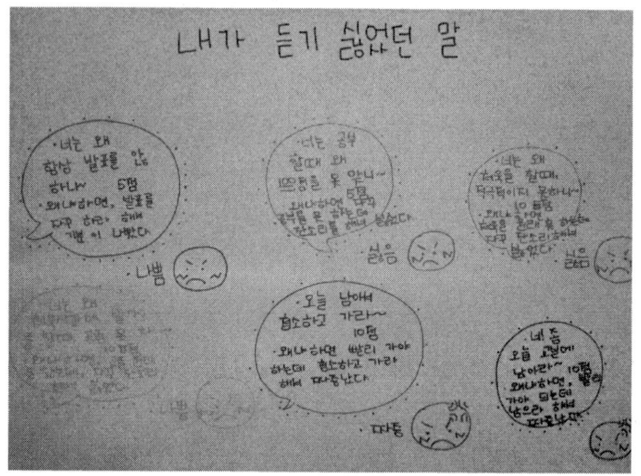

그림 6-26 내가 듣기 싫었던 말 (초등학교 6학년, 여)

"저는 교실에 남으라는 말이 가장 싫었어요. 집에 빨리 가고 싶기도 하지만 학교에 남으라는 말은 제가 무언가를 잘못해서 벌을 받는 거잖아요."

③ 그때 느낀 감정을 글이나 감정카드로 표현한다.

"그때 느낀 감정을 글로 적어 보세요. 아니면 감정카드에 있는 단어들을 선택해서 표현해 보세요. 그리고 그 감정의 정도를 숫자로 나타내 보세요."

부정적인 피드백이나 부정적인 내 모습에 대한 자신의 감정을 인식하도록 돕는다. 감정의 종류도 중요하지만 감정의 정도도 인식할 수 있도록 감정카드나 감정을 적은 글 옆에 감정의 정도를 1~10까지로 표현하도록 한다. 나이가 어린아이는 감정카드보다 시중에서 판매하는 감정 얼굴 스티커를 사용하는 것도 좋다.

④ 완성한 작품에 제목을 정하고 발표한다.

"다 되었나요? 그럼 자기가 만든 작품을 친구들에게 보여 주며 발표해 보세요."

아이들이 발표를 하는 중간중간마다 운영자는 아이의 감정을 공감해 주는 반응을 한다. '아, 그래! 그런 기분이 들 수도 있겠구나.' '그랬구나.' '그런 이야기를 들어서 기분이 ________구나.' '그런 기분이 들었구나.' 등과 같은 반응을 해 준다.

그리고 구체적인 이야기가 생략된 경우에는 '언제 그런 이야기를 들었니?' '왜 그런 기분이 들었니?' 등과 같이 좀 더 관심을 보여 줄 수도 있다. 발표를 마치고 나면, 다른 아이들에게 동일한 경험을 했던 적이 있었는지를 물어서 그런 경험이나 감정이 누구에게나 일어날 수 있는 일이라는 것을 인식시켜서 또래들의 공감과 수용을 촉진한다. 그 반응의 예는 다음과 같다.

"동현이와 비슷한 경험을 한 사람이 있나요?"
"만약 동현이와 같은 상황이라면 어떤 기분이 들까요?"
"다른 사람들은 엄마에게 들었던 가장 기분 나쁜 말이 무엇인가요?"
"엄마에게 그런 말을 들어서 기분 나빴던 사람이 있었나요? 그때는 어떤 기분이었나요?"

마지막으로 제목을 정한 것에 대한 이유를 묻는다. 그리고 발표를 마치면 다 같이 박수로 격려하고, 감추고 싶은 것을 남들에게 드러내는 것은 용기가 필요한 것임을 다시금 인식시킨다.

"자신의 단점이나 부정적인 모습을 다른 사람에게 이야기하기는 참 어려운 일인데 이야기했군요."

"동현이가 슬프기도 하고, 부끄럽기도 한 이야기를 용기 내서 발표를 해 주었어요."

그림 6-27 이런 말 화나요 (초등학교 6학년, 여)

◎ 주의할 점 ◎

- 아이가 우는 경우

부정적인 감정을 이야기하다 보면 감정이 자극되어 울거나 밖으로 나가는 아이가 있다. 아이가 울 때는 아이가 다 울 때까지 조용히 기다려 준다. '괜찮아, 울지 마.'라고 선불리 아이를 위로하면 아이는 자신의 감정을 수용받지 못했다고 생각할 수도 있기 때문이다.

활 용

• 초등학교 저학년

초등학교 저학년은 오늘의 활동을 소개할 때 부정적이라는 단어를 이해하지 못하는 경우가 종종 있다. '남에게 들었던 기분 나쁜 말, 속상했던 말, 슬펐던 일'과 같이 구체적인 예를 들어주거나 쉬운 말로 안내해 주는 것이 좋으며, 미리 샘플을 만들어 가는 것도 도움이 된다.

또한 그 당시의 감정이나 기분을 이야기하라고 하면 감정을 세분화하지 못해서 '좋다와 싫다' '기쁘다와 슬프다'로 표현하는 경우가 많다. 이때는 부록에 삽입된 얼굴 표정 스티커나 감정카드를 이용하여 자신의 감정을 표현하도록 돕는다.

사 례

그림 6-29 다 날려 버릴 거야! (중학교 2학년, 남)

"저는 어릴 때부터 '곰탱이'라는 말을 들었어요. '멍청해 보인다.' '졸려 보인다.' '정신 안 차린다.' 등 주로 아빠에게서 그런 말을 많이 들었어요. 한번은 교실에서 공부를 하는데 담임 선생님이 오셔서 저에게 무슨 질문을 하셨어요. 그런데 제가 질문을 이해하지 못해서 선생님을 쳐다보았더니 담임 선생님이 형광등이라고 말씀하셨어요.

그때 정말 화가 났어요."

이 아이는 중학교 2학년으로 항상 주변 사람들이 자신을 멍청하다고 생각하고 있으며, 자신도 스스로 느리고 멍청하다는 생각을 가지고 있었다. 그래서 다른 사람의 말을 잘 이해하기 위해 항상 긴장하고, 질문을 이해하지 못해도 이해하는 척하기도 하였다. 하지만 이 활동을 통하여 자신이 주변 사람들에게 화가 나 있다는 것을 알게 되었고, 주변 사람들이 자신을 멍청하다고 생각할까 봐 사람들을 만나면 긴장하게 돼서 반응이 더 느리고, 그로 인해 멍청하게 보인다는 사실을 알게 되었다. 이 활동 후에 아이는 다른 사람들의 질문을 이해하지 못하면 다시 한번 이야기해 달라고 부탁하는 행동이 나타났다.

7회기
우리 가족은요

✻ 구성 영역 타인수용

✻ 세부 영역 가족관계 이해 및 수용

✻ 목표
- 나와 가족관계 인식하기
- 타인 인식을 통해 관계를 확장시키고 수용하기

✻ 준비물 찰흙, 물감, 붓, 물통, 찰흙판, 눈 모양 스티커 등

✻ 활동 안내 가족은 아이의 자존감에 영향을 주는 가장 중요한 요인이다. 그 가족 안에서 자신의 역할과 다른 가족의 역할, 그리고 역동을 탐색함으로써 자신의 가족의 모습을 바르게 인식하는 것은 자존감 형성에 도움이 된다.

7회기는 가족 간의 관계를 탐색하고, 그 관계를 인식하는 것이 목적이다. 가족관계를 탐색하는 과정에서 저항을 줄이기 위해 가족을 동물로 표현하도록 돕는다. 그리고 가족 구성원을 특정 동물로 표현한 이유에 대해 생각하고 인식할 수 있도록 돕는다.

'동물 가족화 만들기' 이외에도 '가족화 그리기' '가족 모빌 만들기' 등 아이의 특성에 따라 다양한 방법을 사용할 수 있다.

	활동 내용
도입 (10분)	■ 지난 시간에 이뤄졌던 활동에 대해 이야기를 나눈다. ■ 오늘의 활동 내용을 소개한다. "오늘은 우리 가족에 대해 생각해 보고, 우리 가족에 대한 나의 생각을 알아볼 거예요."
전개 (30분)	■ 활동 순서 ①자신의 가족에 대해 생각한다. "잠시 우리 가족을 생각해 보세요. 우리 가족에 대한 나의 느낌들을 생각해 본 후 우리 가족을 동물로 만든다면 어떤 동물로 만들지 생각해 보세요." ②찰흙을 탐색한 후 동물 가족을 만든다. "눈을 감고 찰흙을 만져 보세요. 찰흙을 공처럼 둥글게 만든 후 가족을 생각해 보세요. 이제 눈을 뜨고 동물 가족을 만들어 보세요. 자신이 만들고 싶은 순서대로 생각나는 가족부터 먼저 만들고, 다음으로 생각나는 사람을 만들어 보세요." ③동물들이 완성되면 동물들을 우드락이나 찰흙판 위에 자신이 놓고 싶은 위치에 배치한다. ④완성된 작품에 제목을 정하고 발표한다.
마무리 (10분)	■ 오늘의 활동에 대해 자유롭게 이야기한다. ■ 오늘의 활동을 정리한다. "오늘은 우리 가족에 대한 나의 느낌을 생각하는 시간을 가졌어요."
운영자 지침	■ 다양한 동물로 가족의 특징을 살릴 수 있도록 한다. ■ 가족 구성원 중 표현하지 않는 경우도 수용해 준다. ■ 사전에 부모가 안 계시거나 한부모 등을 조사해 상처가 되지 않도록 한다.

전 개

① 자신의 가족에 대해 생각한다.

"잠시 우리 가족을 생각해 보세요. 우리 가족에 대한 나의 느낌들을 생각해 본 후 우리 가족을 동물로 만든다면 어떤 동물로 만들지 생각해 보세요."

자신의 가족에 대해서 생각할 수 있는 충분한 시간을 제공한다.

② 찰흙을 탐색한 후 동물 가족을 만든다.

가족 간의 관계를 표현하는 것에 대한 아이의 저항을 줄이기 위해 찰흙을 가지고 놀 수 있는 충분한 시간을 제공한다. 그리고 간혹 활동을 하다보면 '가족 만들기'보다는 찰흙을 가지고 노는 것에 더 흥미를 가지는 아이가 있다. 이런 경우에는 찰흙을 가지고 놀 수 있는 시간을 충분히 제공한다. 그다음에 가족들을 동물로 표현하도록 한다. 이때 정확한 동물의 형태가 나오지 않아도 된다. 가령, 찰흙을 덩어리 채 놓고 사자라고 말하는 경우도 수용해 준다. 때로는 운영자가 아이의 심리적 개입을 촉진하기 위해 동물의 느낌이 나도록 눈 모양의 스티커를 붙여 주어도 좋다.

③ 동물들이 완성되면 동물들을 우드락이나 찰흙판 위에 자신이 놓고 싶은 위치에 배치한다.

이 활동은 가족 간의 심리적 거리감을 탐색하기 위한 것이다. 운영자는 발표단계에서 자신과 거리가 먼 동물과 거리가 가까운 동물은 누구인지 물어보고, 그 이유를 탐색해서 집단원이 가족관계를 스스로 인식할 수 있도록 격려한다.

④ 완성된 작품에 제목을 정하고 발표한다.

제목과 표현된 동물은 아이의 심리가 투사될 가능성이 높다. 그렇기 때문에 제목과 표현된 동물에 대해서 이야기할 수 있는 기회를 제공한다. 우선 완성된 작품에 제목을 정한 이유를 물어본다. 그리고 가족의 구성원을 특정 동물로 표현한 이유에 대해서도 물어본다. 예를 들어, 사자를 아빠로 표현했다면 왜 아빠가 사자 같은지를 묻는다. 제목과 동물은 아이의 심리가 투사 될 가능성이 높기 때문이다. 동물들 간의 거리도 중요한데, 자신과 거리가 먼 동물과 거리가 가까운 동물은 누구인지 물어보고, 그 이유를 탐색해서 아이가 가족관계를 스스로 인식할 수 있도록 격려한다. 표현된 가족에게 감정이 남아 있는 경우에는 그 가족에게 하고 싶은 말을 할 수 있도록 역할 연기를 시킬 수도 있다.

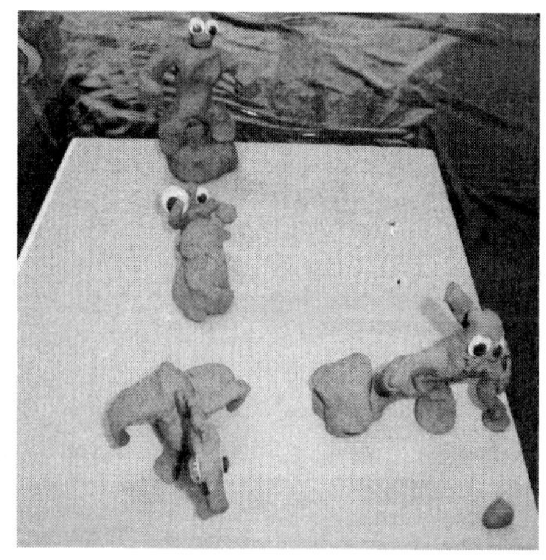

그림 6-30 위태로운 가족 (초등학교 6학년, 남)

> "아빠는 고릴라예요. 바위 위에서 누가 잘하나 살펴보고 있어요. 그리고 엄마는 원숭이예요. 아빠랑 싸워서 화가 나 가방을 가지고 나가려고 하고 있어요. 그리고 형은 코끼리예요. 그런데 형은 가족들이 화가 났는 데도 관심이 없나 봐요. 자기가 하고 싶은 것만 하면서 놀고 있어요. 저는 작은 강아지예요. 저는 아빠가 화내실까 봐 아빠 말을 잘 듣고 있어요."

이 아이는 친구들과의 사이에서 힘이 세어 보이는 친구들에게 자기주장을 못하고 학용품이나 돈을 가져다주기도 한다. 불안하여 손톱을 물어 뜯거나 간혹 눈을 깜박거리는 행동이 나타나기도 한다. 그런데 이 가족관계를 살펴보니, 아버지와 어머니가 싸우거나 자신과 형이 말을 듣지 않으면 집을 나가겠다고 습관처럼 이야기하는 어머니, 잘못한 행동을 엄하게 처벌하시는 아버지가 있었다. 엄한 아버지와 불안정한 어머니는 아이에게 자신이 말을 듣지 않으면 언제든 부모님이 자신을 야단칠 것이라는 불안이 있었던 것이다.

이 아이에게 가족 구성원에게 하고 싶은 말을 하라고 했더니, 아버지에게는 "저도 잘하고 있어요. 야단만 치고 화내지 말고 사랑해 주세요."라고 말하였고, 어머니에게는 "어머니, 우리를 버리지 마세요."라고 말하였다.

◎ 주의할 점 ◎

• 동물 이외의 다양한 형태도 가능

가족의 특징을 다양한 형태로 표현하도록 격려한다. 동물의 형태가 아닌 바위나 나무로 가족을 표현하는 아이도 있을 수 있다. 형태의 완성도보다는 아이가 가족에 대해 생각하는 것을 투사하는 것이 중요하기 때문에 다양한 형태로 만들고 싶어 하는 마음을 수용해 준다.

• 일부 가족을 생략하는 경우

간혹 가족화나 동물 가족화에 가족 구성원 중 일부를 표현하지 않는 경우도 있다. 또는 '만들고 싶은 사람만 만들어도 돼요?'라고 묻기도 한다. 이런 경우에는 만들고 싶은 사람만 만들어도 된다고 말한다. 그리고 나중에 발표할 때 그 사람을 만들지 않은 이유를 물어보고, 그 이유를 수용해 준다.

◎ 활 용 ◎

• 청소년

청소년은 찰흙으로 동물을 만들기보다 '동적 가족화'나 '가계도 그리기'를 통해 직접 가족관계를 인식하도록 도울 수 있다.

그림 6-31 **동적 가족화** (중학교 2학년, 남)

"우리 가족 모두가 달리기를 하고 있어요. 아빠, 엄마, 형, 나 이렇게 달리고 있어요."

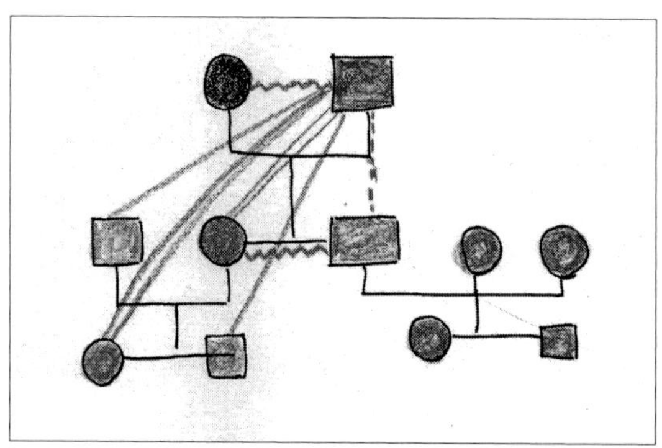

그림 6-32 **가계도 그리기** (고등학교 1학년, 남)

"엄마와 외할머니가 제일 가까워요. 아빠는 거의 못 봐요."

• 초등학교 저학년

초등학교 저학년은 가족관계를 명확하게 인식하지 못하는 경우가 종종 있다. 이런 경우에는 동물로 투사하여 표현하도록 도울 수 있다. 간혹 찰흙의 질감이나 찰흙이 손에 묻는 것이 싫어서 활동을 거부하는 아이들도 있다. 이런 경우에는 시중에 판매하는 플레이 도우를 사용하여 가족 만들기를 하여도 좋다. 또는 일회용 수저에 동물 모양이나 가족 인형을 붙여서 가족 간에 일어난 일들을 인형극을 통하여 표현하도록 할 수도 있다.

그림 6-33 인형 가족 (7세, 여)

• 한부모 가정이나 부모가 없는 아이

이 활동은 가족관계를 인식하는 활동인데, 간혹 활동에 참여한 아이 중 한부모 가정이나 부모가 없는 아이가 종종 있다. 학교에서 특별 활동으로 프로그램을 운영하는 경우에는 한부모 가정이나 부모가 없는 아이만 별도로 모아서 프로그램을 운영하는 것이 좋다.

별도로 프로그램을 운영하게 되면 자신과 같은 경험을 하고 있는 친구들을 통해 동질감과 타인의 공감을 경험할 수 있다. 또한 이들의 마음에는 가족에 대한 여러 가지 감정들이 섞여져 있는 경우가 많지만 가족에 대해서 타인과 이야기할 기회가 많지 않다. 그러므로 이 기회를 통하여 가족에 대한 자신의 감정과 생각들을 표현할 수 있도록 한다. 단, 운영자는 동정하거나 가엽게 생각하지 말아야 한다.

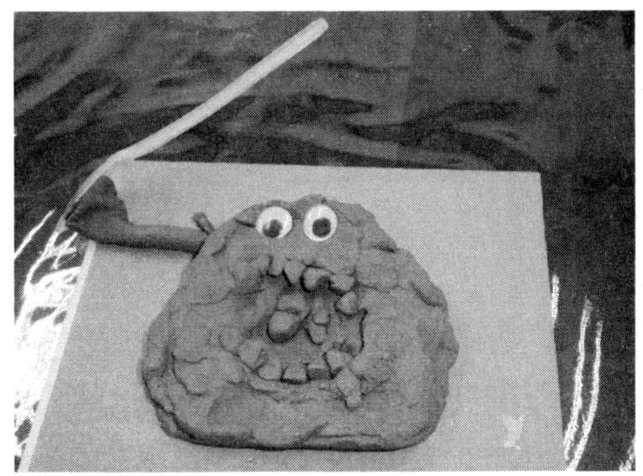

그림 6-34 가족 (초등학교 4학년, 남)

"저에게는 엄마, 아빠가 없어요. 할머니하고만 살아요. 이 커다란 상어는 저예요. 그리고 상어 입 안에 있는 것은 작은 물고기예요. 상어가 작은 물고기를 잡아먹고 있어요. 작은 물고기가 새끼 물고기를 버리고 도망갔거든요."

[그림 6-34]는 이혼 가정 아이의 작품으로, 활동을 하면서 자신을 버리고 간 어머니에 대해서 속상한 마음을 표현하였다.

사 례

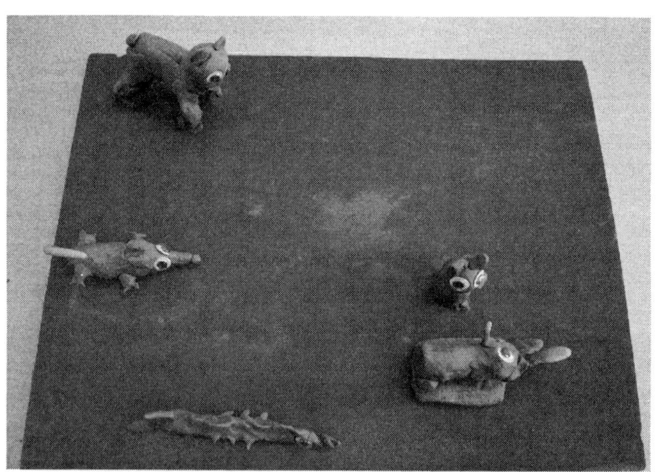

그림 6-35 **희생하는 우리 가족** (초등학교 4학년, 남)

"저는 쥐새끼예요. 저는 소리 없이 왔다가 살금살금 사라지거든요. 그리고 쥐는 더럽잖아요. 그리고 엄마는 토끼에게 지금 막내 동생 토끼가 아파서 누워있고 엄마 토끼가 간호를 해 주고 있어요. 형은 곰이에요. 우리 집에서 가장 미련하거든요. 저랑 형 곰은 멀리서 엄마가 동생을 간호하는 것을 바라보고 있어요. 아빠는 가시고기에요. 오늘도 힘들게 우리들을 위해서 돈을 벌어왔어요."

이 아이는 학교에서 친구들에게 으스대는 행동을 해서 담임 선생님의 부탁으로 상담 선생님에게 상담을 받게 되었다. 한 번은 자신의 반 친구와 다른 반 친구 간에 다툼이 났는데, 이 아이가 그것을 지켜보다가 갑자기 교실에서 연필깎이 칼을 가져와서 다른 반 친구를 위협하였다.

이 아이의 가족은 5명으로 막내 여동생에게 장애가 있다. 그래서 항상 어머니가 막내 여동생을 돌보았다. 이 아이가 조금이라도 말썽을 부리면 "너마저 엄마를 힘들게 하니?"라고 말하며 그런 아이 때문에 힘들다는 이야기를 자주 하였다. 이 아이도 어머니에게 관심을 받고 싶었지만 장애가 있는 동생 때문에 어머니의 관심을 받을 수가 없었다. 그래서 관심받고 싶은 마음이 친구들에게 향하였고, 친구들에게 멋진 모습을 보이기 위해서 으스댔던 것이다.

8회기
가족과 함께하면 즐거워요

✲ 구성 영역 타인수용

✲ 세부 영역 가족관계 이해 및 수용

✲ 목표 가족과의 즐거웠던 경험 탐색하기

✲ 준비물 색도화지, 색연필, 사인펜 등 그리기 재료

✲ 활동 안내 8회기는 가족과의 즐거운 경험을 통해 가족에게 사랑과 수용받았던 경험을 다시 느끼도록 하는 것이 목표다. 현재 가족과의 관계가 부정적이고 가족 구성원에게 부정적인 감정을 가지고 있다고 하더라도 그 마음 안에는 가족에 대한 긍정적 감정들이 있다. 이 활동은 내 안에 있는 가족의 긍정적 감정들을 인식하기 위해 가족과의 여러 가지 경험 중 즐거웠던 일들을 충분히 회상하도록 한다. 그런 후에 즐거웠던 경험들을 선택해서 가족 앨범을 만들어 그 경험을 다른 아이들과 공유하도록 한다.

활동 내용	
도입 (10분)	■ 지난 시간에 이뤄졌던 활동에 대해 이야기를 나눈다. ■ 오늘의 활동 내용을 소개한다. "이번 시간에는 우리 가족과의 즐거운 경험을 회상한 후 가족 앨범을 만들 거예요."
개발 (30분)	■ 활동 순서 ① 가족과 즐거웠던 경험을 생각한다. "가족을 생각해 봐요. 가족과 함께할 때의 기분 좋고 즐거웠던 일들을 생각해 보세요. 언제, 어디서, 어떤 모습일 때인가요?" ② 가족 안에서 즐거웠던 경험을 앨범으로 만든다. "생각났던 즐거운 일들을 선택해서 가족 앨범을 만들어 보세요." ③ 앨범의 제목을 정하고 발표한다.
마무리 (10분)	■ 오늘의 활동에 대해 자유롭게 이야기한다. ■ 오늘의 활동을 정리한다. "오늘은 가족과 즐거운 일들을 통해 가족의 소중함과 가족 안의 나의 모습을 생각해 보는 시간을 가졌어요."
운영자 지침	■ 아이가 생각을 못할 경우, 가족과 즐거웠을 만한 경험을 구체적으로 제시한다.

전 개

① 가족과 즐거웠던 경험을 생각한다.

"가족을 생각해 보세요. 가족과 함께할 때의 기분 좋고, 즐거웠던 일들을 생각해 보세요. 언제, 어디서, 어떤 모습일 때인가요?"

즐거웠던 경험을 생각할 수 있도록 충분한 시간을 준다. 어린아이가 회상을 잘하지 못할 때는 '놀이동산에서 가족과 놀았던 경험' '가족끼리 소풍을 갔던 일' '가족끼리 여행 갔던 일' '가족 생일 파티' 등과 같이 구체적인 상황을 예로 제시한다.

② 가족 안에서 즐거웠던 경험을 앨범으로 만든다.

가족 안에서의 즐거웠던 경험들을 그림으로 그리고, 그때의 사건들을 기술하도록 돕는다. 즐거웠던 경험이 없다고 하는 아이는 운영자가 어린 시절부터 하나씩 탐색할 수 있도록 돕는다. 가령 '미나의 생일에는 무엇을 했나요?' '가족끼리 놀이동산에 갔던 적은 없었나요?' '엄마가 만들어 주신 것 중 가장 맛있는 것은 무엇인가요?' 등과 같이 아이가 즐거웠을 만한 경험들을 구체적으로 제시한다. 그림 그리는 것을 부담스러워하는 아이는 글로 표현하도록 돕는다.

유아나 초등학교 저학년은 앨범을 만드는 것에 많은 시간이 소비될 수 있기 때문에 앨범의 형태를 운영자가 미리 준비해 간다.

③ 앨범의 제목을 정하고 발표한다.

운영자는 아이가 즐거웠던 경험들을 발표할 때, 다른 아이들도 동일한 경험이 있었는지를 물어서 다른 아이들로부터 공감과 수용받는 느낌을 받을 수 있도록 한다. 또한 운영자가 '정말 좋았겠구나.' '정말 즐거웠겠구나.'라고 말해 충분히 공감해 준다.

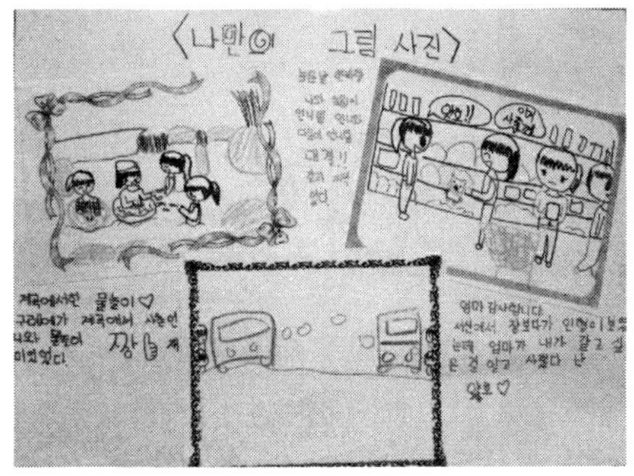

그림 6-36 가족과 즐거웠던 경험 (초등학생들)

◎ 주의할 점 ◎

• 즐거운 경험이 없었다고 하는 경우

가족과 즐거운 경험이 없었다고 이야기하는 아이가 종종 있다. 이런 경우에는 운영자가 즐거운 경험을 생각할 수 있도록 촉진하지만 그래도 없다고 이야기하는 경우에는 이를 받아들인다. 그러고 난 후 가족을 연상시키는 것들을 그리도록 한다.

• 한부모 가정인 경우

7회기와 8회기는 가족에 대한 탐색이다. 한부모 가정의 아이는 이 회기를 친구관계를 탐색하는 회기 다음으로 실시해도 좋다. 또는 한부모 가정 아이들끼리 집단을 구성해 아이들 간의 결속력과 공감을 촉진할 수도 있다.

◎ 활 용 ◎

4~7세의 아이는 가족 앨범을 만드는 것이 다소 힘들 수도 있다. 이런 경우에는 가족과 즐거웠던 경험을 [그림 6-37]처럼 자유 그림으로 표현하도록 한다.

그림 6-37 가족과 놀이공원 가는 길 (5세, 여)

"엄마, 아빠, 오빠, 나 이렇게 우리 가족 4개가 놀이공원에 가요. 파란 깃발을 꽂고 열심히 가요. 그런데 경찰차가 우리를 데려다 줘요."

9회기
친구와 나는요

✲ 구성 영역 타인수용

✲ 세부 영역 또래관계 이해 및 수용

✲ 목표
- 나와 친구의 관계를 인식하기
- 타인 인식을 통해 관계를 확장시키고 수용하기

✲ 준비물 도화지, 다양한 그리기 재료

✲ 활동 안내 9회기는 아이가 친구와의 관계에서 자신의 위치와 타인을 어떻게 인식하는가를 알아보고, 이를 수용하는 것이 목표다.

청소년에게는 친구관계가 부모나 교사와의 관계 만큼이나 중요한 영향을 미친다. 또래와의 소속감을 통해 자신의 존재를 인정받고 성취감을 느끼기도 한다.

건강한 또래관계는 아이의 자존감을 향상시키지만 또래관계에서 소외감을 느끼거나 자기주장이 안 되는 경우에는 자존감 향상에 해가 된다. 친구가 많거나 적은 것에 초점을 두거나 친구와 사이가 나쁜 것에 초점을 두기보다 현재 자신의 또래관계를 아는 것이 더 중요하다. 이를 위해 친구와의 관계도를 만들어 보고, 그 관계를 탐색한다.

<table>
<tr><th colspan="2">활동 내용</th></tr>
<tr><td>도입
(10분)</td><td>■ 지난 시간에 이뤄졌던 활동에 대해 이야기를 나눈다.
■ 오늘의 활동 내용을 소개한다.
“오늘은 나와 친구의 관계에 대해서 생각해 보는 시간을 가질 거예요. 나에게 어떤 친구가 있는지, 그 친구와 나는 어떤 관계인지를 생각해 보세요.”</td></tr>
<tr><td>전개
(30분)</td><td>■ 활동 순서
① 나와 친구의 관계를 생각한다.
“나의 친구들을 생각해 보세요. 그 친구와 나는 어떤 관계인가요? 나와 그 친구 사이에 어떤 일이 있었나요? 그 친구를 생각하면 어떤 기분이 드나요? 이처럼 나와 친구들에 대해서 잠시 생각해 보세요.”
② 나와 친구들과의 관계도를 그린다.
“나와 내 주변의 친구들을 남자는 네모, 여자는 동그라미로 표현해 보세요. 그리고 나와 관계가 많은 친구는 네모나 동그라미의 크기를 크게, 관계가 적은 친구는 작게 그려 보세요. 그리고 그 친구를 생각하면 드는 기분에 따라서 동그라미와 네모 안에 색깔을 칠하세요.”
③ 완성된 작품에 제목을 정하고 발표한다.</td></tr>
<tr><td>마무리
(10분)</td><td>■ 오늘의 활동에 대해 자유롭게 이야기한다.
■ 오늘의 활동을 정리한다.</td></tr>
<tr><td>운영자
지침</td><td>■ 친구와의 관계를 충분히 생각할 수 있도록 시간을 준다.</td></tr>
</table>

전 개

① 나와 친구의 관계를 생각한다.

"나의 친구들을 생각해 보세요. 그 친구와 나는 어떤 관계인가요? 나와 그 친구사이에 어떤 일이 있었나요? 그 친구를 생각하면 어떤 기분이 드나요? 이처럼 나와 친구들에 대해서 잠시 생각해 보세요."

아이에게 친구와의 관계를 충분히 생각할 수 있도록 시간을 준다. 간혹 '난 친구가 없어요.'라고 말하는 아이가 종종 있다. 이런 경우에는 현재 뿐 아니라 과거의 친구와의 관계를 탐색하게 한다.

② 나와 친구들과의 관계도를 그린다.

친구와의 관계를 충분히 생각해 본 다음에 관계도를 그리도록 한다. 남자는 네모, 여자는 동그라미로 그리게 하고, 나와 관계가 많은 친구는 네모나 동그라미의 크기를 크게, 관계가 적은 친구는 작게 그리도록 한다.

그다음 각 친구들을 생각하면 느껴지는 기분을 색으로 표현하게 한다. 표현하는 색깔은 그 친구에 대한 감정을 표시하는 것으로, 어린아이는 다소 어려울 수도 있다. 이런 경우에는 긍정적인 기분을 표시하는 색과 부정적인 기분을 표시하는 색을 두 개 정도로 정해 표현하도록 돕는다.

그림 6-38 **친구 관계도 (초등학교 3학년, 남)**

③ 완성된 작품에 제목을 정하고 발표한다.

완성된 작품에 제목을 정하도록 한 후 그와 같은 제목을 정한 이유를 물어본다. 그리고 그 친구와 어떤 일들이 있었는지, 그때 기분은 어땠는지 등을 중점적으로 발표하도록 한다. 이때 운영자는 '친구와 친하게 지내는 것이 좋아요.' '그 친구들이 사과하면 더 좋은 관계를 가질 수 있을 거예요.' 등과 같은 평가적인 반응이나 충고는 자제하도록 한다.

◎ 주의할 점 ◎

• 친구의 수를 의식하는 경우

아이들에게는 간혹 친구의 수가 중요하게 다가오기도 한다. 이런 경우 운영자는 친구가 많고 적은 것이 중요하기보다는 진실한 친구관계가 더 중요함을 알려준다.

• 발표 시 평가나 충고 금하기

아이가 완성된 작품을 발표할 때 운영자는 '친구와 친하게 지내는 것이 좋아요.' '그 친구에게 사과를 하면 더 좋은 관계를 가질 수 있을 거예요.'와 같이 평가적인 반응이나 충고를 하지 않도록 주의하며, 아이가 발표하는 대로 수용해 준다.

◎ 활 용 ◎

• 미취학 아동

미취학 아동은 네모와 동그라미로 친구를 표현하는 것이 다소 상징적이라서 어려울 수 있다. 이런 경우에는 남자와 여자 얼굴이 그려져 있는 캐릭터를 주거나 [그림 6-39]처럼 신체 본뜨기 자료를 준비해서 오려 사용하도록 한다. 그리고 친구에게 느껴지는 감정을 색깔로 표현하도록 하는 것이 다소 어려운 경우에는 좋아하는 친구와 싫어하는 친구를 구별해서 도화지에 붙이도록 한다.

그림 6-39 나의 친구들 (7세, 남)

• 초등학교 저학년

초등학교 저학년 중 이해력이 부족한 아이는 네모와 동그라미로 친구를 표현하는 것이 다소 상징적이어서 어려울 수 있다. 이런 경우에는 남자와 여자 얼굴이 그려져 있는 다양한 캐릭터를 주고 자신의 친구가 연상되는 캐릭터를 찾아 붙이게 한다. 그 다음에 그 친구의 특징과 그 친구와 자신의 관계에 대해서 쓰도록 한다.

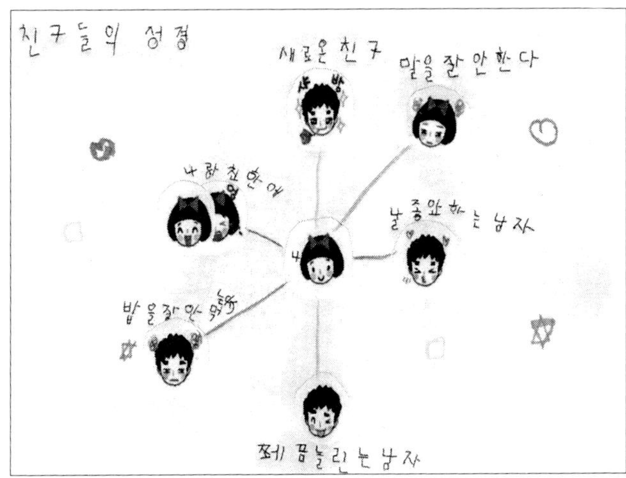

그림 6-40 친구와의 관계 (초등학교 2학년, 여)

"가운데에 웃고 있는 아이가 나예요. 내 옆에 그는 나와 친한 여자 친구가 있어요.

그 아이는 잘 웃기도 하지만 가끔 잘 울어요. 그리고 날 좋아하는 남자 친구가 있는데, 그 아이는 정말 멋져요. 그리고 새로 전학 온 아이도 멋있게 생겼어요. 하지만 밥을 잘 안 먹고 매일 화만내는 범수는 싫어요. 범수가 매일 화를 내서 선생님도 같이 화를 내세요. 그리고 나를 조금 놀리는 남자 친구도 있는데, 그 아이도 싫어요. 자꾸 저를 놀려서 울게 만들어요."

• 중 · 고등학생 이상

중 · 고등학생 이상의 대상은 친구에 대한 깊이 있는 탐색을 위하여 '친구 수레바퀴'라는 활동을 활용할 수 있다. 다음은 '친구 수레바퀴'라는 활동 방법이다.

① 가운데에 자신을 그린다.
② 자신에게 영향을 준 친구들을 동그라미와 네모로 그린다.
③ 동그라미와 네모 옆에 그 친구를 생각하면 떠오르는 형용사나 명사를 적는다.
④ 완성된 작품에 제목을 정한다.

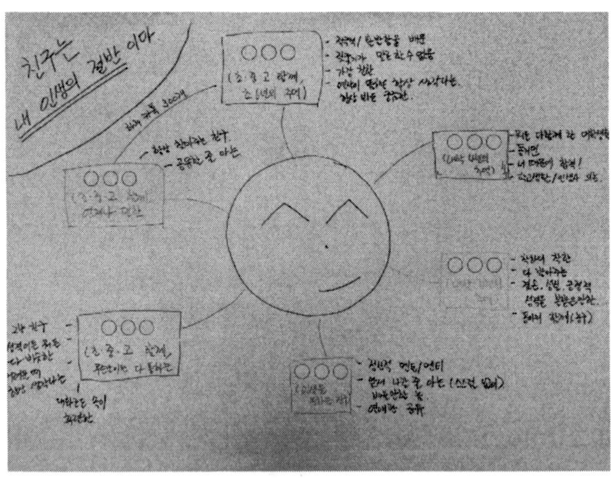

그림 6-41 친구는 인생의 절반입니다 (초등학교 교사, 남)

사 례

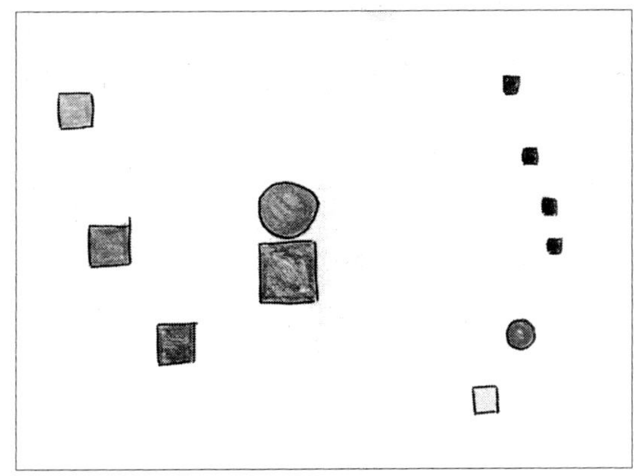

그림 6-42 **나의 친구** (고등학교 2학년, 남)

"저는 가운데 보라색 네모예요. 저는 성격이 다양하기 때문에 보라색으로 표현했어요. 그리고 옆에 빨간색 동그라미는 여자 친구예요. 이 친구는 저를 아주 즐겁게 해 줘요. 하지만 한번 화가 나면 며칠씩 화를 풀지 않아요. 그래서 좋기도 하지만 너무 부담스럽기도 해요. 여기 있는 파란색과 초록색 네모는 지금 반 남자 친구들이에요. 그렇게 친하지 않아요. 그리고 저기 있는 까만색 네모들은 1학년 때 저를 괴롭혔던 친구들이에요. 지금은 만나지 않지만 아직도 그 아이들을 생각하면 기분이 좋지 않아요."

[그림 6-42]을 그린 학생은 부정적인 친구 관계로 인해 친구들에 대한 부정적 이미지가 생겼고, 그것으로 인해 현재 친구와의 관계에서도 친밀감이나 소속감을 느끼지 못하고 있다.

이 학생은 고등학교 1학년 때 다른 지방에서 전학을 왔다는 이유로 몇 명의 반 친구들에게 괴롭힘을 경험했다. 담임 선생님의 노력으로 그 친구들과 화해를 하였지만 여전히 그 친구들을 두려워하였다. 그 때문인지 2학년에 올라와서도 반 친구들과 잘 어울리지 못하고, 인터넷으로 만난 여자 친구와만 관계를 유지하고 있다. 친구관계를 탐색하는 활동에서 아이는 "저는 아직도 그 친구들이 무서워요. 그 친구들을 용서할 수가 없어요."라고 말하였다. 그 친구들이 앞에 있다면 어떻게 하고 싶은지 묻는 교사의 질문에 "그때 그 일을 사과해. 너희는 나에게 미안한 마음을 가져야 해. 너희는 장난이었다고 말하지만 그때 나는 너희 때문에 정말 힘들었어."라고 말하였다. 그리고 그때의 경험이 지금의 친구관계에 어떤 영향을 주고 있는지 묻자 "지금의 친구들은 저에게 잘해 줘요. 하지만 저는 그 친구들을 믿을 수가 없어요."라고 대답을 하였다.

10회기
친구와 함께하면 즐거워요

✲ **구성 영역** 타인수용

✲ **세부 영역** 또래관계 이해 및 수용

✲ **목표** 친구와 즐거웠던 경험 탐색하기

✲ **준비물** 색도화지, 다양한 그리기 재료

✲ **활동 안내** 10회기는 친구와의 즐거운 경험을 통해 친구로부터 수용감을 느끼도록 하는 것이 목표다. 가족과 즐거운 경험을 탐색하는 활동과 마찬가지로 아이의 마음에서 친구에 대한 부정적 감정뿐 아니라 긍정적 감정도 자리하고 있다. 타인에 대한 긍정적 이미지를 형성하기 위해 친구와의 여러 경험 중에서 즐거웠던 경험들을 충분히 회상하도록 도와준다.

친구와의 즐거웠던 경험 중 몇 개를 선택해서 앨범으로 만들어 보고, 집단원들과 그 경험을 공유하도록 한다.

	활동 내용
도입 (10분)	■ 지난 시간에 이뤄졌던 활동에 대해 이야기를 나눈다. ■ 오늘의 활동 내용을 소개한다. "오늘은 친구들과 즐거웠던 경험을 앨범으로 만들어 볼 거예요."
전개 (30분)	■ 활동 순서 ① 친구와 즐거웠던 경험을 생각한다. "친구들을 생각해 보세요. 친구들과 함께할 때의 기분 좋고, 즐거웠던 일들을 생각해 보세요. 언제, 어디서, 어떤 모습일 때인가요? 잠시 생각해 보세요." ② 친구들과 즐거웠던 경험을 앨범으로 만든다. "생각났던 즐거운 일들을 선택해서 친구들과의 앨범을 만들어 보세요." ③ 앨범의 제목을 정하고 발표한다.
마무리 (10분)	■ 오늘의 활동에 대해 자유롭게 이야기한다. ■ 오늘의 활동을 정리한다. "오늘은 친구들과의 즐거웠던 경험을 앨범으로 만들면서 나와 친구들에 대한 느낌을 이야기하고, 친구의 소중함도 알게 되었어요."
운영자 지침	■ 아이가 생각을 못할 경우, 친구들과 즐거웠을 만한 경험들을 구체적으로 제시한다.

전 개

① 친구와 즐거웠던 경험을 생각한다.

"친구들을 생각해 보세요. 친구들과 함께할 때의 기분 좋고, 즐거웠던 일들을 생각해 보세요. 언제, 어디서, 어떤 모습일 때인가요? 잠시 생각해 보세요."

즐거웠던 경험을 생각할 수 있도록 충분한 시간을 준다. 어린아이들은 즐거웠던 경험을 회상하지 못할 때도 있다. 이때는 운영자가 '친구와 놀이터에서 놀았던 경험' '소풍갔던 일' '친구 생일 파티에 초대받았던 일' 등과 같이 구체적인 상황을 예로 제시한다.

② 친구들과 즐거웠던 경험을 앨범으로 만든다.

친구와의 즐거웠던 경험들을 그림으로 그리고, 그때의 사건을 글로 쓰도록 한 방법은 가족과의 즐거웠던 경험을 앨범으로 만들었던 8회기와 비슷하다. 아이가 즐거웠을 만한 일들을 구체적으로 제시한다. 그림 그리는 것을 부담스러워 하는 아이는 글로 표현해도 좋다.

초등학교 저학년은 앨범을 만드는 것에 많은 시간이 소비될 수 있기 때문에 운영자가 미리 앨범의 형태를 준비하도록 한다.

그림 6-43 친구와 즐거웠던 경험 (초등학교 4학년, 여)

"초등학교 1학년 때 선아를 처음 만났어요. 그때 선아와 운동장에서 미끄럼틀을 탔어요. 선아는 미끄럼틀 아래에서 저를 쳐다보며 웃었어요. 지금도 선아와 가장 친해요. 선아는 저의 마음을 가장 잘 아는 친구예요."

그림 6-44 아이스크림 먹기 (초등학교 5학년, 남)

"저는 현재 친한 친구가 없어요. 그래서 3학년 때 친구들과 함께 아이스크림을 먹던 것을 그렸어요. 그때 정말 기분이 좋았어요."

③ 앨범의 제목을 정하고 발표한다.

한 아이가 즐거웠던 경험들을 발표할 때, 운영자는 다른 아이들에게 동일한 경험이 있었는지를 물어서 다른 아이들의 공감을 유도한다. 또한 운영자가 '정말 좋았겠구나.' '정말 즐거웠겠구나.'라고 말해 충분히 공감해 준다.

◎ 활 용 ◎

미취학 아동 중 앨범 만들기를 다소 어려워하는 경우에는 즐거웠던 경험을 다른 재료에 그리거나([그림 6-45] 참조), 여러 개의 그림을 그리면 운영자가 직접 모아서 앨범으로 만들어 주는 것도 좋다.

그림 6-45 **친구와 놀이터에 가는 길** (5세, 남, 재료: 타일)

"친구와 놀이터에 가요. 제 친구는 남자고요. 힘도 세요. 그네도 타고, 미끄럼도 탔어요."

11회기
친구와 같이 놀아요

✲ 구성 영역　유능감 및 성취감

✲ 세부 영역　협동 및 문제해결

✲ 목표　친구와 함께하는 놀이를 통해 협동심과 문제해결력 키우기

✲ 준비물　신문지, 테이프, 바구니, 도화지, 물감 등

✲ 활동 안내　11~15회기는 유능감과 성취감을 느끼기 위한 회기들로 협동심과 문제해결력이 요구된다. 즉, 다른 아이들과 협동 활동을 하면서 스스로에 대한 유능감과 성취감을 느낄 수 있다.

이들 회기에서는 문제해결이 중요한데, 운영자는 완성된 작품의 수준을 평가하기보다 함께 문제를 해결해 가는 아이의 태도를 격려한다. 또한 주제를 정하고 함께 작품을 만드는 동안에 아이들이 소외감을 느끼지 않도록 모든 아이들이 역할을 나눌 수 있도록 돕는다. 간혹 아이들끼리 의견 합의를 하지 못해 갈등이 발생하는 경우에는 운영자가 문제해결 전략을 사용해 직접 개입한다.

자기주장만 하는 아이나 자기주장을 못하는 아이가 있는 경우에도 운영자가 개입해서 조정해 줄 필요가 있다. 그래서 각 아이들에게 "민영아, 넌 무엇을 하고 싶니?" "진수는 무엇을 하고 싶니?"와 같이 묻고, 의견이 다른 경우에는 "그래, 너희가 하고 싶은 것을 다 하면 좋지만 그중에서 하나를 만들어야 하는데 어떻게 하면 좋을까?"라고 물어서 아이들끼리 조정할 수 있도록 돕는다.

<table>
<tr><th colspan="2">활동 내용</th></tr>
<tr><td>도입
(10분)</td><td>■ 지난 시간에 이뤄졌던 활동에 대해 이야기를 나눈다.
■ 오늘의 활동 내용을 소개한다.
“오늘은 신문지를 가지고 친구들과 여러 가지 활동을 해 볼 거예요.”</td></tr>
<tr><td>전개
(30분)</td><td>■ 활동 순서
① 신문지로 자유롭게 여러 가지 활동을 한다.
“자, 이제 각자 여기 있는 신문지를 찢어 볼까요? 신문지를 찢어 보고, 뚫어 보고, 뿌려 보고, 뭉쳐서 던져 보는 놀이를 할 거예요.”
② 바닥에 흩어진 신문지를 뭉쳐서 공을 만든다.
“자, 이제 찢어진 신문지를 뭉쳐서 공을 만들 거예요.”
③ 신문지 공을 가지고 축구나 농구, 던지기 등 다양한 게임을 한다.</td></tr>
<tr><td>마무리
(10분)</td><td>■ 오늘의 활동에 대해 자유롭게 이야기한다.
■ 오늘의 활동을 정리한다.</td></tr>
<tr><td>운영자
지침</td><td>■ 과도한 감정 표현으로 인해 과격한 행동이 나오지 않도록 한계를 설정한다.</td></tr>
</table>

전 개

① 신문지로 자유롭게 여러 가지 활동을 한다.

아이들에게 신문지를 주고 찢기, 머리 위로 뿌리기, 발로 밟거나 차기, 손으로 펀칭하기, 손날 격파하기 등 다양한 활동을 할 수 있도록 유도한다. 이때 신문지는 충분히 준비하는 것이 좋다. 또는 다음 그림처럼 신문지를 뭉친 다음 물감에 묻혀 도화지에 찍어 보는 활동을 해도 좋다.

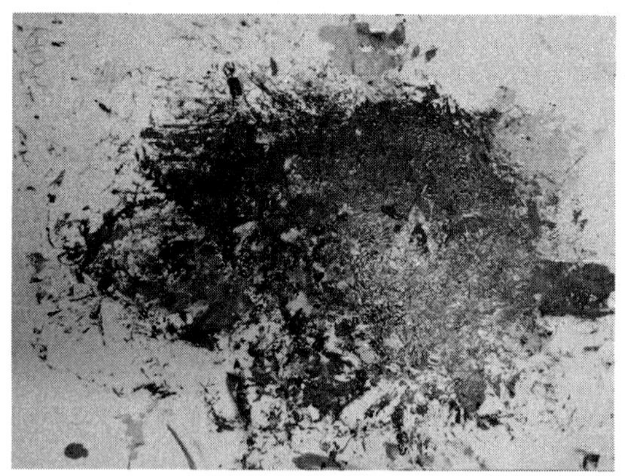

그림 6-46 신문지로 물감 찍기 (6세, 여)

② 바닥에 흩어진 신문지를 뭉쳐서 공을 만든다.

바닥에 흩어진 신문지를 뭉쳐서 테이프로 묶어 공을 만든다. 공의 크기나 형태는 아이가 결정한다. 아이들 중에는 신문지로 방망이를 만드는 경우도 있다. 이런 경우에는 공을 만든 아이들과 함께 야구 게임을 진행해도 좋다.

③ 신문지 공을 가지고 축구나 농구, 던지기 등 다양한 게임을 한다.

뭉쳐진 공을 가지고 축구나 농구와 같은 게임을 두 편으로 나누어 진행한다. 어린 아이는 '바구니 안에 신문지 공 먼저 넣기' '신문지 공 전달하기'와 같은 활동을 한다. 나이가 많은 아이는 편을 나누어 집단 게임을 진행해도 좋다. 이때 지나치게 경쟁심이 유발되어 공격적인 행동이 나오지 않도록 유의한다.

또한 활동 마지막 단계에서는 고조된 감정을 조절하기 위해서 '눈 감고 숨 크게 쉬기'와 같은 이완활동을 반드시 실시하도록 한다.

◎ 주의할 점 ◎

• **팀별 놀이 시 지나치게 경쟁을 할 경우**

신문지로 팀별 놀이를 하다 보면 경쟁심이 지나치게 유발되어 공격적인 행동을 하는 아이가 종종 있다. 이 경우 공격적인 행동은 안 된다는 한계를 다시금 제시하고, 이 활동은 이기고 지는 승부보다 친구들과 함께 즐겁게 노는 것이 더 중요한 목표임을 인식시킨다.

◎ 활 용 ◎

6~7세의 아이는 주도성의 욕구가 강해 서로 협력하는 것을 거부할 수도 있다. 이때는 협력하는 것을 강요하기보다 개별 활동으로 진행한 후 서로의 작품을 한 곳에 모으는 방법이 좋다.

예를 들어, 13회기의 '협동화 꾸미기'는 공동 전지를 사용하기보다 개별 도화지를 사용해 그림을 그린 후 모아서 하나의 협동화로 만들도록 한다.

11회기에서는 신문지를 찢어 보고, 뚫어 보고, 뿌리는 등의 활동을 한 후 찢어진 신문을 공으로 만들어 축구나 농구 등의 다양한 게임으로 활용한다.

12회기
높이 높이 쌓아요

✲ 구성 영역 유능감 및 성취감

✲ 세부 영역 협동 및 문제해결

✲ 목표
- 협동 활동을 통해 집단원에 대한 신뢰감 형성하기
- 협동 활동을 통해 문제해결력 키우기
- 협동 활동을 통해 또래와의 소속감 키우기

✲ 준비물 우드락 또는 나무판, 찰흙, 여러 가지 꾸미기 재료(나뭇가지, 풀, 종이 상자 등)

✲ 활동 안내 12회기는 유능감과 성취감을 느끼기 위한 회기로, 다른 아이들과의 협동 작업을 통해 신뢰감을 형성하고 문제해결력을 키우는 것이 목표다. 이를 위해 찰흙으로 함께 마을을 구상하고 꾸미는 활동을 한다. 운영자는 함께 문제를 해결해 가는 아이들의 태도를 지속적으로 격려한다. 또한 필요한 경우 운영자가 문제해결 전략을 사용해 아이들끼리 조정할 수 있도록 돕는다.

<table>
<tr><th colspan="2">활동 내용</th></tr>
<tr><td>도입
(10분)</td><td>■ 지난 시간에 이뤄졌던 활동에 대해 이야기를 나눈다.
■ 오늘의 활동 내용을 소개한다.
"오늘은 친구들과 함께 찰흙 탑을 만들고 그 주변 마을을 꾸밀거예요. 서로 어떤 마을을 만들 것인지 의논한 후 협동해서 멋진 마을을 꾸며 보세요."</td></tr>
<tr><td>전개
(30분)</td><td>■ 활동 순서
① 준비된 재료를 가지고 함께 만들 마을에 대해 이야기한다. (조별 활동)
"친구들과 함께 마을을 만들기 위해 서로 이야기를 나눠 보세요. 어떤 마을을 만들 것인지 친구들의 의견도 들어보고, 나의 의견도 말하면서 함께 상의해 보세요."
② 구상이 끝나면 찰흙으로 탑을 높게 쌓는다.
③ 완성된 탑 주위로 마을을 꾸민다.
④ 완성된 작품에 제목을 정하고 리더를 정해 발표한다.</td></tr>
<tr><td>마무리
(10분)</td><td>■ 오늘의 활동에 대해 자유롭게 이야기한다.
■ 오늘의 활동을 정리한다.
"오늘은 친구들과 함께 찰흙으로 탑을 만들고, 그 주변 마을을 꾸며 보았어요. 친구와 함께 의견을 나누고 작품을 만들면서 서로에 대한 믿음과 신뢰를 경험할 수 있는 시간이었어요."</td></tr>
<tr><td>운영자
지침</td><td>■ 아이들끼리 서로 협력할 수 있도록 돕고, 소외되는 아이가 있으면 구체적인 역할을 준다.</td></tr>
</table>

전 개

① 준비된 재료를 가지고 함께 만들 마을에 대해 이야기한다.

"친구들과 함께 마을을 만들기 위해 서로 이야기를 나눠 보세요. 어떤 마을을 만들 것인지 친구들의 의견도 들어보고, 나의 의견도 말하면서 함께 상의해 보세요."

아이들이 서로 자신의 이야기를 할 수 있는 시간을 충분히 준다. 간혹 아이들끼리 의견을 조정하지 못하는 경우에는 서로 의견을 조정할 수 있는 방법을 운영자가 개입해 보여줌으로써 모델링을 보여 준다.

② 구상이 끝나면 찰흙으로 탑을 높게 쌓는다.

"친구들과 만들 마을을 서로 이야기하였으면 이제 친구들과 찰흙으로 탑을 만들어서 높게 쌓아요."

아이들이 서로 찰흙으로 탑을 쌓도록 충분한 시간을 준다. 이때 찰흙을 충분히 준비하여 아이들이 재료로 인해 좌절하지 않도록 주의한다.

그림 6-47 탑 동네 (초등학교 4학년들)

③ 완성된 탑 주위로 마을을 꾸민다.

찰흙 탑 주변을 구성할 종이 상자, 나무토막, 돌, 나뭇가지, 고무 찰흙 등 다양한 재료를 제시한다. 어린아이는 입체적으로 마을을 꾸미는 것이 어려울 수 있다. 이런 경우에는 2차원 그림으로 마을을 표현하도록 한다.

④ 완성된 작품에 제목을 정하고 리더를 정해 발표한다.

"자, 작품이 완성했으면 작품의 제목을 정하세요. 그리고 조장이 친구들과 만든 작품을 이야기해 주세요."

작품의 제목을 정하거나 조장을 정하는 것은 다른 사람의 의견과 자신의 의견을 모두 고려해야 하는 문제해결력이 필요하다. 운영자는 문제해결이 될 수 있도록 적절히 개입한다.

그림 6-48 살고 싶은 마을 (초등학교 4학년들)

"우리가 살고 싶은 마을은 성이 있는 마을인데, 풍차도 있고 꽃동산도 있는 아름답고 평화로운 마을이에요. 식탁에 음식이 많아서 마을 사람들과 함께 나눠 먹어요."

13회기
함께 그려요

✲ 구성 영역 유능감 및 성취감

✲ 세부 영역 협동 및 문제해결

✲ 목표
- 협동 활동을 통해 집단원에 대한 신뢰감 형성하기
- 협동 활동을 통해 문제해결력 키우기
- 협동 활동을 통해 또래와의 소속감 키우기

✲ 준비물 전지, 다양한 그리기 재료, 색종이, 잡지, 가위, 풀 등

✲ 활동 안내 13회기도 유능감과 성취감을 느끼기 위한 회기로, 아이들과의 협동 작업을 통해 신뢰감을 형성하고 문제해결력을 키우는 것이 목표다. 이번 회기에서는 2~3명씩 조를 만들어 자유롭게 협동화를 구상하여 작업하도록 한다. 운영자는 함께 문제를 해결해 가는 아이들의 태도를 지속적으로 격려한다.

이 활동은 작품의 수준이나 완성도보다는 문제를 해결하는 방식이 중요하다. 따라서 운영자는 완성된 작품의 수준을 평가하기보다 함께 문제를 해결해 가는 아이들의 태도를 격려한다. 또한 주제를 정하고 함께 작품을 만드는 동안에 한 아이라도 소외를 느끼지 않도록 모든 아이들이 역할을 나눌 수 있게 돕는다.

활동 내용	
도입 (10분)	■ 지난 시간에 이뤄졌던 활동에 대해 이야기를 나눈다. ■ 오늘의 활동 내용을 소개한다. "오늘은 친구들과 함께 협동화를 만들어 볼 거예요. 친구들과 협동해서 멋진 협동화를 만들어 보세요."
전개 (30분)	■ 활동 순서 ① 조별로 협동화를 꾸미기 위해 친구들과 함께 상의한다. "어떤 협동화를 만들지 친구들과 이야기해 보세요." ② 여러 가지 재료를 이용해 작품을 만든다. ③ 협동화의 제목을 정하고 조별로 발표한다. "오늘 함께 만든 작품에 어떤 제목을 붙이면 좋을지 친구들과 의논해 보세요."
마무리 (10분)	■ 아이들 간에 오늘의 활동에 대해 자유롭게 이야기한다. ■ 활동을 하는 동안 느낀 점이나 완성품에 대해 자유롭게 이야기하도록 한다. "자, 오늘의 활동에 대해서 이야기해 보세요. 그리고 활동을 하는 동안이나 완성한 후에 어떤 생각이 들었는지 이야기해 보세요."
운영자 지침	■ 협동 활동을 어려워하는 아이는 각자의 종이에 그림을 그린 후 서로 합쳐서 협동화로 완성하도록 활동을 바꿀 수도 있다.

전 개

① 조별로 협동화를 꾸미기 위해 친구들과 함께 상의한다.

협동화 작업을 할 때 쯤이 되면 아이들 간에 응집력이 높아져 있다. 혼자 작품을 완성하는 것도 성취감을 주지만 친구들과 함께 완성하게 되면 더큰 성취감을 느낄 수 있게 된다. 협동화를 만드는 과정에서 끝까지 열심히 하는 아이에게 이런 점을 격려한다.

참여한 아이들의 수를 고려해 조를 나눈다. 적게는 2~3명으로 구성할 수도 있고, 4~6명 정도로 구성할 수도 있다. 함께 하고 싶은 사람이 누구인지 아이들에게 물어보고, 되도록 희망하는 사람과 조를 이루도록 한다. 운영자가 정한 인원수로 구성하도록 하지만, 모두 같이하기를 원하거나 정한 인원수보다 많게 구성하길 원하는 경우에는 아이들의 의견을 수용해 준다. 이때 소외되는 아이가 없도록 운영자는 특별히 신경을 써야 한다.

② 여러 가지 재료를 이용해 작품을 만든다.

협동화를 꾸밀 때 재료의 제한을 두지 않도록 한다. 그릴 수 있는 재료는 무엇이든 사용할 수 있다. 잡지를 오려 붙이는 경우도 있고, 주변의 모래나 조개, 각종 곡물, 나뭇잎 등이 있다면 이런 재료를 붙여서 표현하는 것도 좋다.

그림 6-49 우리 동네 만들기 (초등학교 5학년들)

"처음에는 친구와 무엇을 해야 할지 몰라서 망설였어요. 또 서로 의견이 달라서 시간 안에 완성하지 못할 것 같아 서로 한쪽 코너를 맡아 각자 살고 싶은 마음을 그리기로 했어요. 그런데 다 완성하고 나니 정말 멋진 마을이 되었어요."

그림 6-50 **행복** (고등학교 2학년 여학생들)

"우리가 행복해지려면…… 각자 필요한 것들이 있어요."

③ 협동화의 제목을 정하고 조별로 발표한다.

협동화의 주제나 제목은 아이들이 창의적으로 표현할 수 있도록 한다. 필자가 운영한 집단의 경우, 학대의 경험이 있던 아이들은 '희망찬 아침'이라는 협동화를 만들었으며, 친구관계에 어려움이 있는 아이들은 '함께해요'라는 협동화를 만들기도 하였다.

작품은 아이들이 원하는 곳에 붙이도록 한다. 대부분 벽에 붙이는 경우가 많으나 창문에 붙이는 경우도 있고, 천장에 붙이겠다고 하는 아이들도 있다. 이 경우에도 모두 수용해 준다.

주의할 점

• 갈등 시 조정 방안

아이끼리 갈등이 발생하여 다툼이 있을 때는 운영자가 문제해결 전략을 사용해 직접 개입한다. 또한 자기주장만 하거나 자기주장을 못하는 아이도 운영자가 개입해서 조정해 줄 필요가 있다. 그래서 아이 모두에게 '너는 무엇을 하고 싶니?'와 같이 의견을 묻고, 의견이 다른 경우에는 '그래, 너희가 하고 싶은 것을 다 하면 좋지만 그중에서 하나만 만들어야 하는데 어떻게 하면 좋을까?'라고 물어서 아이들끼리 조정할 수 있도록 돕는다.

• 갈등 조정이 안 되는 경우

서로 의견을 합의하지 못해 계속 갈등이 생기는 상황에서는 협력하는 것을 강요하기보다는 개별 활동으로 진행한 후 서로의 작품을 한 곳에 모으는 방법이 좋다. 예를 들어, 공동 전지를 사용하기보다 개별 도화지를 사용해 활동을 진행한 후 아이 각자가 그린 그림을 모아서 하나의 협동화로 만들 수도 있다.

활 용

• 특별한 어려움을 가진 집단

한부모 가정, 이혼 가정, 학교폭력, 왕따 등 특별한 어려움이 있는 아이만을 대상으로 활용하는 방법도 좋다. 이런 경우에는 아이들이 경험하고 있는 어려움을 주제로 제시하고, 그 어려움을 함께 이야기 나누면 서로 공감도 될 수 있다. 다음 그림은 학대 경험이 있는 아이들에게 학대라는 주제로 '희망'이라는 협동화를 만들도록 한 것이다. 우선 눈을 감고 학대에 대해서 생각하도록 하였고, 각자 만다라에 학대를 표현하도록 지도하였다. 그런 후에 각자의 그림을 하나의 협동화로 만들도록 하였다.

작업에 참여한 아이들은 학대라는 주제를 접하고 처음에는 다소 부정적인 반응을 보였다. 하지만 협동화를 만들기 위해서 자신이 경험한 학대에 대해 이야기를 나누며 공감을 하게 되었고, 마침내 협동화를 완성하였다. 그 후에 작업에 참여한 아이들은 "처음에는 마음이 무거웠는데요. 서로 같은 고민과 아픔이 있다는 것을 알게 되었어

그림 6-51 희망의 나라로 (중학교 2학년 여학생들)

요." "저는 정말 무서웠어요. 그리고 화도 많이 났었어요. 하지만 그것에서 벗어나야 된다는 생각이 들었어요. 여기에 있는 무지개처럼 앞으로 저에게도 무지개가 생겼으면 좋겠어요." "여기 학대받고 있는 아이들에게 물을 뿌리고 있는 사람이 저예요. 저는 학대를 받는 아이들을 도와주는 사람이 되고 싶어요."라고 자신의 소감을 이야기하였다.

• 아이의 흥미를 유발하기 위해

아이의 흥미를 유발하기 위해서는 '벽화 만들기' '공동 작품 만들기' '학교행사 계획 짜기' 등과 같은 다양한 활동을 활용할 수 있다. 가령, '공동 작품 만들기' 활동은 찰흙이나 다른 다양한 만들기 재료를 이용해서 함께 공동 작품을 만들도록 한다. 그리고 '학교 행사 계획 짜기'와 같은 경우도 운동회나 수련회와 같은 계획을 짜고 여행가방을 그리도록 한다.

사 례

"우리는 행복의 나라를 만들었어요. 승찬이는 미래에 과학자가 되어 있다면 행복할 것 같다고 했고요. 저는 야구랑 컴퓨터를 친구들과 함께 하면 행복할 것 같아요. 그리고 소희는 사랑을 많이 받으면 행복하다고 했어요. 이렇게 행복한 것들이 많이 모이면 행복한 나라가 되잖아요."

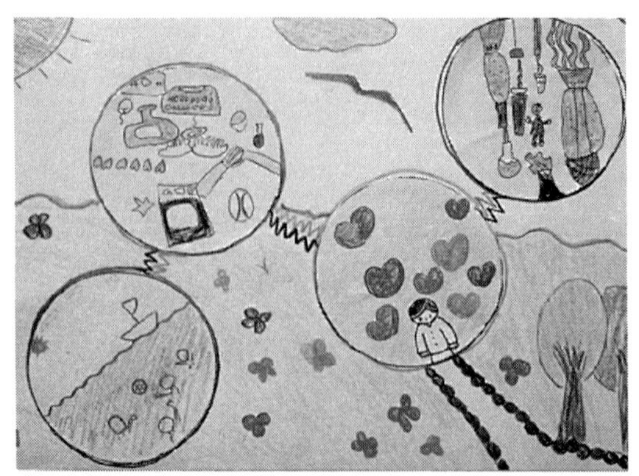

그림 6-52 행복의 나라 (초등학교 3학년들)

이 협동화를 만든 아이들은 초등학교 3학년으로, 새로 전학 온 남자 친구와 소속감을 가지도록 하기 위해서 실시하였다. 처음에는 협동화를 어떻게 만들어야 할지 모르겠다며 다소 난처해하였다. 그러다가 각자 만다라 안에 행복이라는 주제로 그림을 그린 후에 각 작품을 한 곳에 붙여서 협동화를 만들었다.

그중에서 한 친구가 리더의 역할을 맡았고, 새로 전학 온 아이는 처음에는 소극적으로 활동에 임하였다. 그러다가 각자의 작품을 한 곳에 붙인 후에 나무와 길을 그리고 같이 한 친구들이 멋진 생각이라고 격려하자 점점 활동에 적극적으로 임하였다.

14회기
신나게 만들어 봐요

✲ **구성 영역** 유능감 및 성취감

✲ **세부 영역** 성취감

✲ **목표** 창의적인 활동을 통해 성취감 경험하기

✲ **준비물** 다양한 크기의 우드락 볼, 매직, 이쑤시개, 여러 가지 꾸미기 재료 등

✲ **활동 안내** 14회기도 아이들과 창의적인 공동 작업을 통해 성취감을 경험하는 것이 목표다. 이를 위해 우드락 볼과 여러 가지 꾸미기 재료를 사용해 맘껏 표현하는 활동을 하도록 한다.

	활동 내용
도입 (10분)	▪ 지난 시간에 이뤄졌던 활동에 대해 이야기를 나눈다. ▪ 오늘의 활동 내용을 소개한다. "오늘은 친구들과 우드락 볼로 다양한 구조물을 만들어 볼 거예요. 우드락 볼에 이쑤시개를 꽂아 만들고 싶은 것을 자유롭게 꾸며 보세요."
전개 (30분)	▪ 활동 순서 ① 친구들과 함께 만들 작품을 구상하고 의논할 수 있는 시간을 준다. ② 은박지로 싼 우드락 볼을 이쑤시개로 연결해 구조물과 주변물을 만든다. ③ 함께 만든 작품에 제목을 정한다. ④ 조별로 완성된 작품을 발표한다.
마무리 (10분)	■ 오늘의 활동에 대해 자유롭게 이야기한다. ■ 활동을 하는 동안 느낀 점이나 완성품에 대해 자유롭게 이야기하도록 한다. "자, 오늘의 활동에 대해서 이야기해 보세요. 그리고 활동을 하는 동안이나 완성한 후에 어떤 생각이 들었는지 이야기해 보세요."
운영자 지침	■ 구조물 만들기를 힘들어하는 아이가 있을 경우, 은박지로 우드락 볼을 싸는 것을 도와준다.

전 개

① 친구들과 함께 만들 작품을 구상하고 의논할 수 있는 시간을 준다.

② 은박지로 싼 우드락 볼을 이쑤시개로 연결해 구조물과 주변물을 만든다.

이 활동은 은박지로 우드락 볼을 싸야하는 소근육 활동이 들어간다. 그래서 어린 아이에게는 좌절경험을 줄 수 있다. 따라서 운영자가 미리 우드락 볼을 은박지로 싸서 준비하거나 함께 싸 주는 것이 좋다. 또는 은박지를 싸지 않고 우드락 볼만을 사용

그림 6-53 우주 놀이터 (초 1학년, 남 2명)

그림 6-54 꽃밭 (7세, 남 2명)

그림 6-55 놀이터 (초등학교 1학년들)

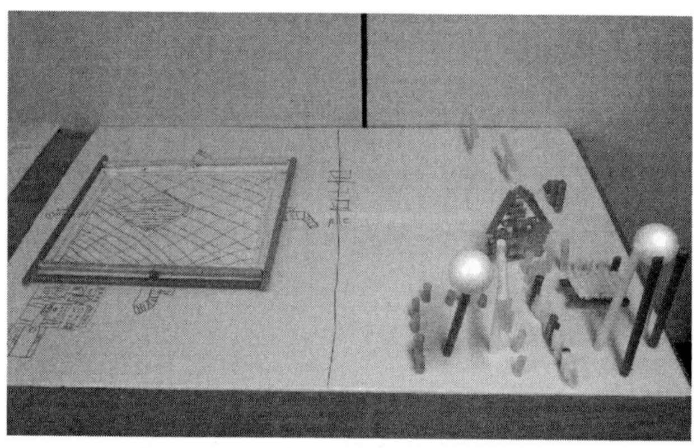

그림 6-56 우리 마을 (초등학교 4학년들)

해도 좋다. 공 모양 뿐 아니라 네모 모양이나 세모 모양 등 여러 가지 모양의 우드락 볼을 준비해 다양한 구조물을 만들 수 있도록 한다.

③ 함께 만든 작품에 제목을 정한다.

④ 조별로 완성된 작품을 발표한다.

15회기
나만의 화분

✲ 구성 영역 유능감 및 성취감

✲ 세부 영역 성취감

✲ 목표
- 꽃을 돌봄으로써 생명의 소중함 인식하기
- 꽃 돌보는 활동을 통해 성취감 경험하기

✲ 준비물 페트병, 흙, 모종삽, 물뿌리개, 꽃이나 식물, 아크릴 물감, 스티커 등

✲ 활동 안내 15회기는 돌보는 활동을 통해 생명의 소중함을 인식하고, 꽃을 돌봄으로써 성취감을 경험하는 것이 목표다. 돌봄의 경험을 화분심기뿐 아니라 어항에 물고기 기르기와 같은 활동으로 대신할 수도 있다.

	활동 내용
도입 (10분)	■ 지난 시간에 이뤄졌던 활동에 대해 이야기를 나눈다. ■ 오늘의 활동 내용을 소개한다. "오늘은 화분을 꾸미고 꽃을 심는 활동을 해 볼 거예요. 내가 심은 꽃을 예쁘게 꾸며주고, 물도 주고, 꽃을 돌봐 주면서 그때 드는 느낌과 생각들을 나누어 보세요."
전개 (30분)	■ 활동 순서 ①나의 상징 화분을 만든다. "나를 상징하는 것들로 화분을 꾸며 보세요." ②꾸며진 화분에 흙을 담고 꽃이나 식물을 심는다. "화분에 흙을 담고 꽃이나 식물을 심어 보세요." ③완성된 꽃 화분에 제목을 정하고, 꽃을 가꿀 계획을 발표한다. "내가 만든 꽃의 이름을 지어 주고, 작품의 제목도 정해 주세요. 그리고 이 꽃을 어떻게 보살피고 가꿀 것인지 이야기해 보세요."
마무리 (10분)	■ 오늘의 활동에 대해 자유롭게 이야기한다. ■ 오늘의 활동을 정리한다. "오늘은 꽃을 심는 활동과 앞으로 꽃을 어떻게 가꿀 것인지에 대해 이야기해 보았어요. 그리고 나의 화분을 만들어 보았어요. 나도 누군가를 돌볼 수 있다는 것을 알게 된 좋은 시간이었어요."
운영자 지침	■ 흙으로 장난을 치지 않도록 주의를 준다. ■ 돌봄에 대한 의미를 충분히 공감하고, 이해할 수 있도록 격려한다.

전 개

① 나의 상징 화분을 만든다.

자신에 대해서 생각할 수 있는 시간을 충분히 제공한다. 그리고 나를 상징하거나 표현할 수 있는 화분을 꾸미도록 한다. 꾸미는 활동은 아이들이 자유롭게 할 수 있도록 다양한 재료(스티커, 아크릴 물감, 사인펜 등)를 준비한다. 나이가 많은 아이는 지점토나 아크릴 물감을 사용하고, 어린아이는 스티커나 붙이기 재료를 사용하는 것이 좋다.

② 꾸며진 화분에 흙을 담고 꽃을 심는다.

그림 6-57 화분 (초등학교 2학년, 여학생들)

③ 완성된 꽃 화분에 제목을 정하고, 꽃을 가꿀 계획을 발표한다.

꽃을 가꿀 계획을 구체적으로 생각하여 적도록 한다([그림 6-58 참조]). 이 활동을 통해 돌봄을 받는 입장에서만 있었던 아이들이 돌보는 양육자의 경험을 해 봄으로써 유능감을 느낄 수 있도록 한다.

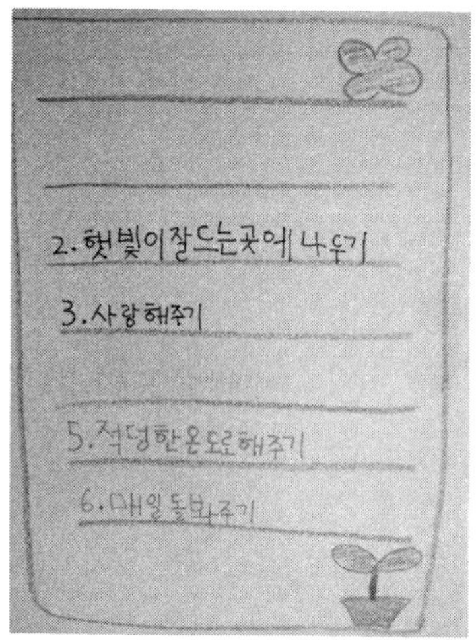

그림 6-58 **사랑의 화초 가꾸기** (초등학교 3학년, 여)

◎ 주의할 점 ◎

쉽게 죽는 꽃이나 식물은 아이에게 좌절감을 느끼게 할 수 있기 때문에 키우기도 쉽고 잘 죽지도 않는 꽃으로 선택한다.

16회기
나는 자랑스러워요

✲ 구성 영역 마무리

✲ 세부 영역 자기평가 및 수용

✲ 목표
- 자신의 긍정적 변화에 대해 인식하기
- 자신의 긍정적 변화를 격려하기

✲ 준비물 색도화지, 꾸미기 재료, 색연필, 사인펜, 스티커 등

✲ 활동 안내 마지막 회기의 목표는 자존감 향상 프로그램에 참여하는 동안 변화된 자신의 모습을 인식하고, 스스로 자신을 격려하는 것이다. 즉, 자신의 강점을 다시금 확인하는 것이다.

성장은 긍정적인 변화를 의미한다. 또한 큰 변화도 의미하지만 작은 변화도 의미한다. 아이는 항상 변화하고 있으며, 그 변화 안에는 긍정적인 모습들이 있다. 아이들이 자신의 변화를 인식할 수 있도록 돕는다.

	활동 내용
도입 (10분)	▪ 지난 시간에 이뤄졌던 활동에 대해 이야기를 나눈다. ▪ 오늘의 활동 내용을 소개한다. "오늘은 마지막 시간이에요. 지난 시간 동안 자신에게 있었던 변화들을 돌이켜 보고 활동 중 재미있었거나 즐거웠던 경험, 힘들었던 활동은 어떤 것들이 있었는지 이야기를 나누도록 해요. 그리고 변화된 나를 생각해 보고, 그동안 노력한 나에게 보내는 축하카드나 상장을 만들어 보세요."
전개 (30분)	▪ 활동 순서 ①집단 프로그램 회기 동안에 자신에게 일어난 변화를 생각한다. "16주 동안 함께했던 시간을 돌이켜 보세요. 우리 친구들에게는 어떤 시간이었나요? 함께하면서 웃고 즐거웠던 활동이나 기억, 또는 힘들었던 기억들을 떠올려 보세요. 나에게 어떤 변화가 있었는지 생각해 보세요." ②나의 변화된 모습에 점수를 준다. "나의 변화된 모습을 생각해 보고, 나에게 점수를 주세요. 그런 점수를 준 이유도 설명해 보세요." ③나에게 축하카드나 상장을 쓰고 꾸며 본다. ④자신에게 축하카드나 상장을 읽어 준다. ⑤자존감 선언문을 낭독한다. ⑥이별 파티를 한다.
마무리 (10분)	▪ 오늘의 활동에 대해 자유롭게 이야기한다. ▪ 오늘의 활동을 정리한다. "16주 동안 친구들과 함께한 마지막 시간이에요. 자신과 타인에 대해서 생각해 볼 수 있는 소중한 시간이 되었기를 바라요. 그리고 자신을 귀중하고, 소중한 사람이라고 생각할 수 있었던 시간이 되었기를 바라요."
운영자 지침	▪ 마무리와 이별의 의미를 전해 준다.

전 개

① 집단 프로그램 회기 동안에 자신에게 일어난 변화를 생각한다.

② 나의 변화된 모습에 점수를 준다.

"나의 변화된 모습을 생각해 보고, 나에게 점수를 주세요. 그런 점수를 준 이유도 설명해 보세요."

변화된 모습을 이야기할 때, '난 뭐가 좋아졌어요.'라고 이야기하기보다 '예전에는 발표를 못했는데, 지금은 다른 사람 앞에서 발표를 할 수 있게 되었어요.'라고 프로그램 참여 이전과 현재의 모습을 비교해서 구체적으로 말할 수 있게 한다. 그리고 변화된 정도를 수치화해서 가장 많이 변화된 부분과 덜 변화된 부분을 말하도록 돕는다.

③ 나에게 축하카드나 상장을 쓰고 꾸며 본다.

축하카드(다음 그림 참조)는 아이들의 마음이 충분히 나타날 수 있도록 재료나 활동 내용에 대해서 제한을 두지 않아야 한다. 또한 프로그램을 통해 변화된 모습뿐 아니라 빠지지 않고 참여할 수 있었던 인내력, 힘든 과정을 견딘 내적인 자원들을 스스로

그림 6-59 나에게
(초등학교 6학년, 여)

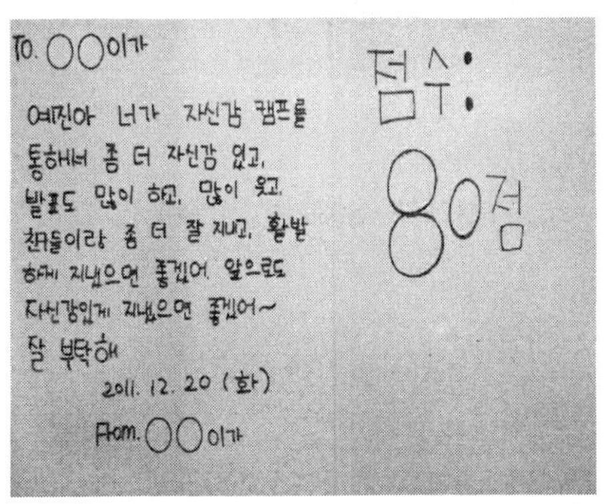

그림 6-60 나에게 주는 축하카드
(중학교 1학년, 여)

인식하고 격려할 수 있도록 돕는다.

성취의 의미를 더욱 강조하기 위해 '나에게 주는 상장 만들기' 같은 활동으로 응용할 수도 있다. '나에게 주는 상장'은 프로그램에 참여한 자신을 격려하고, 그것을 하나의 성취로 인식하도록 돕는 활동으로, 상장의 내용과 제목도 아이가 자유롭게 정할 수 있도록 한다. 또한 활동의 재미를 위해 운영자가 소정의 상품을 준비해 상장 수여식을 진행하는 것도 좋다.

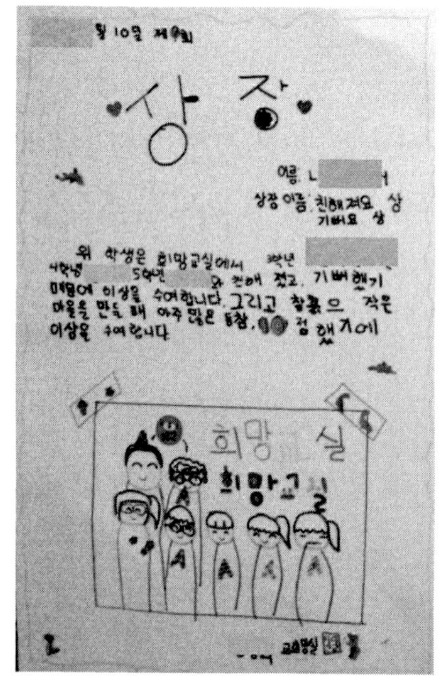

그림 6-61 **친해져요, 기뻐요 상장**
(초등학교 3학년, 여)

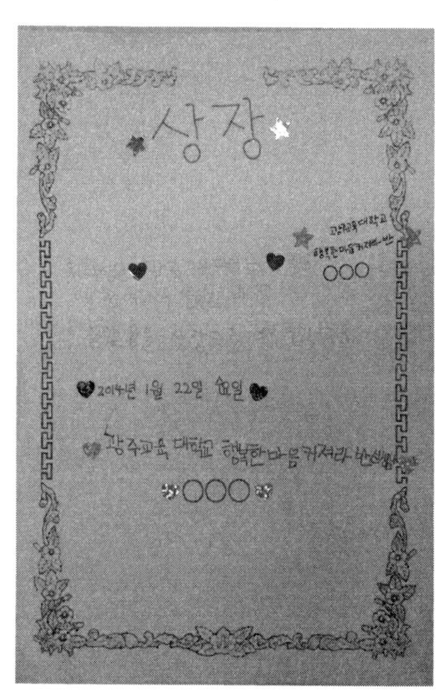

그림 6-62 **참여상**
(초등학교 2학년, 남)

④ 자신에게 축하카드나 상장을 읽어 준다.

⑤ 자존감 선언문을 낭독한다.

축하카드와 상장을 읽은 후에 아이들 모두 부록으로 첨부된 '자존감 선언문'을 낭독하도록 한다.

⑥ 이별 파티를 한다.

프로그램 동안 함께한 운영자와 다른 아이들과의 이별을 다루기 위한 상징적 의미로 다과를 준비해 파티를 한다. 파티는 헤어짐이라는 슬픔을 강조하는 부정적 의미보다는 만나서 함께했던 추억을 축하하는 의미다. 이별에 취약한 아이에게는 이 회기가 마지막이 아님을 알려 주기 위해 서로를 기억할 수 있는 기념품이나 사진을 찍어서 나누어 가지도록 한다.

초등학교 저학년은 컵 케이크 등에 다양한 재료를 올려 자신만의 케이크를 만들어 파티를 할 수도 있다.

그림 6-63 나만의 케이크 (초등학교 3학년, 남)

◎ 주의할 점 ◎

• 변화된 점 찾아주기

나의 성장한 점 인식하기 활동은 자신의 변화된 모습을 인식하고 수용하는 것이 목적이다. 따라서 운영자는 아이가 작은 변화라도 찾아낼 수 있도록 격려한다. 간혹 자신에게는 변화된 모습이 없다고 하는 아이도 있다. 그런 경우 운영자와 참여한 아이들이 함께 그 아이의 변화된 모습을 찾아준다. 그 예로 프로그램에 빠지지 않고 참여할 수 있었던 인내력, 힘든 과정을 견딘 내적 자원, 지루한 수업 시간에도 교실 밖으로 나가지 않은 태도 등을 스스로 인식하고, 격려할 수 있도록 돕는다.

◎ 활 용 ◎ 신문 기사 쓰기

상장이나 축하카드 만들기와 비슷한 맥락으로 아이의 성취감을 고취시키기 위해 아이들에게 프로그램을 성공적으로 마친 자신에 대해 기사를 쓰도록 한다. 그리고 난 후 작성한 신문 기사를 참여한 모든 아이에게 나누어 주거나 부모님께 보내도록 한다. 이 활동은 아이에게 프로그램을 성공적으로 마쳤다는 성취감을 주며, 또한 다른 사람에게 알림으로써 아이의 성취감을 더욱 강화시킬 수 있다. 신문 기사의 내용으로는 아이의 이름과 프로그램을 통해서 변화된 모습, 성취할 수 있었던 내적 자원들을 자세히 기술한다. 기사 쓰기를 한 경우에는 아이의 기사를 모두 모아서 '변화된 사람들'이라는 제목으로 신문을 만들어 준다.

다음의 사례는 초등학교 6학년 남자 아이의 신문기사다.

기적이 아닌 실력

- 상준이의 능력이 밝혀지다-

드디어 상준이의 능력이 밝혀졌다고 합니다. 소식에 의하면 상준이는 자신을 괴롭히던 두근거리는 마음을 물리치고 아이들 앞에서 발표를 할 수 있게 되었다고 합니다.

상준이는 과거에 끊임없이 두근거리는 마음 때문에 아이들 앞에서 발표를 하지 못하여 '부끄럼쟁이'라는 별명을 얻었습니다. 하지만 자존감 센터에서 '쑥쑥 커져라, 자신감!'이라는 프로그램에 참여하여 끊임없이 노력한 결과, 드디어 자신감을 얻게 되었다고 합니다. 16시간 동안 자신의 두려운 마음을 바로 보게 되었고 자신은 없었지만 용기를 내서 활동에 참여한 결과, 두근거리는 마음을 물리치고 정상에 섰다고 합니다.

상준이는 앞으로의 생활에 대한 질문에 자신과 똑같은 어려움을 경험하고 있는 아이들에게 자신의 성공담을 알리는 도우미로 활동할 것이라고 밝혔습니다.

20○○년 ○월 ○○일, ○○일보

PART 7

대상별 프로그램의 적용

- 연령에 따른 적용
- 행동 특성에 따른 적용
- 운영 기간에 따른 적용
- 자존감 향상을 위한 추가 프로그램 (1) 나의 과거, 현재, 미래
- 자존감 향상을 위한 추가 프로그램 (2) 칭찬 릴레이
- 자존감 향상을 위한 추가 프로그램 (3) 운명의 수레바퀴
- 자존감 향상을 위한 추가 프로그램 (4) 가지고 싶은 나, 버리고 싶은 나

연령에 따른 적용

자존감 향상 프로그램의 세부 내용은 초등학교 고학년에 맞게 고안된 것이라 대상 연령에 따라 프로그램 내용을 변경해서 사용한다.

아동 초기(4~5세)

이 시기의 아이는 비교적 긍정적인 자존감을 가지고 있다. 그리고 이 시기에는 자율성의 성취 여부에 따라 자존감이 달라진다. 자율성의 성취 여부는 신체능력에 의해서, 즉 아이가 계단을 내려갈 수 있는지, 공을 던질 수 있는지 등과 같은 대근육 및 소근육 능력과 많은 관련이 있다. 따라서 이 시기의 아동에게 자존감 향상 프로그램을 적용하려면 주요 활동 내용으로 신체활동을 통해서 자아에 대한 능력, 자율성, 성취감을 경험할 수 있도록 수정해 사용하는 것이 좋다.

구체적인 프로그램의 적용 내용은 다음과 같다.

- 자신의 부정적인 부분 탐색 활동을 긍정적인 부분 탐색하기로 변경

이 시기의 아이는 자신의 부정적인 측면을 탐색하거나 인식하는 것이 다소 어렵다. 따라서 프로그램 내용에서 부정적인 자신의 모습을 탐색하는 회기(6회기)를 '자아상 그리기' '나의 멋진 모습 발견하기' 등과 같은 긍정적인 내용으로 바꾸어 사용한다.

- 섬세한 소근육 활동의 배제

이 시기의 아이는 신체능력에서 개인차가 많이 난다. 따라서 섬세한 소근육을 요하는 활동은 아이에게 실패와 좌절을 줄 수 있기 때문에 가급적 배제한다(가위질, 미세한 부분 색칠하기, 여러 단계의 작업이 필요한 활동 등). 만약 이런 활동이 꼭 필요한 경우에는 운영자가 미리 모형을 오려서 준비해 두고, 그렇지 않으면 가위 대신에 손으로 찢어서 사용할 수 있도록 한다. '가족이나 친구들과의 즐거운 경험을 앨범으로 만들기(8회기)' 같은 활동은 운영자가 미리 앨범의 틀을 만들어 가서 아이가 그림만 그릴 수

있도록 돕는다. 그리고 '은박지로 우드락 볼을 싸는 활동(14회기)'도 이 연령의 아이에게는 다소 어려울 수 있으므로 미리 은박지를 싸서 준비해 두도록 한다.

- **재료의 자유로운 탐색 기회 제공**

신체활동을 통해 성취감을 높이기 위해서는 도입 부분에 주 활동 내용에 사용되는 재료들(밀가루, 찰흙, 신문지, 우드락 볼, 그리기 재료 등)을 자유롭게 탐색할 수 있는 기회를 준다. 가령, '밀가루로 음식 만들기(2회기)' 활동 전에 밀가루를 자유롭게 탐색할 수 있는 기회를 제공하거나, '찰흙으로 동물 가족 만들기(7회기)'와 같은 활동을 하기 전에 찰흙을 자유롭게 만질 수 있는 충분한 시간을 준다. 또한 물감으로 색칠하는 활동을 하기 전에 자유롭게 물감을 섞거나 칠할 수 있도록 한다.

아동기(6~7세)

이 시기의 아이는 주도성 단계로, 타인과의 객관적인 비교보다 자신의 주관적인 판단에 의해서 자아개념이 형성되는 시기다. 이 시기는 자신의 실패나 좌절을 주로 외부 탓으로 돌리며, 자신의 부정적인 측면들을 잘 인식하지 못할 뿐만 아니라 수용하기도 어렵다. 따라서 회기 중에 자신의 부정적인 측면을 알아보는 회기를 긍정적인 경험과 강점을 다루는 회기로 바꾸어 사용한다. 또한 이 시기는 또래와의 경쟁심이 발달하는 시기이므로 활동 내용에서 지나친 경쟁을 유발하는 내용도 제외하는 것이 좋다.

초등학생

초등학생은 일시적으로 자존감이 낮아지기도 한다. 초등학교에 입학하면서 학업과 성취에 대한 주변 사람들의 평가를 받기 때문이다. 이 시기는 교사나 권위를 가진 사람들의 평가를 객관적으로 받아들일 수 있으며, 또래와의 객관적인 비교가 가능한 시기다. 또한 자신의 부정적인 모습에 대해 인식하고, 이를 방어하려는 태도를 보이기도 한다. 따라서 이 시기의 아이에게는 자존감 향상 프로그램의 내용을 그대로 사용하되 자신의 부정적인 측면들은 조심스럽게 다루어야 한다.

청소년기

청소년의 시기는 자아정체감을 형성하는 단계로, 활동의 내용보다 자기표현에 중점을 두어서 다소 프로그램을 융통성 있게 운영하는 것이 좋다. 따라서 구조화된 프로그램보다 반구조화된 형태로 운영하는 것이 좋다. 또한 운영자의 직접적인 개입보다 아이들끼리 감정이나 생각을 자유롭게 나눌 수 있도록 한다. 다음은 청소년에게 적용할 수 있는 프로그램의 예다.

표 7-1 청소년 프로그램의 예

구성 영역	세부 영역	회기	활동명	목표	활동 내용
관계 형성	자기 소개	1	나는요	• 프로그램의 목표 및 운영방식 이해하기 • 자기소개를 통해 참여한 아이들 인식하기	• 프로그램 소개 • 집단 규칙 정하기 • 별칭 짓기
	친밀감 형성		친해져요	• 긴장감 줄이기 • 집단원 간의 긍정적 감정 교류하기	• 친밀감 게임하기
자기 수용	자기 인식 및 이해	2	과거, 현재, 미래	• 자신의 과거, 현재, 미래의 모습을 인식하기 • 자기인식을 통해 자기이해를 확장하기	• 나의 과거, 현재, 미래 활동하기
	자기 수용	3	나에게 이런 모습도 있어요 (1)	• 관계 안에서 긍정적인 나의 모습 발견하기 • 긍정적인 나의 모습 인식하기	• 다른 사람과의 관계에서 긍정적인 나의 모습을 찾아 말풍선으로 꾸며 보기 • 긍정적인 나의 모습에 대한 감정을 이모티콘으로 표현하기
		4	나에게 이런 모습도 있어요 (2)	• 관계 안에서 부정적인 나의 모습 발견하기 • 부정적인 나의 모습 인식하기	• 다른 사람과의 관계에서 부정적인 나의 모습을 찾아 말풍선으로 꾸며 보기 • 부정적인 나의 모습에 대한 감정을 이모티콘으로 표현하기

타인 수용	가족 관계 이해 및 수용	5	우리 가족은요	• 나와 가족관계 인식하기	• 동적 가족화 그리기 • 가족 구성원 소개하기
			가족과 함께하면 즐거워요	• 가족과의 즐거웠던 경험 탐색하기	• 가족과의 즐거웠던 경험을 자유롭게 그리기 • 그때의 나의 감정 나누기
	또래 관계 이해 및 수용	6	친구와 나는요	• 나와 친구의 관계를 인식하기	• 친구 관계도 그리기 • 관계도에 대해서 발표하기
			칭찬 릴레이	• 또래로부터 긍정적 피드백을 받고 수용하기 • 다른 사람과의 신뢰감 형성하기	• 칭찬 릴레이 게임
유능감 및 성취감	협동 및 문제 해결	7	함께 그려요	• 협동 활동을 통해 타인에 대한 신뢰감과 문제 해결력 키우기	• 전지에 협동화 그리기 • 함께한 경험 나누기
마무리	자기 평가 및 수용	8	나는 자랑스러워요	• 자신의 긍정적 변화에 대해 인식하기 • 자신의 긍정적 변화를 격려하기	• 변화된 나에게 점수 주기 • 나에게 축하 카드 쓰기 • 자존감 선언문 낭독하기

행동 특성에 따른 적용

위축된 아이

대인관계에서 과도한 긴장과 불안을 보이는 사회적 위축, 선택적 함묵증, 대인기피증 등 다소 위축된 아이는 아이의 특성에 맞게 내용을 수정하도록 한다. 자세한 내용은 다음과 같다.

• 관계형성 단계를 추가해 아이의 긴장감 감소시키기

사회적으로 위축된 아이는 관계형성 단계를 추가해 아이들 간의 긴장감을 감소시켜주는 것이 좋다. 관계형성을 촉진하기 위해서는 '신문지 밟고 올라가기' '당신의 이웃을 사랑합니까?' '파우더 손 찍기' '전기 게임' '손으로 나타내기' 등과 같이 아이들 간의 신체접촉을 자연스럽게 유도할 수 있는 활동들이 좋다.

도움말 '손으로 나타내기'의 경우 물감을 푼 다음 손바닥이나 손가락, 주먹 등을 이용해 한 장의 전지에 찍어서 공동화를 만들도록 한다. 공동화 작품을 보며 느낀 점을 이야기 나눈다. 또는 핑거페인팅을 이용하여 자유 그림을 그린다.

• 자기수용 영역의 '나에 대한 부정적인 모습 인식' 제외하기

자기수용 영역에서 '나에 대한 부정적인 모습 인식'은 가능하면 제외시킨다. 위축된 아이는 긍정적이든, 부정적이든 자신의 모습 타인에게 드러내는 것을 두려워한다. 특히, 부정적인 모습을 드러내는 활동은 아이에게 다른 불안을 야기할 수 있기 때문에 아이들 간에 충분한 신뢰가 형성된 뒤에 제시하는 것이 좋다.

충동적이고 공격적인 아이

충동적이고 공격적인 행동을 보이는 아이는 주로 ADHD(주의력결핍 및 과잉행동장

애)이거나, 감정조절에 어려움이 있거나, 다른 사람에게 화가 나 있는 경우가 많다. 이런 아이는 다소 충동 조절 능력이 미흡해 자신의 감정을 바로 행동으로 드러내는 경향이 있다. 그리고 자신의 감정을 부정적인 방식으로 표현하여 다른 사람들에게 의도하지 않은 피해를 주기도 한다. 따라서 자신의 감정을 발산할 수 있는 기회를 주되, 조절할 수 있는 기회도 제공하는 것이 중요하다. 자세한 내용은 다음과 같다.

- 명확한 행동의 한계 제시하기

충동적이고 공격적인 성향이 있는 아이에게는 프로그램 시작 전이나 매 회기마다 타인에게 피해를 주는 행동에 대해 명확한 한계를 제시해야 한다. 그리고 이를 조절할 수 있도록 강화법을 사용해 자신의 행동에 대해 긍정적인 인식을 할 수 있도록 한다. 강화법은 어린아이에게는 운영자가 직접 주는 방식이 적절하지만 연령이 많아질수록 자기강화법이나 지연된 보상을 제공한다. 간혹 제시된 한계를 어겼을 경우에는 타임아웃(Time-Out) 방법을 사용할 수도 있다. 단, 타임아웃 방법은 처벌의 개념보다 행동을 일시 중단하는 의미로 사용한다.

- 문제해결 전략 사용하기

충동적이고 공격적인 성향이 있는 아이는 다른 아이들과 갈등을 겪는 경우가 많으며, 갈등 상황에서 주로 폭력이나 떼쓰기와 같은 부적절한 사회적 방법을 사용할 가능성이 높다. 따라서 갈등상황을 해결할 수 있는 문제해결 전략을 미리 지도하고, 갈등 상황이 발생하면 문제해결 방식을 사용할 수 있도록 한다.

- 충동성과 공격성을 발산할 수 있는 활동 내용 제시하기

아이의 충동적이고 공격적인 성향은 기질적인 문제이거나 만성적인 경우가 있다. 따라서 아이의 욕구를 무조건 억누르는 것은 좋지 않다. 프로그램의 활동 내에서 충분히 발산할 수 있는 기회를 제공하는 것이 좋다. 가령, 매 회기의 도입 부분에 몸으로 움직일 수 있는 활동들을 삽입하거나 재료를 제시할 때 16절지, 8절지보다 4절지나 전지 등을 사용해 마음껏 자신을 표현할 수 있도록 한다. 하지만 반드시 감정을 발산한 뒤에는 '눈 감고 심호흡하기' '신체 이완하기' 등과 같은 활동을 통해 감정을 조절하도록 한다.

운영 기간에 따른 적용

운영 기간이 16주보다 짧은 경우

자존감 향상 프로그램은 주 1회에 16주 동안 실시하도록 개발되었다. 하지만 학교 및 기관에서 시간 상의 이유로 16주를 모두 실시할 수 없는 경우에는 단축해 사용해도 무방하다. 이때 '자기수용'과 '타인수용' 단계의 회기 수는 되도록이면 그대로 유지하고, '관계형성' 단계는 1회기로 줄이며, '유능감 및 성취감' 단계의 공동 활동 회기 역시 줄여서 사용한다. 다음은 8회기로 단축된 자존감 향상 프로그램의 예다.

표 7-2 8회기로 구성된 자존감 향상 프로그램의 예

구성 영역	세부 영역	회기	활동명	목표	활동 내용
관계 형성	자기 소개 및 친밀감 형성	1	나는요	• 프로그램의 목표 및 운영방식 이해하기 • 자기소개를 통해 참여한 아이들 인식하기 • 긴장감 줄이기 • 집단원 간의 긍정적 감정 교류하기	• 프로그램 소개 • 규칙 정하기 • 이름표 만들기 • 밀가루 반죽 놀이 • 음식 만들기
자기 수용	자기 인식과 이해	2	나는 특별해요	• 나의 욕구 탐색하기 • 나의 장점 및 강점 탐색하기	• 신체 모형에 자신이 원하는 것, 하고 싶은 것, 되고 싶은 것, 가지고 싶은 것, 타인으로부터 듣고 싶은 말들을 생각해 잡지책에서 찾아 붙이기 • 나의 장점을 찾아서 장점 나무 만들기
	자기 수용	3	나에게 이런 모습도 있어요 (1)	• 관계 안에서 긍정적인 나의 모습 발견하기 • 긍정적인 나의 모습에 대해 인식하기	• 다른 사람과의 관계에서 긍정적인 나의 모습을 찾아 말풍선 만들기 • 긍정적인 나의 모습에 대해 감정 평가하기

		4	나에게 이런 모습도 있어요 (2)	• 관계 안에서 부정적인 나의 모습 발견하기 • 부정적인 나의 모습에 대해 인식하기	• 다른 사람과의 관계에서 부정적인 나의 모습을 찾아 말풍선 만들기 • 부정적인 나의 모습에 대해 감정 평가하기
타인 수용	가족 관계 이해 및 수용	5	우리 가족과 나는요	• 나와 가족관계 인식하기 • 가족과의 즐거웠던 경험 탐색하기	• 찰흙으로 동물 가족 만들기 • 가족 구성원에 대해 소개하기 • 가족과의 즐거웠던 경험을 앨범으로 만들기 • 그때의 나의 감정을 나누기
	또래 관계 이해 및 수용	6	친구와 나는요	• 나와 친구관계 인식하기 • 친구와의 즐거웠던 경험 탐색하기	• 나와 친구의 관계도 그리기 • 관계도에 대해서 발표하기 • 친구와 즐거웠던 경험을 앨범으로 만들기 • 그때의 나의 감정을 나누기
유능감 및 성취감	성취감	7	나만의 화분	• 꽃을 돌봄으로써 생명의 소중함 인식하기 • 꽃 돌보는 활동을 통해 성취감 경험하기	• 꽃을 심고, 화분을 나의 상징물로 그려 꾸미기 • 꽃을 심고 돌보는 느낌에 대해서 나누기
마무리	자기 평가 및 수용	8	나는 자랑스러워요	• 자신의 긍정적 변화에 대해 인식하기 • 자신의 긍정적 변화를 격려하기	• 변화된 나에게 점수 주기 • 나에게 축하 카드 쓰기 • 자존감 선언문 낭독하기

운영 기간이 16주보다 긴 경우

운영 기간이 16주보다 긴 경우에는 '자기인식'의 단계를 2~3회기 정도 추가하고 ('추가 프로그램' 참조), '유능감 및 성취감' 단계의 협동 과제들을 더 추가한다. '자기인식' 추가 활동에는 긍정적인 나의 모습이나 자아상 그리기와 같은 것이 적당하다. 협동 과제들의 예로는 '우리들의 자랑 나무 만들기' '곡물로 벽화 꾸미기' '동물원 만들기' '우리들의 꽃밭 꾸미기' '기찻길 만들기' 등의 활동을 추천한다. 이런 활동들 외에도 아이들 간에 협동과 문제해결력을 촉진할 수 있는 창의적인 활동들이면 좋다.

자존감 향상을 위한 추가 프로그램 (1)
과거, 현재, 미래

✲ **구성 영역** 자기수용

✲ **세부 영역** 자기인식 및 이해

✲ **목표**
- 자신의 과거, 현재, 미래의 모습을 인식하기
- 자기인식을 통해 자기이해를 확장하기

✲ **준비물** 색도화지, 잡지, 가위, 색연필 또는 필기도구 등

✲ **활동 안내** '과거, 현재, 미래'는 아이가 인식하는 자신의 과거, 현재, 미래를 알아보고, 이를 통해 아이 스스로 자신에 대한 이해와 인식을 높이기 위한 활동이다. 자기인식은 자존감 형성의 첫 번째 단계라고 할 수 있다. 운영 방식은 우선 본 활동의 목적을 설명하고, 활동을 하는 구체적인 방법을 설명한다. 그리고 활동 후에 느낀 점을 서로 이야기하고, 궁금한 점에 대해 질문한다.

<table>
<tr><th colspan="2">활동 내용</th></tr>
<tr><td>도입
(5분)</td><td>■ 오늘의 활동 내용을 소개한다.
"오늘은 나를 잘 알기 위한 활동을 할 거예요. 과거, 현재, 미래라는 활동을 하고, 자신을 소개하는 시간을 가질 거예요."</td></tr>
<tr><td>전개
(30분)</td><td>■ 활동 순서
①눈을 감고 자신의 과거, 현재, 미래의 모습을 생각한다(5분간).
"과거의 모습, 현재, 그리고 미래의 모습을 떠올려 보세요. 나는 어떤 모습인가요?"
②눈을 뜨고 잡지에서 자신의 과거, 현재, 미래의 모습을 찾아 3등분이 된 도화지에 붙인다.
"떠오른 나의 모습을 생각하며 잡지에서 나의 모습을 연상시키는 것들을 찾아 오린 후 도화지에 붙이세요."
③붙인 그림들 밑에 그림에 대한 설명을 적는다.
"자신이 붙인 그림 밑에 그림에 대한 설명을 써 주세요."
④작품을 완성한 후에 제목을 정한다.</td></tr>
<tr><td>마무리
(10분)</td><td>■ 활동을 하는 동안에 느낀 점이나 완성품에 대한 설명을 한다.
"완성된 작품에 대해서 이야기해 보세요. 그리고 작품을 하는 동안이나 완성한 후에 든 생각을 이야기해 보세요."
■ 운영자의 느낌과 생각을 아이에게 전한다.
"작품을 보면서 미래에 경찰관이 되어 있을 모습이 매우 기대되네요. 그리고 작품을 진지하게 만드는 모습을 보면서 참 열심히 한다는 생각을 했어요."</td></tr>
</table>

도 입

■ 오늘의 활동 내용을 소개한다.

"오늘은 나를 잘 알기 위한 활동을 할 거예요. 과거, 현재, 미래라는 활동을 하고, 자신을 소개하는 시간을 가질 거예요."

전 개

① 눈을 감고 자신의 과거, 현재, 미래의 모습을 생각한다.

"과거의 모습, 현재, 그리고 미래의 모습을 떠올려 보세요. 나는 어떤 모습인가요?"

자신의 과거, 현재, 미래의 모습을 생각할 때 충분한 시간을 준다. 이 활동에서는 작품을 만드는 것보다는 자신의 모습을 떠올리는 것이 더 중요하다. 생각이 잘 떠오르지 않는다고 하는 아이에게는 자유롭게 상상할 수 있도록 격려해 준다.

② 눈을 뜨고 잡지에서 자신의 과거, 현재, 미래의 모습을 찾아 3등분이된 도화지에 붙인다.

"떠오른 나의 모습을 생각하며 잡지에서 나의 모습을 연상시키는 것들을 찾아 오린 후 도화지에 붙이세요."

이 활동은 자신을 인식하는 것이 목표이므로, 작품을 잘 만들거나 만들지 못하는 것이 중요하지 않다. 간혹 작품이 제대로 되지 않아서 짜증을 내거나 좌절을 하는 아이도 있다. 그런 경우에는 작품을 잘 만들거나 만들지 못하는 것이 중요한 것이 아니라 자신을 마음껏 표현하는 것이 더 중요하다고 격려한다.

③ 붙인 그림 밑에 그림에 대한 설명을 적는다.

"자신이 붙인 그림 밑에 그림에 대한 설명을 써 주세요."

④ 작품을 완성한 후에 제목을 정하고 발표한다.

〈활동 예〉

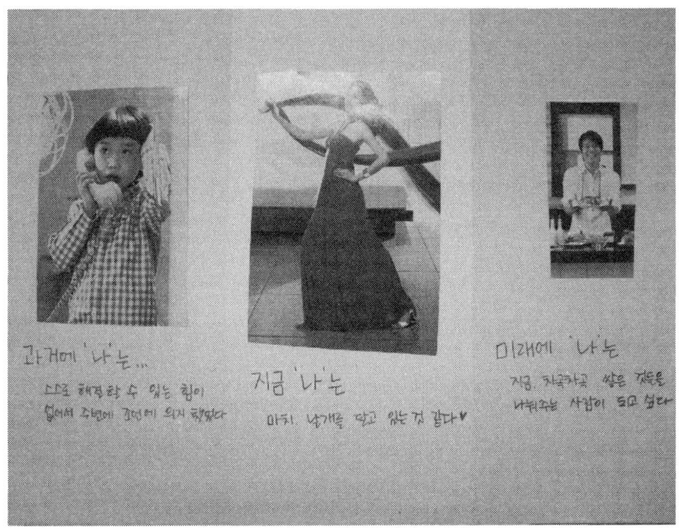

그림 7-1 자유 (고등학교 3학년 여)

"어린 시절에 경험했던 두려움 때문에 결정을 하지 못하고 타인에게 자주 물어보며 기대는 사람이었어요. 그런데 지금은 조금씩 자유로워지는 것 같아요. 미래에는 남에게 베풀어 주는 사람이 되고 싶어요."

◎ 주의할 점 ◎

• 잡지의 장단점

이 활동을 하려면 잡지라는 재료가 필요하다. 아이가 자신의 이미지를 그리는 방법보다 잡지라는 재료를 사용하여 쉽게 자신의 이미지를 표현할 수 있어서 자존감이 낮은 아이를 대상으로 진행할 때 많이 사용되는 재료다. 하지만 잡지는 이미지가 한정되어 있어서 표현의 한계성을 가진다. 가능하면 여러 종류의 잡지를 준비하여 아이가 자신의 이미지를 마음껏 표현할 수 있도록 한다.

◎ 활 용 ◎

• 초등학교 저학년

이 활동은 과거, 현재, 미래라는 추상적인 개념이 포함되어서 어린아이에게는 다소 어려울 수 있다. 이런 경우에는 어릴적, 지금, 앞으로 라는 말과 같이 아이의 인지 수준에 맞게 쉬운 말로 바꾸는 것이 좋다.

또는 다른 방법으로는 [그림 7-2]처럼 과거, 현재, 미래를 나누지 않고 잡지에서 자신을 표현할 수 있는 그림을 찾아서 오려 붙이는 방법도 있다.

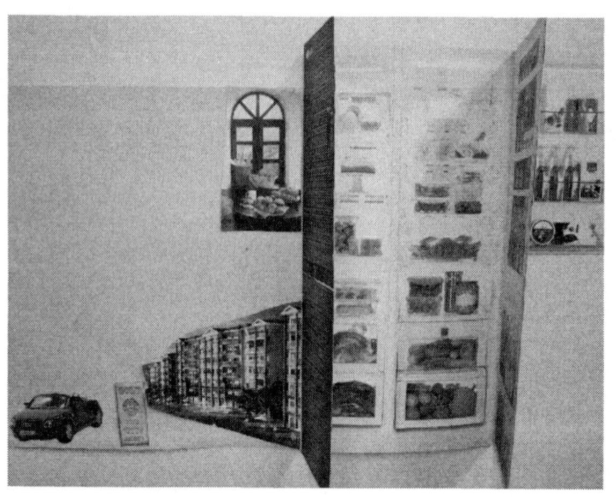

그림 7-2 냉장고 (초등학교 2학년, 여)

"저는 먹을 것을 마음대로 먹는 사람이 되고 싶어요. 냉장고 가득히 먹을 것을 넣어 두고 먹고 싶을 때 먹고 싶어요. 지금은 엄마가 뚱뚱하면 친구들이 놀린다며 먹을 것을 마음대로 먹지 못하게 해요."

• 자신감 없는 아이

자신감 없는 아이는 자신을 표현하는 것을 두려워해서 이 활동을 거부할 수도 있다. 이런 경우에는 "너를 마음껏 표현하면 돼. 부담 없이 하면 돼."라는 격려를 준다. 그래도 아이가 거부하는 경우에는 재촉하지 않고 기다려 준다. 운영자의 재촉하는 행동은 아이를 더욱 위축되고 부담스럽게 만들 수 있다. [그림 7-3]는 자신감 없는 아이가 처음에는 활동에 소극적이다가 점점 자신을 표현한 작품이다.

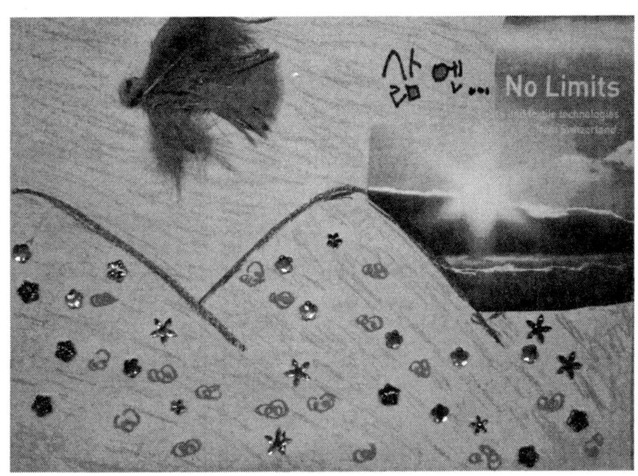

그림 7-3 **삶엔……** (고등학교 2학년, 여)

"저는 하늘을 자유롭게 날아다니고 싶어요. 지금의 저에게는 제약이 너무 많아요. 친구도, 성적도, 학교도 부담스러워요. 저는 파랑 새처럼 하늘을 날아 제가 가고 싶은 곳으로 가고 싶어요."

사 례

• 과거: "나는 아기일 때 징징거리고 말을 안 듣는 아이였다. 그래서 엄마가 힘들어 하셨다."
• 현재: "나는 평범하게 살아간다. 그래서인지 너무 지루하고 심심하다. 나에게는 특별한 것이 필요하다. 그런데 엄마가 그냥 평범하게 살라고 하신다."
• 미래: "나는 부자가 될 것이고, 아프지도 죽지도 않는 주사를 맞고 건강하게 살 것이

다. 다른 사람들이 부러워하도록……."

그림 7-4 나는 특별한 사람이 되고 싶어요 (초등학교 5학년, 남)

[그림 7-4] 작품을 만든 아이는 초등학교 5학년생으로 평소에 학교에서 친구들과 말썽을 부려서 교사나 다른 부모들에게 비난을 많이 받는다. 이 아이는 자신은 징징거리고 남에게 피해를 주는 자아상을 가지고 있다. 하지만 자신에게는 특별하고 싶은 욕구가 있으며, 그 욕구를 실현하고 싶다는 마음이 있다는 것을 이 활동을 하면서 깨달았다. 이 아이는 6학년이 되었을 때 전교회장에 출마하였고, 마침내 전교회장이 되었다. 특별하고 싶은 욕구가 말썽이라는 형태로 나타났다가 전교회장이 되면서 긍정적인 방식으로 표현되었다.

자존감 향상을 위한 추가 프로그램 (2)
칭찬 릴레이

✲ 구성 영역　타인수용

✲ 세부 영역　또래관계 이해 및 수용

✲ 목표
- 활동을 통해 또래로부터 긍정적 피드백을 받고 수용하기
- 다른 사람과의 신뢰감 형성하기

✲ 준비물　색도화지, 색연필 또는 필기도구, 스티커 등

✲ 활동 안내　'칭찬 릴레이' 활동은 다른 사람의 긍정적 피드백을 통해 아이의 자존감을 향상하고, 다른 사람에 대한 신뢰감을 형성하는 것이 목표다. 자존감은 다른 사람의 긍정적 피드백에 의해서 형성되는데, 이 활동은 다른 사람들이 자신을 어떻게 생각하는지를 알 수 있으며, 자신이 미처 인식하지 못한 자신의 장점을 타인의 눈을 통해 볼 수 있다는 장점이 있다.

활동에 들어가기 전에 우선 집단원끼리 원형으로 자리를 배치해 앉는다. 제일 먼저 도화지에 자신의 손을 그린다. 그런 다음 돌아가면서 손 밖에 해당 아이의 칭찬을 하나씩 적는다. 이때 운영자는 사소한 칭찬거리도 칭찬이 될 수 있음을 알려 주어야 한다.

운영 방식은 우선 이 활동의 목적을 설명하고, 활동을 하는 구체적인 방법을 설명한다. 그리고 활동 후에 느낀 점을 서로 이야기를 하고, 궁금한 점에 대해 질문한다.

<table>
<tr><th colspan="2">활동 내용</th></tr>
<tr><td>도입
(5분)</td><td>■ 오늘의 활동 내용을 소개한다.
"이번 시간에는 칭찬 릴레이 활동을 할 거예요. 다른 친구의 칭찬거리를 생각해서 적어 보도록 할 거예요."</td></tr>
<tr><td>전개
(30분)</td><td>■ 활동 순서
① 다른 친구들에 대해서 충분히 생각할 시간을 준다.
"함께 활동하는 친구들의 칭찬거리를 생각해 보세요. 칭찬거리는 작고 사소한 것도 칭찬거리가 될 수 있어요."
② 도화지에 자신의 손을 그리고, 손 위에 자신의 이름을 적는다.
"도화지에 여러분의 손을 대고 따라 그리세요. 그런 다음 다른 친구들이 알 수 있도록 자신의 이름을 손 위에 적으세요."
③도화지를 일정한 방향으로 돌리며 이름을 확인한 후 그 친구의 칭찬거리를 적는다.
"여러분에게 도착한 친구의 이름을 확인한 후 그 친구에 대한 칭찬을 손 모형 밖에 적어 보세요. 내 이름이 적힌 종이가 도착하면 나에 대한 칭찬을 손 모형 안에 적어 보세요."
④작품을 완성한 후에 제목을 정한다.
⑤적힌 칭찬거리 중에 마음에 드는 칭찬거리를 2~3개 정도 선택하여 마음에 드는 이유를 설명한다.</td></tr>
<tr><td>마무리
(10분)</td><td>■ 활동을 하는 동안에 느낀 점이나 완성품에 대해 자유롭게 이야기한다.
"오늘의 활동을 하면서 느낀 점과 생각한 점들을 자유롭게 이야기 해 보세요."
■ 운영자의 느낌과 생각을 아이에게 전한다.</td></tr>
</table>

도 입

■ 오늘의 활동 내용을 소개한다.

"이번 시간에는 칭찬 릴레이 활동을 할 거예요. 다른 친구의 칭찬거리를 생각해서 적어 볼 거예요."

전 개

① 다른 친구들에 대해서 충분히 생각할 시간을 준다.

"함께 활동하는 친구들의 칭찬거리를 생각해 보세요. 칭찬거리는 작고 사소한 것도 칭찬거리가 될 수 있어요."

다른 친구의 칭찬거리(성격, 능력, 재주, 외모, 긍정적 행동, 활용할 수 있는 자원)를 모두 생각하여 칭찬할 수 있도록 한다.

② 도화지에 자신의 손을 그리고, 손 위에 자신의 이름을 적는다.

"도화지에 여러분의 손을 대고 따라 그리세요. 그런 다음 다른 친구들이 알 수 있도록 자신의 이름을 손 위에 적으세요."

도화지에 손을 올려놓고 손 모양을 본뜨도록 한다. 물론 활동지를 특별하고 다양한 모양으로 디자인할 수도 있다. 예를 들어, 손 모양이 아니라 롤링 페이퍼 형식이나 사람 모양으로 만들고 싶어 하면 허용한다.

③ 도화지를 일정한 방향으로 돌리며 이름을 확인한 후 그 친구의 칭찬거리를 적는다.

"여러분에게 도착한 친구의 이름을 확인한 후 그 친구에 대한 칭찬을 손 모형 밖에 적어 보세요. 내 이름이 적힌 종이가 도착하면 나에 대한 칭찬을 손 모형 안에 적어 보세요."

칭찬거리를 찾지 못하는 아이가 있는 경우에는 미리 만들어 놓은 '장점 목록표'(부록 참조)를 사용할 수도 있다.

③ 작품을 완성한 후에 제목을 정한다.

④ 적힌 칭찬거리 중에 마음에 드는 칭찬거리를 2~3개 선택하여 마음에 드는 이유를 설명한다.

친구들이 적어 준 칭찬거리 중에서 자신의 마음에 드는 칭찬을 찾도록 한다. 그리고 그 칭찬이 좋은 이유를 설명하게 한다. 예를 들어, "남의 말을 잘 들어준다는 칭찬이 좋아요. 왜냐하면 저는 다른 사람이 저의 말을 잘 들어줄 때 기분이 좋거든요. 그래

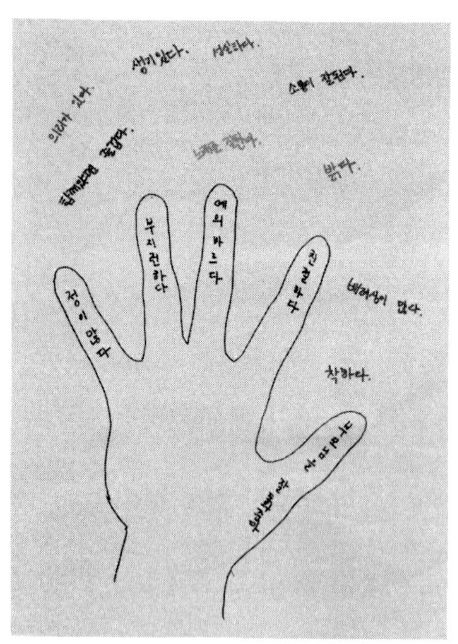

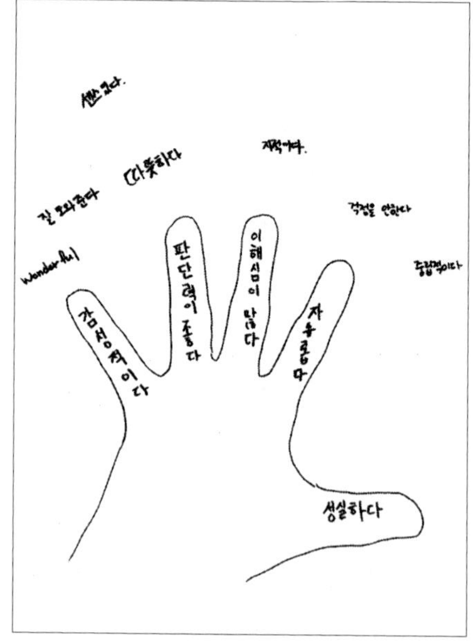

그림 7-5 칭찬 릴레이 활동의 예

서 저도 남의 말을 잘 들어주는 사람이 되고 싶어요."

✪ 사 례 ✪

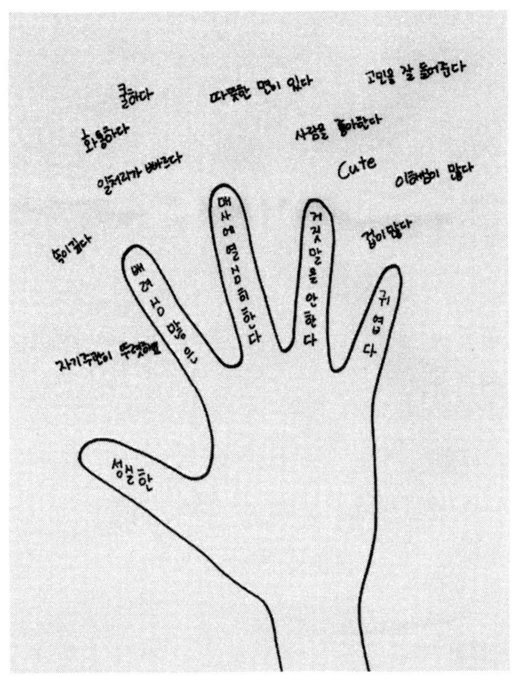

그림 7-6 내가 들은 칭찬 (중학교 3학년 여학생)

"친구들은 제가 고민을 잘 들어준다고 적어 주었어요. 저는 이 칭찬이 정말 마음에 들어요. 다른 친구들이 저의 고민을 잘 들어줄 때 저도 기분이 좋거든요. 그런데 이 칭찬은 다른 친구에게 제가 그런 존재라는 의미잖아요. 그리고 '자기주장이 뚜렷하다.'라는 칭찬이 있었는데, 사실 전 제가 자기주장을 잘 못한다고 생각해요. 그런데 자기주장이 뚜렷하다고 한 친구에게 무엇 때문에 그렇게 생각하는지 물어보고 싶어요."

이 아이는 칭찬 릴레이 활동을 통해서 자신이 모르고 있는 자신의 장점을 인식하였다. 그리고 자신의 행동이 여러 아이에게 다양하게 보일 수 있다는 사실을 알게 되었다.

자존감 향상을 위한 추가 프로그램 (3)
운명의 수레바퀴

✲ 구성 영역 자기수용

✲ 세부 영역 자기인식 및 이해

✲ 목표
- 활동을 통해 자신의 현재 삶에 영향을 미치는 사건이나 사람들을 인식하기
- 자기인식을 통하여 자기이해 돕기

✲ 준비물 색도화지, 색연필 또는 필기도구 등

✲ 활동 안내 '운명의 수레바퀴'는 집단원들이 자신의 현재에 영향을 주는 사람이나 사건들을 알아보고, 이를 통해 아이 스스로 자신에 대한 인식과 이해를 높이기 위한 활동이다. 자기인식은 자기이해와 자기수용의 전 단계로, 아이의 자존감을 형성하기 위한 첫 번째 단계라고 할 수 있다.

운영 방식은 우선 이 활동의 목적을 설명하고, 활동을 하는 구체적인 방법을 설명한다. 그리고 활동 후에 느낌 점을 서로 이야기를 하고, 궁금한 점에 대해 질문한다.

<table>
<tr><th colspan="2">활동 내용</th></tr>
<tr><td>도입
(5분)</td><td>■ 오늘의 활동 내용을 소개한다.
“오늘은 나 자신을 잘 알아보기 위한 활동을 할 거예요. 그 활동으로 나의 현재 삶에 영향을 미친 사람이나 사건들을 알아보기 위한 운명의 수레바퀴라는 활동을 할 거에요.”</td></tr>
<tr><td>전개
(30분)</td><td>■ 활동 순서
①자신의 현재 모습에 영향을 준 사건이나 사람들에 대해 눈을 감고 생각한다.
“자, 눈을 감고 나의 현재 모습에 영향을 준 사람이나 사건에 대해서 떠올려 보세요. 과거에 어떤 일들이 있었는지 어떤 사람들과 관계를 했었는지에 대해 떠올려 보세요.”
②눈을 뜨고 원하는 색도화지를 골라 가운데에 자신을 그린다.
“자, 눈을 뜨고 마음에 드는 색도화지를 고르세요. 그리고 가운데에 자신을 그리세요.”
③자신을 중심으로 자신에게 영향을 주었던 사람이나 사건들을 주변에 그림으로 그리거나 글로 쓴다.
④자신에게 영향을 준 사람이나 사건과 자신과의 관계를 표시한다.
“자신에게 영향을 준 사람이나 사건들이 자신과 관계가 좋으면 실선(—)을, 관계가 나쁘면 지그재그(VVVVV)를, 관계가 소원하면 점선(---)을, 관계가 아주 밀접하면 겹선(=)을 그리세요.”
⑤관계를 표시한 후 자신에게 영향을 준 사람이나 사건을 생각하면 떠오르는 형용사 세개를 쓴다.
“자신에게 영향을 준 사람이나 사건들을 생각하면 떠오르는 형용사 세개를 쓰도록 하세요. 부정적 형용사이든, 긍정적 형용사이든 관계가 없어요.”
⑥ 작품을 완성한 후에 제목을 정한다.</td></tr>
<tr><td>마무리
(10분)</td><td>■ 활동을 하는 동안에 느낀 점이나 완성품에 대한 설명을 한다.
“완성된 작품에 대해서 이야기해 보세요. 그리고 작품을 하는 동안이나 완성한 후에 든 생각을 이야기해 보세요.”
■ 운영자의 느낌과 생각을 아이에게 전한다.</td></tr>
</table>

도 입

■ 오늘의 활동 내용을 소개한다.

"오늘은 나 자신을 잘 알기 위한 활동을 할 거예요. 바로 나의 현재 삶에 영향을 준 사람이나 사건들을 알아보기 위한 '운명의 수레바퀴'라는 활동을 할 거예요."

전 개

① 자신의 현재 모습에 영향을 준 사건이나 사람들에 대해 눈을 감고 생각한다.

"눈을 감고 나의 현재 모습에 영향을 준 사람이나 사건에 대해서 떠올려 보세요. 과거에 어떤 일들이 있었는지, 어떤 사람들과 관계를 했었는지에 대해 떠올려 보세요."

자신의 현재 모습에 영향을 준 사람이나 사건에 대해 생각할 수 있는 충분한 시간을 준다. 이 활동에서는 자신의 현재 모습을 인식하고, 현재 모습에 영향을 준 사건이나 사람에 대해 인식하는 것이 중요하다. 영향을 준 사람이나 사건의 개수는 중요하지 않으며, 사람의 범위도 가족에서부터 친구, 교사까지 다양하게 생각할 수 있도록 한다.

② 눈을 뜨고 원하는 색도화지를 골라 가운데에 자신을 그린다.

"자, 눈을 뜨고 마음에 드는 색도화지를 고르세요. 그리고 가운데에 자신을 그리세요."

③ 자신을 중심으로 자신에게 영향을 주었던 사람이나 사건들을 주변에 그림으로 그리거나 글로 쓴다.

선택한 색도화지의 가운데에 자신을 그린다. 자신을 상징하는 캐릭터를 그릴 수도 있고, 단순하게 동그라미나 네모로 그릴 수도 있다.

④ 자신에게 영향을 준 사람이나 사건과 자신과의 관계를 표시한다.

"자신에게 영향을 준 사람이나 사건들이 자신과 관계가 좋으면 실선(—)을, 관계가 나쁘면 지그재그(ᴧᴧᴧᴧ)를, 관계가 소원하면 점선(---)을, 관계가 아주 밀접하면 겹선(═)을 그리세요."

⑤ 관계를 표시한 후 자신에게 영향을 준 사람이나 사건을 생각하면 떠오르는 형용사 세 개를 쓴다.

"자신에게 영향을 준 사람이나 사건들을 생각하면 떠오르는 형용사 세 개를 쓰도록 하세요. 부정적 형용사이든 긍정적 형용사이든 관계가 없어요."

⑥ 작품을 완성한 후에 제목을 정하도록 한다.

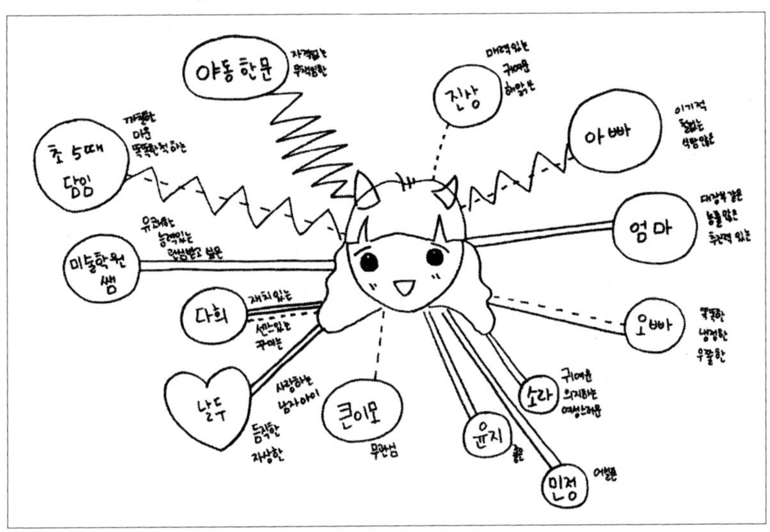

그림 7-7 화려한 내 인생 (고등학교 2학년, 여학생)

"저는 많은 사람들에게 영향을 받았던 것 같아요. 그런데 선생님들과 사이가 좋지 않았고, 아빠와도 사이가 좋지 않았어요. 이 활동을 하면서 싫어하는 선생님들과 아빠가 닮았다는 것을 알게 되었어요."

활동 후, 이야기를 나누는 시간에 자신이 표현한 대상에 대해 하나씩 물어보는 시간을 충분히 가진다. 그 시간에 아이가 감정을 표현하면 적절하게 공감을 해 준다.

◎ 주의할 점 ◎

• 인지능력이 낮은 아이는 자화상 그리기 활동으로 대체

이 활동은 진행 순서가 다소 복잡하다. 그래서 인지능력이 낮은 아이는 효과를 기대하기 어려울 수 있다. 따라서 자기인식을 위한 '자화상 그리기'와 같은 활동으로 대체하는 것이 효과적이다.

자화상 그리는 방법

① 용지와 연필, 지우개를 준다.

② 자신의 모습을 전체가 나오도록 그리게 지시한다.

③ 그림 속의 자신에 대해 자유롭게 이야기를 나눈다.

◎ 활 용 ◎

• 초등학교 저학년

이 활동은 진행 순서가 다소 복잡하여 초등학교 저학년 아이에게는 어려울 수도 있다. 이런 경우에는 활동 순서를 단순화하여 활용하면 좋다. 예를 들어, 대상에 대해 떠오르는 형용사 세 개를 쓰라는 지시 대신에 좋고 싫음을 표시하게 하는 것이 더 좋으며, 필요 시에는 감정카드를 이용하여 그 대상에 대한 감정을 카드에서 골라 표현하도록 하는 방법도 좋다. 구체적인 방법은 다음과 같다.

감정카드를 이용한 '운명의 수레바퀴' 활동 방법

① 자신의 현재 모습에 영향을 주었던 사건이나 사람에 대해 충분히 생각한다.

② 원하는 색도화지를 고른다.

③ 색도화지의 가운데에 자신을 그리고 자신의 주변에 영향을 준 사람이나 사건에 대해 그림으로 그리거나 글로 쓴다.

④ 그 사람이나 사건을 생각하면 떠오르는 감정을 감정카드에서 찾아 붙인다.

⑤ 선택한 감정에 대해 자유롭게 이야기를 나눈다.

• 대인관계에 어려움이 있는 아이

가족, 친구, 선생님 등 대인관계에서 어려움을 경험하는 아이에게 대인관계의 어려움을 탐색할 수 있도록 활용할 수 있다. 예를 들어, 가족과의 관계에서 어려움이 있는 아이에게는 자신의 현재 모습에 영향을 준 가족들을 표시하도록 하고, 가족과의 관계를 선으로 표시하도록 한다. 그리고 그 가족에 대해 떠오르는 형용사나 감정들을 글로 쓰게 한다. 이처럼 친구들과의 관계에서 어려움을 경험하는 아이에게는 친구관계를 탐색하도록 할 수 있다.

사 례

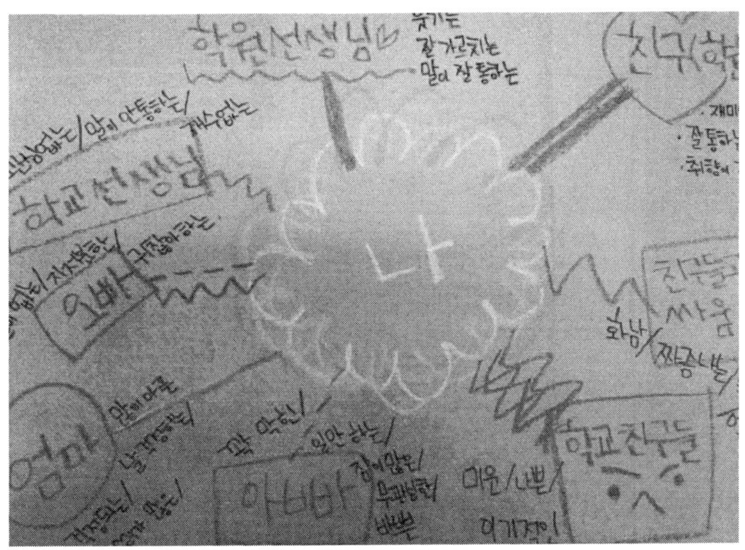

그림 7-8 화덩이 (중학교 2학년, 여)

“저는 정말 화가 많이 나요. 그래서인지 대부분의 사람과 사이가 좋지 않아요. 특히 1학년 때 친구들과 사이가 좋지 않은데, 그 친구들은 자기들만 잘난 척했어요.”

이 아이는 다른 사람에게 화를 자주 내고, 자신의 마음대로 되지 않으면 상대방과 절교를 하는 등 대인관계가 원만하지 않았다. '운명의 수레바퀴' 활동을 하면서 자신의 현재 모습과 대인관계에 대해 알게 되었다고 하였다.

자존감 향상을 위한 추가 프로그램 (4)
가지고 싶은 나, 버리고 싶은 나

✲ 구성 영역　자기수용

✲ 세부 영역　자기인식 및 자기수용

✲ 목표
- 활동을 통해 자신의 장점과 단점, 좋은 점과 나쁜 점을 인식하기
- 자기 인식을 통하여 자기이해 및 자기수용 돕기

✲ 준비물　색도화지, 색연필 또는 필기도구 등

✲ 활동 안내　'가지고 싶은 나, 버리고 싶은 나'는 집단원들이 스스로 인식하고 있는 자신의 장점과 단점, 자신의 좋은 점과 나쁜 점을 탐색하고, 이를 통해 아이 스스로 자신의 긍정적인 측면과 부정적인 측면을 인식하고 수용하도록 돕는 활동이다.

사람에게는 긍정적인 면과 부정적인 면이 모두 공존하는데, 사람들은 긍정적인 측면은 자신의 장점이나 자원이라고 지각하지만 부정적인 측면은 자신의 단점이라고 지각한다.

자존감을 향상시키기 위해서는 자신의 긍정적인 측면뿐 아니라 부정적인 측면도 인정하고 수용해야만 한다. 이 활동은 아이가 자신의 긍정적인 측면과 부정적인 측면을 인식하고 수용하도록 도와준다.

	활동 내용
도입 (5분)	■ 오늘의 활동 내용을 소개한다. "오늘은 나 자신을 잘 알기 위한 활동을 할 거예요. 그 활동으로 나의 장점과 단점, 나의 좋은 점과 나쁜 점을 알아보는 '가지고 싶은 나, 버리고 싶은 나'라는 활동을 할 거에요."
전개 (30분)	■ 활동 순서 ①아이에게 자신에 대해 눈을 감고 충분히 생각하도록 한다(5분간). "눈을 감고 자신의 대해, 자신이 좋아하는 모습과 싫어하는 모습, 자신의 장점과 단점에 대해 생각해 보세요." ②눈을 뜨고 색도화지를 골라서 가운데 자아상을 그린다. "눈을 뜨고 마음에 드는 색도화지를 고르세요. 그리고 가운데 자아상을 그리세요." ③자아상의 안쪽에는 가지고 싶은 나에 대해 쓰거나 그리도록 한다. ④자아상의 바깥쪽에는 버리고 싶은 나에 대해 쓰거나 그리도록 한다. "자신이 버리고 싶은 자신의 모습에 대해 자아상 바깥쪽에 그림으로 표현하거나 글로 표현해 보세요." ⑤모두 완성 한 후에 작품에 제목을 정하도록 한다.
마무리 (10분)	■ 작품을 하는 동안 느낀 점이나 완성품에 대한 설명을 하도록 한다. "이제 작품에 대해서 이야기해 보세요. 그리고 작품을 하는 동안이나 완성 한 후에 드는 생각을 이야기해 보세요." ■ 교사의 느낌과 생각을 아이에게 전한다.

도 입

■ 오늘의 활동 내용을 소개한다.

"오늘은 나 자신을 잘 알기 위한 활동을 할 거예요. 바로 나의 장점과 단점, 나의 좋은 점과 나쁜 점을 알아보는 '가지고 싶은 나, 버리고 싶은 나'라는 활동을 할 거예요."

전 개

① 눈을 감고 자신에 대해 충분히 생각한다(5분간).

"눈을 감고 자신이 좋아하는 모습과 싫어하는 모습, 자신의 장점과 단점에 대해 생각해 보세요."

자신이 가지고 싶은 모습과 버리고 싶은 모습을 생각할 수 있는 충분한 시간을 준다. 그 시간 동안 아이가 자신의 모습을 인식하도록 돕는다.

② 눈을 뜨고 색도화지를 골라서 가운데에 자아상을 그린다.

"눈을 뜨고 마음에 드는 색도화지를 고르세요. 그리고 가운데에 자아상을 그리세요."

색도화지의 크기와 색은 아이의 심리적 상태를 표현하기 때문에 자유롭게 선택하도록 한다.

③ 자아상의 안쪽에는 '가지고 싶은 나'에 대해 글로 쓰거나 그림으로 그린다.

④ 자아상의 바깥쪽에는 '버리고 싶은 나'에 대해 글로 쓰거나 그림을 그린다.

"버리고 싶은 자신의 모습에 대해 자아상의 바깥쪽에 그림 또는 글로 표현해 보세요."

종종 자신은 가지고 싶은 모습이 없다고 하거나 버리고 싶은 모습이 없다고 이야기하는 아이가 있다. 그런 경우에는 아이의 의사를 적극적으로 수용하여 한 가지 모습만 표현하도록 한다.

⑤ 작품을 완성한 후에 제목을 정하여 발표한다.

활동 후, 이야기를 나누는 시간에 자신이 표현한 대상에 대해 하나씩 물어보는 시간을 충분히 가진다. 또 아이가 정한 제목에 대해 그 이유를 반드시 물어본다. 제목은 아이의 바람이나 아이가 바라보는 자신의 모습을 상징적으로 표현하기 때문에 중요하다.

집단으로 운영할 경우, 아이들 끼로 서로 자신의 좋은 점과 나쁜 점을 비교하지 않도록 지도한다.

사 례

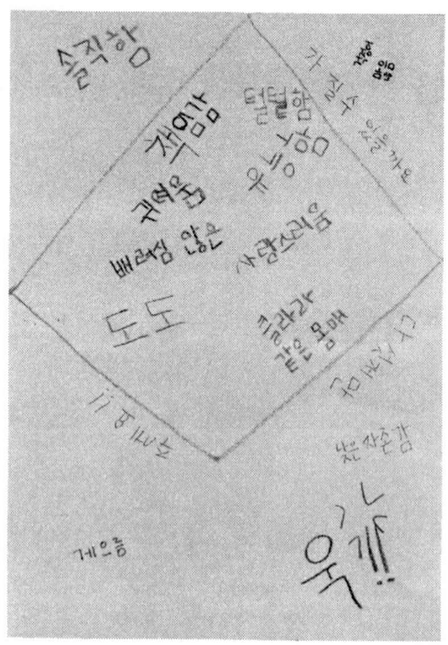

그림 7-9 여러 색깔 무지개 (중학교 3학년, 여)

"저는 가까운 사람에게 짜증을 많이 내요. 그리고 자존감이 낮다고 생각해요. 그래서 다른 사람들이 저를 무시하는 것 같으면 욱해서 성질을 부려요. 하지만 저에게는 도도한 몸매와 귀엽게 생긴 외모가 있어서 마음에 들어요."

[그림 7-9]를 그린 아이는 가족이나 친구들에게 자주 짜증을 내고, 신경질을 부리는 아이였다. 이 활동을 하면서 자신의 낮은 자존감으로 인해 다른 사람들과 관계가 좋지 않다는 것을 알게 되었다. 그리고 자신에게는 가끔 다른 사람이 보지 못하는 좋은 점들이 있다는 것을 인식하게 되었다.

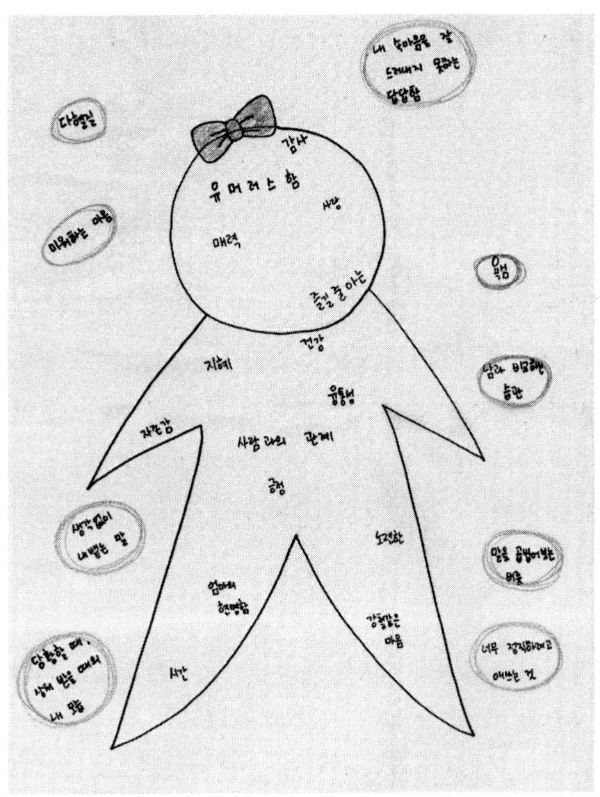

그림 7-10 사랑스러운 나 (중학교 2학년, 여)

"저는 친구들이 저를 싫어할까 봐 제 마음속에 있는 이야기를 잘 못해요. 그리고 그런 친구들 때문에 당황하고 상처도 받아요. 저는 그런 제 모습이 싫어요. 그런데 이 활동을 하면서 저에게 제가 좋아하는 모습이 많다는 것을 알게 되었어요."

이 그림을 그린 아이는 다른 친구와 원만한 관계를 맺고 있지 못하다고 스스로 생각하며 고민을 하였다. 그 이유는 다른 사람이 자신을 평가하는 것이 두렵기 때문이라고 하였다. 그런데 그런 자신의 단점도 있지만, 자신에게는 다른 좋은 점들이 많다는 것을 알게 되었고, 그로 인해 대인관계에서도 자신감을 가지게 되었다.

◎ 주의할 점 ◎

• 버리고 싶은 것에 대한 비난이나 충고 자제하기

'버리고 싶은 나'에 기록된 내용들은 아이의 단점인 경우가 많다. 다른 아이가 그 단점을 비난하지 않도록 주의를 주며, 운영자도 아이에게 그런 태도는 좋지 않다거나, 그런 성격은 대인관계를 망친다며 충고를 하거나 조언하지 않도록 한다.

◎ 활 용 ◎

• 초등학교 저학년

초등학교 저학년에게 '가지고 싶은 나, 버리고 싶은 나'라는 용어가 다소 어려울 수 있다. 초등학교 저학년에게는 '좋아하는 내 모습, 싫어하는 내 모습'이라는 용어로 바꾸어 설명하는 것이 좋다. 또한 활동의 흥미를 높이기 위해 잡지를 이용하여 자신이 좋아하는 모습과 싫어하는 모습을 표현하도록 하면 효과적이다. 활동 순서는 다음과 같다.

① 자신이 좋아하는 자신의 모습과 싫어하는 자신의 모습을 생각한다.
② 원하는 색도화지를 고른다.
③ 색도화지의 가운데에 자화상을 그린다.
④ 잡지에서 자신이 좋아하는 모습과 싫어하는 모습의 상징들을 찾아 오려 붙인다.
⑤ 선택한 상징들에 대해 자유롭게 이야기를 나눈다.

• 학교 부적응 아이

이 활동은 자신에 대한 인식을 돕기 때문에 학교에서 부적응 행동을 보이는 아이에게 특히 효과적이다. 예를 들어, 우울, 불안, 위축 등의 심리적 갈등이 있거나 자살시도, 가출, 무단 결석, 인터넷 중독 등의 비행행동을 보이는 아이에게 효과적이다.

PART 8

자존감 향상 사례

- 자존감 향상 사례 (1) 엄마와 떨어지기 싫어요
- 자존감 향상 사례 (2) 충동적이고 말 안 듣는 아이
- 자존감 향상 사례 (3) 거절을 못해요
- 자존감 향상 프로그램 참여 사례 (1) 아무것도 하고 싶지 않아요
- 자존감 향상 프로그램 참여 사례 (2) 덩달이
- 자존감 향상 프로그램 참여 사례 (3) 다 내거야

자존감 코칭 사례 (1)
엄마와 떨어지기 싫어요

준희는 이번에도 현장 학습에 참석하지 않았다. 준희는 매년 현장 학습이 다가오면 불안한 마음을 감출 수가 없다. 이번에는 꼭 가겠다는 다짐을 하지만 막상 당일이 되면 준희는 아침부터 심한 구토와 어지럼증 때문에 현장 학습에 빠지게 된다. 병원에서는 아무런 신체적 문제가 없다고 하는데, 현장 학습을 가기 일주일 전부터 준희는 구토와 어지럼증이 심해지기 시작한다. 준희의 이런 행동은 2학년 현장 학습 이후에 나타났다. 새가 준희의 도시락에 앉았는데, 그때 매우 놀라서 울었던 적이 있었다.

아이의 특성 및 행동 이해

기본 정보

- 학년: 초등학교 5학년
- 성별: 여자

행동 특징

- 전반적으로 조용하고 자신의 이야기를 잘하지 않는다.
- 또래관계는 소수의 친구와는 만나지만 먼저 다가가지 않으며 상대방이 먼저 다가와야 이야기를 한다.
- 학업능력은 상위권으로, 특히 국어 과목을 좋아한다.
- 낯선 곳에 적응하는 데 시간이 오래 걸리며, 낯선 곳을 두려워한다.
- 날아다니는 새나 곤충을 두려워한다.

발달사 및 양육사

생후 3개월까지 간호사인 어머니가 주 양육을 하였으며, 생후 4개월부터는 시골에 계신 친할머니가 양육을 하였다. 12개월 때 친할머니가 허리를 다치는 바람에 다시 집으로 돌아왔고, 24개월까지 동네 할머니가 양육하였다. 동네 할머니는 가끔 비디오를 틀어 주시고는 1시간씩 외출을 하였다. 그 사실을 어머니가 아시게 된 후 24개월부터 어린이집에 다녔으며, 어린이집 사정으로 자주 어린이집을 바꾸었다. 처음 어린이집에 갔을 때 심하게 울었고, 한 달 가량 심하게 울어서 어린이집에서 거부한 적도 있었다. 준희가 어린이집에 적응을 하지 못하자 어머니는 준희가 만 5세때 직장을 그만두시고 준희를 양육하였다.

준희는 영아기부터 기질적으로 까다로워서 작은 소리에도 자주 깼고, 씹는 음식물은 5세까지 먹지 못하였다. 대소변은 별 무리 없이 가렸으나, 옷이나 손, 발에 물이나 모래 같은 이물질이 묻으면 심하게 울었다.

초등학교 1학년 때는 학교에 가길 두려워하여 한 달 정도 어머니가 학교 앞까지 데려다 주셨으며, 학교에서도 계속 집으로 전화를 걸어서 어머니의 위치를 확인하였다. 현재까지도 어머니와 같이 자지 않으면 잠을 자지 못하고, 어머니의 귓볼을 만지작거리며 잠을 잔다. 어쩌다 어머니가 옆자리에 없으면 일어나서 어머니를 찾아다녔다.

가족사

준희의 가족은 아버지와 어머니, 준희 셋이다. 아버지는 42세로, 지방에 있는 회사에 근무하여 주말에만 집에 온다. 어린 시절부터 기질적으로 까다로웠으며, 대인관계가 다소 소극적이었다. 준희가 요구하는 것은 모두 들어주시지만 준희와 적극적으로 놀아주지는 않는 편이다.

어머니는 40세로, 간호사로 근무하다가 준희가 어린이집에 집 적응을 하지 못하고, 힘들어하자 다니면 직장을 그만뒀다. 평소에 예민한 성격으로 인해 잠을 잘 자지 못하고, 작은 걱정거리라도 있으면 머리와 허리 등이 아프다. 3년 전에 우울증으로 정신과적 치료를 받은 적이 있다. 준희에 대한 걱정이 많으셔서 준희가 하는 모든 일을 다 챙겨 준다. 준희가 구토와 어지럼증 때문에 쓰러질지도 모른다는 두려움을 가지고 있다.

아이 행동 분석

준희 행동의 주 특징은 어머니와의 분리에 대한 두려움이다. 준희는 어린 시절에 주 양육자와 환경이 자주 바뀌면서 타인에 대한 신뢰감을 형성할 수 없었다. 즉, 타인이 자신의 원하는 것을 들어줄 수 없으며, 특히 자신을 위험한 것으로부터 지켜줄 수 없다는 생각이 마음 깊이 자리하였다(타인에 대한 부정적 이미지). 또한 이런 경험 속에서 자신 역시 위험한 것으로부터 자신을 지킬 힘이 없다고 생각하게 되었다(자신의 능력에 대한 낮은 평가 – 자신에 대한 부정적 이미지).

그래서 어머니에게 과도하게 의존하게 되었으며, 어머니가 사라질까 봐 두려워하게 되었다(의존적 대처방식). 특히 2학년 현장 학습 때 자신의 도시락에 새가 앉았던 사건을 통해 새로운 상황에 어머니 없이 직면하게 되면 자신은 분명 위험하게 될 것이라는 생각(세상에 대한 부정적 이미지)이 더욱 공고해졌다.

그래서 현장 학습이 다가오면 어머니와 떨어지는 것 때문에 두려워하게 되었다. 그로 인해 그와 같은 불안이 구토와 어지럼증으로 나타난 것이다(신체 증상). 결국 구토와 어지럼증은 현장 학습을 가지 않아도 되는 결과를 가져오게 된다(행동의 목적과 동기).

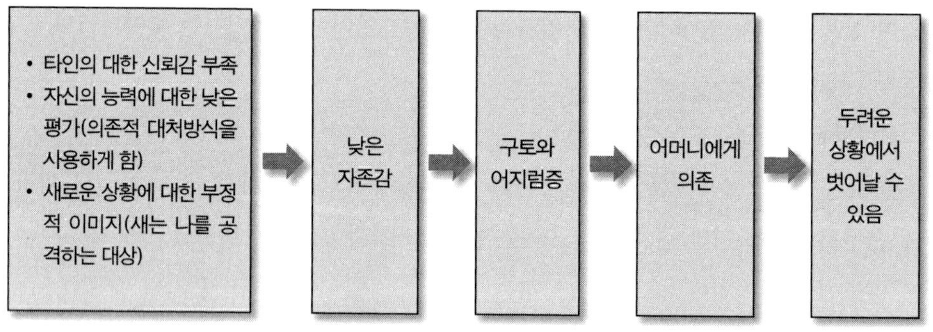

그림 8-1 준희의 행동 분석

자존감 향상 전략

준희의 자존감을 향상시키기 위해서는 두 가지 전략이 필요하다.

첫째, 타인에 대한 신뢰감 회복, 둘째, 자신의 능력에 대한 재평가다. 타인이 자신을 지켜줄 수 있다는 믿음이 생기면 안정감을 가지게 된다. 그래서 믿음을 바탕으로 자신의 능력에 대한 평가를 실험할 수 있다. 자신의 능력이 없으면 타인의 도움을 받을 수 있기 때문이다. 이와 동시에 자신의 능력을 믿을 수 있도록 자신의 능력을 확인할 수 있는 성취경험들이 증가하여야 한다. 현장 학습을 가지 않는 행동은 성취경험이 아니라 실패경험의 반복이 되기 때문에 자신의 능력에 대한 평가가 점점 낮아질 수 있다.

타인에 대한 신뢰감 회복

준희의 타인에 대한 신뢰감 회복을 위해서는 건강한 어머니 상이 필요하다. 준희가 필요할 때, 그리고 위험에 처했을 때 자신을 지켜 주고 보호해 줄 대상이 있다는 믿음을 가지기 위해서는 어머니가 일관적으로 준희에게 믿음을 주어야 한다. 그러기 위해서는 어머니가 준희가 학교를 마치고 집으로 오는 시간에는 반드시 집에서 준희를 맞이해야 한다. 그리고 준희가 학교에서 전화를 할 때는 무조건 받아 주어야 한다. 어머니와의 중간 대상을 만들어서 어머니 없이도 안심할 수 있도록 하는 방법도 좋다.

선생님도 준희에게 그런 대상이 될 수 있도록 수용하고 공감해 주는 것이 필요하다. 예를 들어, 현장 학습과 관련된 일에 있어서는 '네가 두렵고 무서워서 오고 싶지 않구나. 그런데 현장 학습은 가야 하는데 어쩌면 좋겠니?'라고 준희의 두려워하는 마음을 공감해 준 다음에 문제해결 전략을 사용한다.

'엄마가 데려다 준다.' '엄마가 1교시까지 있어 준다.' '엄마가 교실 밖에까지 데려다준다.' '엄마에게 전화한다.' 등과 같은 해결책을 준희가 생각해 보도록 한다. 이런 과정을 통해 집에는 엄마가 있지만, 학교에 가면 선생님이 있어서 마음을 놓을 수 있도록 하는 것이 필요하다. 중간 대상이 전화기도 될 수 있지만 선생님이 된다면 더욱 좋을 것이다.

자신의 능력에 대한 재평가

준희는 새로운 환경에 대한 두려움으로 인해 어머니에게 과도하게 의존한다. 의존의 방식은 준희의 두려움을 피하게 해 줄 수 있지만 어머니가 없어질 수도 있다는 또 다른 두려움을 만들 수 있다.

어머니 없이 스스로 학교에 있는 시간을 늘려서 두려움을 이겨낼 수 있다는 자신에 대한 긍정적인 이미지를 가지도록 하였다. 특히, 현장 학습은 가능하면 빠지지 않도록 하였으며, 현장 학습을 가는 날은 어머니가 준희와의 중간 대상인 휴대 전화를 주며 휴대 전화로 연락을 하면 어머니가 데리러 가겠다고 약속을 하였다. 그러자 준희는 처음에는 가지 않겠다고 했으나, 현장 학습 당일에는 휴대 전화를 가지고 현장 학습을 갔다. 준희는 다소 긴장하기는 하였지만 그 후 현장 학습을 다니게 되었다.

준희가 회피하지 않고 두려운 상황을 견디고 있을 때 준희의 마음을 공감해 주고 잘 견딜 수 있도록 "힘들지만 잘 견디고 있구나."라고 격려해 주었다.

자존감 향상 사례 (2)
충동적이고 말 안 듣는 아이

초등학교 1학년 철이는 유치원 시절까지는 비교적 잘 적응하며 지냈다. 장난 많고 호기심이 많기는 했으나 가끔씩 튀는 정도였고, 오히려 소심하다고까지 이야기를 들었다. 그런데 초등학교에 입학 후, 수업 시간에 돌아다니거나 사물함 위에 놓인 물건을 흩어 놓는 등 산만한 행동을 보였다. 수업 중에 친구들을 방해하기도 하였다. 그래서 선생님에게 야단을 들어도 그와 같은 행동은 바뀌지 않았다. 지금은 담임 선생님이 불러도 대답을 하지 않으며 눈도 잘 안 마주치려 한다. 친구들이 자신을 싫어한다며 학교에 가기 싫다고 하면서 아침에 어머니나 가족에게 자주 짜증을 낸다. 담임 선생님의 권유로 철이는 병원에서 검사를 받았는데 주의력 결핍 및 과잉행동 장애(ADHD)로 진단받았다.

아이의 특성 및 행동 이해

기본 정보

- 학년: 초등학교 1학년
- 성별: 남자

행동 특징

- 가족에게 짜증이 심한 편이고, 최근에는 자주 운다.
- 또래 친구가 없으며, 친구들이 자신을 싫어한다는 이야기를 자주 한다.
- 글씨 쓰기를 싫어하며, 학업에 전혀 흥미가 없다.
- 수업 중에 돌아다니면서 친구들의 활동을 방해한다.

발달사 및 양육사

철이는 언어가 약간 늦었으나 신체발달은 정상적이었다. 대소변 가리기는 만 24개월경에 하였으며, 만 5세 때 처음 어린이집에 다니기 시작하였는데, 엄마와 분리되는 것에 어려움을 보이지 않았다. 하지만 수업 중에 다른 곳으로 가거나 엉뚱한 이야기를 하는 등 다소 산만한 모습을 보였다. 그리고 도서관이나 음식점에서도 돌아다니는 행동을 보였지만 활발한 남자아이들이 보일 수 있는 행동이라고 생각하여 대수롭지 않게 여겼다. 학습 능력은 7세 때 책을 읽을 정도로 보통 수준이었다. 하지만 집중 시간이 짧아서 한 과제를 마치는 데 시간이 오래 걸렸다. 또래관계는 유치원 시절에는 특별한 어려움이 없었으나, 놀이를 하다가 혼자 다른 곳으로 가서 노는 경우가 많았고, 협동놀이 시 어려움을 보였다.

가족사

철이의 가족은 아버지, 어머니, 형, 철이 이렇게 네 명이다.

아버지는 41세로 회사를 다니시는데 아침 일찍 나가서 늦게 들어온다. 비교적 아이들에게 지시하는 편이고, 운동장에 나가서 함께 뛰어 놀아주지만 아이의 수준에 맞춰 놀아주지는 못한다.

어머니는 39세로 학원 강사다. 주 3일 정도 오후에 나가 저녁 8시경에 퇴근을 한다. 비교적 아이와 상호작용을 많이 하려고 하는 편인데, 최근에 철이가 담임 선생님으로부터 지적을 받으면서 야단을 많이 치게 되었다.

형은 6학년으로 활달하고 인기가 많다. 철이가 형을 따라다니려고 하면 그럴 때마다 형은 귀찮다며 야단을 치는 편이다.

아이 행동 분석

철이는 현재 주변 사람들의 부정적 피드백으로 인해 다른 사람이 자신을 싫어한다는 자신에 대한 부정적 이미지를 형성하고 있다. 이와 같은 부정적 피드백은 학교에서 산만하고 수업 중에 집중을 하지 못하는 행동 때문인데, 이런 상황을 스스로 통제할 수 없는 경험을 반복하면서 철이는 학습된 무기력을 느끼고, 이로 인해 주변 사람들에게 짜증내고 우는 모습을 자주 보인다. 즉, 철이는 학교 규칙을 따라야 한다는 사실은 잘 알지만 철이의 주의집중의 어려움과 충동성으로 인해 학교 규칙을 잘 따르지 못하고 있으며, 이로 인해 초등학교라는 새로운 환경에 적응을 하는 데 있어 다소 어려움을 보이고 있다.

또한 타인과의 친밀한 관계를 맺고 싶은 욕구가 크지만, 초등학교 입학 후 또래들과의 관계에서 거절당하는 경험과 새로운 환경에 맞는 규칙을 습득하지 못해 선생님으로부터 지적당하고, 혼나는 일이 반복되면서 자존감이 떨어진 것으로 보인다. 이로 인해 내면에 화난 감정들을 가지고 있지만 미숙한 문제해결력으로 인해 화난 감정들을 짜증이나 신경질적인 행동으로 표현하고 있다.

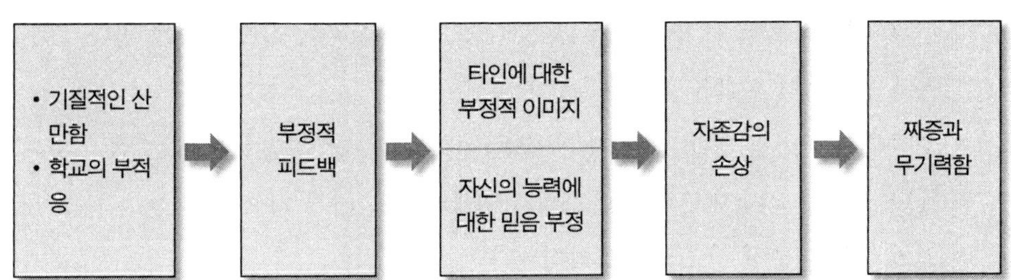

그림 8-2 철이의 행동 분석

자존감 향상 전략

철이의 자존감을 향상시키기 위해서는 두 가지 전략이 필요하다.

첫째는 철이의 기질적 산만함에 대한 적절한 개입이고, 둘째는 철이 행동에 대한 주변 사람들의 이해 증가다. 철이가 자존감이 낮아지게 된 이유는 철이가 수업 중에 돌아다니고 수업을 방해하는 행동을 교사나 다른 친구들이 싫어하기 때문이다. 그런데 철이가 수업 중에 돌아다니는 행동은 철이의 기질적인 산만하고 충동적인 성향 때문으로 쉽게 바뀌지 않는다. 따라서 부정적 피드백의 근원인 철이의 기질적인 문제를 도울 수 있는 적절한 개입이 필요하다. 그리고 교사나 또래에게 철이의 행동이 의도적인 것이 아니며 그런 행동을 할 수밖에 없는 이유를 이해할 수 있게 도와야 한다.

기질적 산만함에 대한 개입

철이의 기질적 산만함을 감소시키기 위해서는 철이의 산만한 정도를 정확하게 평가하여 철이에게 적합한 개입방법을 사용해야 한다.

◉ 행동전략

행동전략의 목표는 철이의 산만한 행동을 줄이기 위한 것이다. 다음은 철이에게 필요한 전략목록이다.

- 철이와 함께 변화하고자 하는 행동 목록을 만들고, 최악의 상황이 와도 비난은 하지 않으며, 목록에 있는 행동을 하면 강화해 주고 격려한다.
- 공부의 양보다 질을 강조한다. 시간 압박을 주고 공부를 하게 되면 정확성이 떨어지게 된다. 학습 내용도 짧게 끊어서 집중하는 시간이 길지 않도록 한다. 그런 후에 집중하는 시간을 조금씩 늘려간다.
- 수업을 지루하지 않게 한다. 이와 같은 아이들은 지루하면 바로 집중력이 떨어진다. 유머를 사용한다거나 목소리와 어조를 다양하게 하고, 중요한 부분을 색연필 등을 이용해 강조하면 효과적이다.
- 신체 움직임을 허용한다. 즉, 20분 정도 지나면 심부름을 시켜서 공식적으로 돌아다닐 수 있도록 한다.
- 환경을 조정한다. 즉, 교실에서 주의를 산만하게 하는 것을 제거한다.
- 교사와 아이와의 접촉을 꾸준히 갖도록 한다.
- 지시를 할 때는 분명하고 정확하게 하고, 한 번에 한 가지씩 지시한다.

◉ 사회성 교육

철이는 사회적 정보를 민감하고 정확하게 파악하거나 해석하지 못한다. 그리고 사건과 상황에 대한 인과관계를 파악하거나 전체 상황을 예측하는 능력이 부족하다. 그러다 보니 학교 규칙 습득, 또래관계에서의 미묘한 사회적 단서들을 파악하는 능력이 부족해 자주 실수를 범하고 있다. 또한 또래가 이야기하는 정확한 의도나 의미를 파악하지 못하고, 상황에 대한 이해가 부족해 또래와의 문제를 가중시키고 있다. 그렇기 때문에 철이에게 필요한 것은 또래관계에서 친구들의 마음과 문제에 대한 결과를 예측하는 연습을 통해 적절하고 긍정적인 방식으로 문제를 해결할 수 있도록 도와주는 것이 필요하다.

주변 사람들의 이해 증가

철이의 행동은 일명 ADHD(주의력결핍 및 과잉행동 장애)라고 불린다. 이런 행동은 철이의 의도와는 달리 기질적인 부분으로, 철이의 의지와는 별개로 나타난다. 따라서 철이의 행동을 의도적이고 일부러 한다고 생각해서 부정적인 피드백을 주기보다는 먼저 철이의 행동 원리를 이해해야 한다.

철이의 담임선생님이 주변 가족, 또래 친구들에게 철이의 현 상태를 알리고, 철이의 행동을 이해할 수 있는 시간을 가졌다. 그리고 철이에게 부정적 피드백 대신 긍정적인 행동에 더 관심을 가지도록 지도하였다. 그러자 점차 철이는 타인에게 받은 부정적인 피드백의 횟수가 줄어들었고, 정서적으로도 안정되었다.

자존감 향상 사례 (3)
거절을 못해요

초등학교 5학년인 지혜는 또래관계에서 잘 끼지 못하고, 또래에게 자신의 생각이나 기분을 이야기하지 못한다. 한 번은 친구가 지혜 집에 놀러 와서 지혜가 아끼는 저금통을 달라고 했는데, 지혜는 거절하지 못하고 친구에게 자신의 저금통을 주었다. 또 부모가 사 준 휴대전화를 친구가 빌려 달라고 해서 주었는데 1주일 동안 돌려주지 않아도 말을 하지 못하고 집에서 울었던 적도 있었다.

부모가 학교에서 있었던 일이나 지혜의 생각을 물어보면, 웃으며 대답을 하지 않거나 고개를 끄덕거리기만 해서 부모가 학교에서 생긴 일들을 나중에 알게 되는 경우가 많았다. 6세부터 손톱을 물어뜯는 행동을 보이기 시작하더니 지금은 발톱까지 물어뜯는다. 최근에는 죽고 싶다는 이야기를 자주 하여서 심리검사를 받았는데 경계선 지능을 가졌다고 진단받았다.

아이의 특성 및 행동 이해

기본 정보

- 학년: 초등학교 5학년
- 성별: 여자

행동 특징

- 친한 친구가 없고, 겉도는 편이며, 같이 놀자고 하면 어울리지만 금방 그 집단에서 빠진다.
- 자신의 생각이나 감정을 이야기하지 못하고, 주로 고개를 끄덕이거나 '예.' '몰라

요.' 등으로 자신의 생각을 표현한다.

- 시무룩하고 가끔 한숨을 쉬며, 죽고 싶다고 한다.
- 학업성취도가 낮다.

발달사 및 양육사

지혜는 정상 분만으로 태어났으며, 돌까지는 신체발달이 정상이었다. 2세경에 폐질환을 앓아 수술을 하면서 한 달 간 병원에 입원을 하였다. 그 후로 만 6세까지 자주 아파서 병원에 입원하는 경우가 많았다.

언어발달 및 인지발달이 또래에 비해 다소 늦었고, 만 3세가 되어도 문장으로 이야기를 하지 못하며 '밥' '엄마 줘' '가자' 등 한 단어로 이야기를 하였다. 그리고 행동도 느려서 부모로부터 야단을 자주 맞았다. 5세 때 유치원에 처음 입학을 하였는데, 언어는 느리지만 다른 행동은 또래와 다르지 않아서 다소 늦되는 아이라는 생각을 가지고 있었다.

학습능력은 4세부터 한글 교육을 시작하였는데, 7세경에 읽고 쓸 줄 알게 되었으며, 또래에 비해 습득 속도가 느린 편이었지만 반복해서 지도하면 습득할 수 있었다.

초등학교 2학년까지는 학업을 따라갈 수 있었는데, 3학년부터는 평균 이하로 내려가더니 4학년 말경부터는 하위권 정도의 성적을 보였다. 쉬운 문제는 풀지만 조금만 응용되면 어려워하였으며, 과제를 회피하였다. 또래관계는 소수와 관계를 맺고, 단짝 친구는 현재까지 한 명도 없다.

가족사

지혜의 가족은 아버지, 어머니, 지혜, 여동생 네 명이다.

아버지는 45세로 자영업을 하고 계시며, 가정 일에는 참여를 거의 하지 않는다. 출장으로 인해 한 달씩 집을 비우는 경우가 많고, 쉬는 날에는 집에서 잠을 자며 가족과 함께 시간을 보내지 않는다. 부부관계도 좋지 않고, 집에 들어오면 숨이 막힌다는 표현을 자주 하셨다.

어머니는 41세로 전업주부이며, 집에서 매일 4시간씩 시간표를 짜서 지혜의 학습을 도와주고 있다. 지혜가 학습을 제대로 따라오지 못하는 것에 대해서 답답한 마음과 화나는 마음이 있다고 표현하였다. 가끔 '왜 이렇게 바보 같니?'라는 언어폭력과 신체처벌을 가하기도 하였다.

여동생은 초등학교 3학년으로, 지혜와 같은 학교에 다니고 있다. 여동생은 또래관계를 비롯하여 학업에서도 좋은 성적을 보이고 있다. 지혜와는 별로 이야기를 하지 않으며, 지혜의 행동을 무시하고 바보 같다고 생각한다. 학교에서 지혜를 마주쳐도 아는 척을 하지 않으며, 부모에게 창피해서 지혜와 같이 살고 싶지 않다고 종종 이야기를 하곤 하였다.

아이 행동 분석

다른 사람에게 자신의 생각이나 기분을 표현하지 못하는 지혜의 행동에는 자신이 이야기를 하면 다른 사람들이 자신을 무시할지도 모른다는 생각이 자리하고 있다(타인에 대한 부정적 이미지). 그런데 이런 생각은 자신이 이야기했을 때 다른 사람들이 웃거나 무시한 경험이 있어야만 생긴다. 어린 시절부터 자신이 이야기를 하면 다른 사람들이 웃었다. 특히 어머니는 '생각 좀 하고 이야기해.'라는 말씀을 많이 하셨다.

지혜는 자신의 의사를 전달하고, 타인의 말이나 글을 이해하는 데 있어서 다소 어려움이 있다. 이로 인해 대인관계에서도 자신의 의견을 논리적으로 표현하지 못하고 다른 사람의 이야기도 잘 이해하지 못해서 상황에 맞지 않는 대답을 했을 가능성이 높다. 이런 지혜의 행동은 다른 사람에게 지혜가 부족하다는 이미지를 심어 주었다. 그리고 지혜의 말을 무시하는 행동을 유도하였다. 지혜는 사랑받고 인정받고 싶은 마음이 크지만, 또래들과의 관계에서 거절당하는 경험이 반복되었고, 가정에서도 거절당하는 경험이 반복되면서 자존감이 떨어지고, 타인에 대한 부정적 이미지가 형성되었다. 또한 타인이 자신을 무시할 것이라는 부정적 이미지로 인해 불안한 마음이 생겼

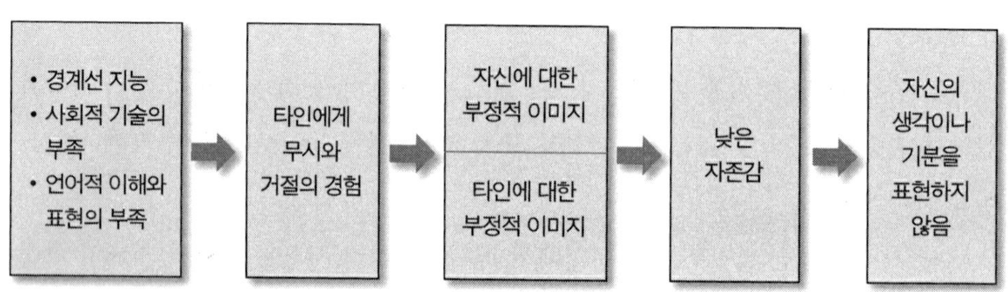

그림 8-3 지혜의 행동 분석

고, 이로 인해 지혜는 손톱을 물어뜯거나 죽고 싶다는 말을 자주하게 된 것이다.

자존감 향상 전략

지혜의 자존감을 향상시키기 위해서는 가족이나 또래에게 무시당하지 않고 수용받는 경험을 해야 한다. 이를 통해 타인이 자신을 무시할 것이라는 부정적 이미지에서 벗어나야 한다. 또한 자신의 강점과 장점을 인식하고, 자신에 대한 긍정적 이미지를 형성하여야 한다. 이를 통해 또래관계에서 문제해결력을 향상시켜야 한다.

타인과의 긍정적 경험

지혜가 타인과의 친밀감을 형성할 수 있도록 돕기 위해서는 우선 가족의 역할이 중요하다. 지혜는 가족으로부터 인정과 사랑을 받고 싶은 마음이 있지만 지속적으로 무시를 받아 왔다.

어머니는 지혜가 동생에 비해 학업이나 생활 측면에서 전반적으로 늦다는 것을 인정하고, 학습보다는 정서적 관계를 맺기 위한 시간을 가질 필요가 있다. 그 방법으로 우선 지혜의 능력을 평가하거나 비난하는 표현들은 중단해야 한다. 그리고 지혜가 가진 장점들을 찾는 연습을 해야 한다. 또한 동생이 언니에 대해서 부정적 감정들을 직접적으로 말로 표현하지 않도록 지도할 필요가 있다. 동생이 가지는 감정이 자연스러울 수 있으나. 지혜에게 직접적으로 표현하게 되면 지혜의 자존감이 더욱 낮아질 수 있기 때문이다.

타인과의 긍정적 경험은 가족뿐 아니라 교사나 또래관계에서도 일어나야 한다. 교사나 또래들은 지혜가 이야기하는 것이 조리에 맞지 않더라도 끝까지 들어주고, 지혜의 장점을 찾아 부각시켜야 한다. 또한 다수의 또래보다는 소수와 또래관계를 형성할 수 있도록 도와야 하며, 보드게임이나 인지적 능력이 필요한 성취적인 활동보다는 비성취적인 활동을 통해 또래와의 긍정적 경험을 제공해야 한다.

문제해결력의 향상

다양한 사회적 상황에서 타인의 의도를 이해할 수 있도록 하며 이에 적절하게 대처할 수 있는 방법을 지혜에게 역할극이나 모델링을 통하여 알려 주어야 한다. 문제해결력의 향상은 지혜에게 성취경험을 가져다 주기 때문에 자존감을 향상시킬 수 있다. 현재까지 지혜가 사용해 온 문제해결 전략 방법을 인식하고 그 방법의 단점을 찾도록 해야 한다. 그리고 대안적인 전략을 찾고 이를 연습시켜야 한다.

지금까지 지혜가 사용하는 문제해결 방법은 참기였다. 자신이 거절하면 친구가 자신과 놀지 않을까 봐 걱정이 되어서 부당한 요구를 거절하지 못하고 있었다. 특히, 상대방에게 기분 나쁘지 않게 거절하는 방법을 연습시켰다. 그 예로 나-전달법이 있는데, 가령 부당한 요구를 거절하기 위해서는 '네가 그것을 가지고 싶구나. 하지만 나도 이것이 매우 소중해서 너에게 주고 싶지 않아.'라는 표현법을 배우도록 지도하였다.

장점 찾기

지혜의 자존감을 향상시키기 위해서는 자신에 대한 긍정적인 이미지를 형성하는 것이 필요하다. 그 방법으로 지혜에게 하루에 한 가지씩 자신의 장점을 찾는 활동을 하였다. 처음에는 장점이 없다고 이야기를 하였으나 나중에는 자신의 장점을 하나씩 찾아내면서 자신에게 남들과 다른 장점이 있다는 것을 인식하게 되었다. 또한 자신의 장점을 지혜가 잘 볼 수 있는 곳에 붙여서 매일 한 번씩 읽도록 지도하여 자신에 대한 긍정적인 이미지를 내면화하도록 도왔다.

자존감 향상 프로그램 참여 사례 (1)
아무것도 하고 싶지 않아요

윤지는 6세 된 여아로 유치원에서 발표를 잘하지 않고, 친구들이나 다른 어른들에게 자신이 원하는 것을 요구하지 못하며, 최근에는 엄마에게 짜증을 내거나 동생을 때리는 횟수가 많아져 자존감 향상 프로그램에 참여하게 되었다. 간단한 심리평가에서 윤지는 자존감이 낮으며, 다소 심리적으로 불안한 상태였다.

윤지는 4세 된 남동생과 회사원인 아버지, 가정주부인 어머니와 함께 살고 있다. 윤지는 어린 시절부터 부모님과 떨어져 지낸 적이 없었다. 하지만 작은 소리에 자주 놀라고, 말수가 적으며, 혼자서 노는 시간이 많았다. 또 놀이터나 마트와 같이 사람이 많은 곳에는 잘 가지 않았으며, 유치원에서도 친구들과 어울리지 못했다. 그리고 자주 보는 친척이나 어른들을 만나도 엄마 뒤로 숨는 행동을 보여서 주위에서 겁이 많은 아이라고 불렸다.

윤지가 처음 자존감 향상 프로그램에 참여하였을 때, 엄마와 떨어지려 하지 않아 엄마와 함께 입실하였다. 그리고 이름이나 나이 등 자신의 소개를 하지 못하고 엄마의 눈치를 보며 엄마에게 소개를 해 달라고 졸랐다. 2회기 때는 엄마가 교실까지 데려다 주고 혼자서 프로그램에 참여하였지만 시종일관 고개를 숙이고 손을 만지작거렸다. 그리고 운영자가 활동에 참여하도록 윤지를 격려하면 시선을 피하거나 경직된 얼굴로 고개를 숙였다. 3회기 때는 운영자가 윤지에게 활동 참여를 결정할 수 있는 기회를 주었다. 그러자 윤지는 참여하고 싶지 않다며 조용히 고개를 가로저었다. 운영자는 윤지의 의사를 적극적으로 수용해 주고 다른 아이들과 똑같이 재료를 나누어 주었다. 그러자 윤지는 조금씩 재료를 탐색하기 시작하였다. 윤지가 재료를 탐색할 때마다 운영자가 그 행동을 반영해 주자, 윤지는 '내가 원하는 것들'([그림 8-4])을 만들었다. 5회기가 되자 윤지는 점차 활동에 적극적으로 참여하였으며, 자신이 원하는 재료들을 운영자에게 요구하기 시작했다. 그리고 운영자가 무엇을 만들었는지 물어보면 자신의 작품에 대해 이야기해 주었다. 하지만 여전히 다른 아이들 앞에서는 발표를 하지

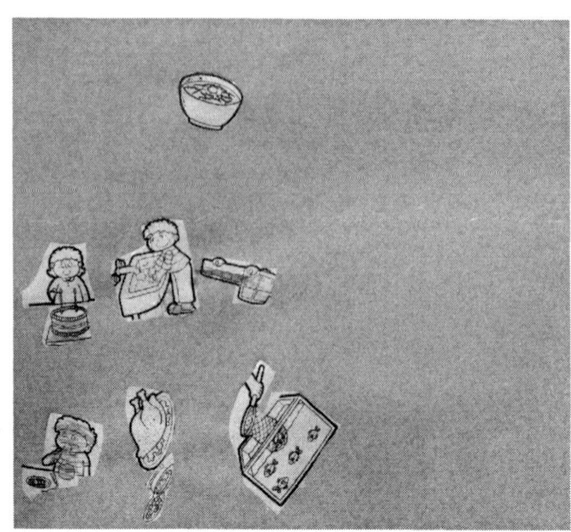

그림 8-4 내가 원하는 것들

않았다.

운영자는 윤지가 다른 아이들 앞에서 발표할 수 있는 성공경험을 주기 위해서 점진적인 강화법을 사용하였다. 6회기부터 운영자는 윤지에게 발표를 하지 않아도 되지만 발표 순서가 되었을 때 친구들 앞에 서 있도록 하였다. 그리고 운영자가 윤지 대신에 윤지의 작품을 발표하였다. 7회기 발표 때는 운영자가 윤지에게 '이건 사람을 그린 것인가요?'라고 질문을 하면 윤지에게 '예/아니요'로 대답하도록 하였다.

그런데 다음 회기부터 갑자기 윤지의 태도가 바뀌었다. 윤지가 친구들 앞에서 자신의 작품을 발표하였으며, 집단 안에서 친구들과 자유롭게 이야기를 나누기 시작하였다. 또한 자신이 원하는 재료나 활동이 있으면 "저는 파란색 주세요." "아니요, 전 토끼를 만들고 싶어요." 등 적극적으로 자신의 의견을 이야기하기 시작했다. 더 놀라운 것은 이런 행동들이 유치원에서도 나타나기 시작했는데, 이제까지 유치원에서 발표를 전혀 하지 않았던 윤지가 발표를 해 선생님과 부모님들이 놀라기도 하였다.

처음에 윤지는 자존감 향상 프로그램의 활동에 전혀 참석하지 못하였으며, 소극적인 태도를 보였다. 하지만 낯선 상황과 사람에 대한 긴장이 조금씩 누그러지면서 그림이나 작품들을 만들기 시작하였으나 비교적 크기가 작았으며, 완성된 작품들을 항상 뒤로 숨기거나 찢었다. 특히, 부정적인 자신의 모습을 탐색하는 회기에서는 더더욱 활동에 소극적으로 참여하였다. 이러던 윤지가 협동 및 공동체를 위한 활동 회기부터는 자신의 작품을 부모님께 자랑하고, 쇼핑백이나 비닐 봉투에 담아서 집으로 가지고 갔다. 또한 남에게 자신의 의견을 이야기하거나 요구하는 횟수도 늘어났다.

윤지는 자신의 작품이나 생각이 다른 사람들 것보다 부족하고 비난받을 것이라 생각했다. 그래서 비교와 비난을 당하지 않기 위해선 '아무것도 하지 않는 것이 더 좋겠다.'라고 생각했던 것이다. 하지만 운영자와 참여한 아이들의 수용을 통해 윤지가 가진 자아상이 긍정적으로 변화하기 시작하였고, 자존감이 조금씩 향상되면서 점차 적극적으로 참여하기 시작했던 것이다.

자존감 향상 프로그램 참여 사례 (2)
덩달이

초등학교 1학년인 동연이는 친구들에게 자기주장을 잘하지 못한다는 이유로 자존감 향상 프로그램에 참여하였다. 학교에서 다른 아이들이 자신의 물건을 가져가도 달라고 하지 못하고는 집에 와서 속상해하며 엄마에게 마구 짜증을 내거나 우는 날들이 많았다.

동연이는 다섯 살 위인 누나와 아빠, 엄마와 함께 살고 있다. 어린 시절부터 다른 친구들이나 사람들 앞에서는 조용한 편이나 집에서는 누나나 엄마에게 이야기도 잘하고 활달한 편이었다.

동연이는 같은 학교에 다니는 가장 친한 친구와 자존감 향상 프로그램에 참석하였다. 동연이는 프로그램 초반기에는 친한 친구인 민수의 옆 자리에 앉았다. 1회기에 자기소개를 하는 시간에 동연이는 자기소개를 하지 않고 민수를 쳐다보았다. 이때 민수가 "말해."라고 하자, 작은 목소리로 자신의 이름을 이야기하였다. 동연이는 프로그램이 진행되는 동안에 민수를 계속 따라 하였다. 민수가 그림을 그리면 같은 그림을 그리고, 자신의 장점을 찾는 4회기에서도 민수가 써 놓은 장점들을 보고 썼다. 하물며 민수가 활동 시간에 돌아다니면 동연이도 같이 일어나서 돌아다녔다. 운영자가 자리에 앉으라고 지시를 주어도 운영자의 말보다 민수의 지시를 따랐다. 가정이나 학교에서도 민수를 따라 해서 '덩달이'라는 별명으로 불리기도 하였다.

운영자는 동연이가 자신보다 무엇이든 잘하고, 힘이 있는 민수를 모방하는 것이라고 생각하여, 3회기부터는 동연이와 민수 사이에 물리적인 거리를 두기 위해 서로 떨어져 앉도록 자리를 배치하였다. 그리고 동연이가 민수와 다른 그림이나 작품을 만들면 다른 점들을 부각시켜서 격려하였다. 또한 발표 시에도 민수의 행동을 모방하지 않도록 동연이에게 먼저 발표 기회를 주었다. 5회기까지 동연이는 민수의 행동을 모방하고, 스스로 자신의 생각을 표현해야 하는 경우에는 아무 말도 하지 않았다.

그러던 동연이가 6회기에 자신의 부정적인 모습을 탐색하고 수용하는 시간에 "나는 남을 잘 따라 해요."라고 자신의 부정적인 모습을 종이에 조그맣게 적었다. 운영자는 동연이가 이제 스스로 자신의 생각을 표현하기 시작한다고 생각하고는 동연이에게 그것이 주는 장점과 단점에 대한 생각들을 이야기하도록 격려하였다. 그 다음 회기부터 동연이는 민수의 행동을 따라 하지 않았다. 또한 자신의 생각과 감정이 들어 있는 그림과 작품들을 만들기 시작하였다. 그리고 마지막 회기에 자신의 변화에 점수를 주고 상을 주는 시간에 동연이는 '용감상'([그림 8-5])을 자신에게 주었다.

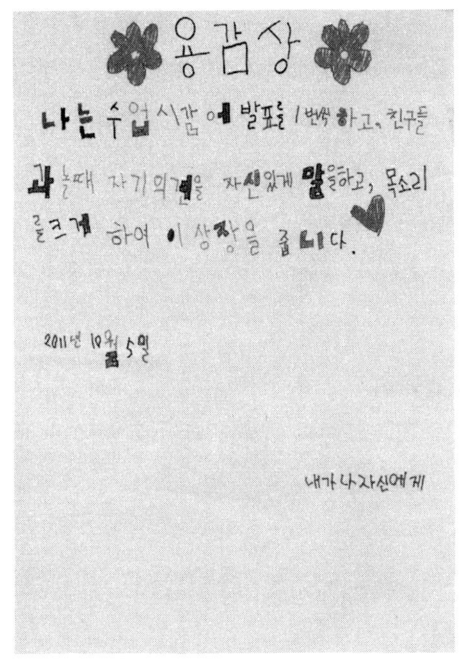
용감상

나는 수업 시간에 발표를 1번씩 하고, 친구들과 놀때 자기의견을 자신있게 말을하고, 목소리를크게 하여 이 상장을 줍니다.

2011년 10월 5일

내가 나자신에게

그림 8-5 용감상 (초등학교 1학년, 남)

동연이처럼 다른 사람의 행동과 말을 따라 하는 아이들이 많다. 이들은 자신의 생각과 행동들이 작고 보잘 것 없다고 생각하며, 힘 있고 잘하는 아이들의 행동들을 모방한다. 하지만 동연이는 집단 내에서 자신의 생각과 작품들을 운영자와 참여한 아이들로부터 수용받자 자신이 가치 있다는 생각을 하게 되었다. 그리고 자신의 변화된 생각과 모습을 깨달을 수 있었다.

자존감 향상 프로그램 참여 사례 (3)
다 내 거야

초등학교 3학년인 현석이는 학교에서 친구들과 자주 다투고 싸워서 자존감 향상 프로그램에 참여하게 되었다. 어릴 때부터 직장에 다니시는 부모님 때문에 현석이는 20개월 때부터 어린이집에 다녀야 했다. 그리고 지금도 수업이 끝나면 방과 후 교실에서 부모님이 오실 때까지 생활한다. 현석이는 부모님과 분리되는 데 별 어려움 없이 어린이집이나 유치원에 잘 적응하였다. 하지만 유독 장난감이나 먹는 것을 좋아해서 다른 아이들에게 자신의 물건을 나누어 주지 않았으며, 간혹 다른 아이가 자신의 물건을 건드리면 끝까지 쫓아가 빼앗았다. 이런 모습은 학교 입학 후에도 나타났다. 이런 행동 때문에 현석이는 학교에서 친구들과 자주 다투었다.

현석이가 자존감 향상 프로그램에 처음 참여했을 때, 현석이는 선생님과 친구들에게 매우 관심을 보이며 적극적으로 인사를 하였다. 하지만 이런 현석이의 태도와는 달리 프로그램 활동에는 참여하지 않거나, 옆에 있는 다른 아이들을 놀리거나, 다른 친구들의 작품을 망치기도 하였다.

첫 회기인 자기소개 시간에는 자신을 '맹구'라고 소개해 친구들을 웃겼다. 또 2회기에는 "너무 피곤해서 못해요." "이건 너무 작아서 만들기 힘들어요."라고 하면서 활동에 참여하지 않고 책상에 엎드리거나 재료에 대해 불평을 하였다. 그리고 옆에 있는 아이들을 참견하거나 방해하였다. 3회기부터는 활동에 참여하였지만 다른 친구들이 발표할 때 옆에서 친구들과 장난을 치거나 발표하는 친구의 작품을 보면서 "그림이 너무 작아요." "못생겼어요." 등과 같이 친구들을 비난하였다. 이런 현석이의 행동 이유를 운영자는 관심끌기라고 생각하였다. 운영자는 현석이의 관심끌기행동은 무시하였지만 친구들에게 긍정적 행동을 할 때는 격려하였다. 그러자 6회기부터 갑자기 현석이의 태도가 바뀌기 시작하였다. 발표에 적극적으로 참여하였으며, 간혹 재료가 부족한 다른 아이들에게 자신의 재료를 빌려주기도 하였다. 바뀐 현석이의 행동을 운영자가 적극적으로 격려하자 처음에는 칭찬을 받아들이지 못하고 "재료가 남아서 그래요." "난 필요가 없는 거라서 그냥 버린 거예요." 등과 같이 말하며 칭찬받는 것을 어색해 하였다.

현석이는 자존감 향상 프로그램의 마지막 단계인 협동단계에서도 처음에는 자신의 의견만을 고집하면서 다른 아이의 의견을 무시하였고, 자신의 의견이 받아들여지지 않으면 화를 내며 구석에 혼자 앉아있기도 하였다. 그러나 회기가 진행되면서 후반부에는 다른 아이들의 의견을 수용해 주었다.

자존감이 낮은 아이들은 자신의 낮은 자존감을 감추고 싶어 한다. 가령, 자신이 없으면서 힘이 센 척 하거나, 모든 것을 다 잘하는 척 하거나, "우리 집에 금송아지 있다."와 같은 거짓말을 해 자신이 힘이 있다는 것을 보여 주고자 한다. 아이가 자신을 강하게 보이고 싶은 마음이 드는 것은 역설적으로 아이 스스로 자신이 힘 없고 강하지 않다는 것을 알고 있다는 의미다. 즉, 다른 사람들에게 지기 싫어하거나 다른 사람과 공유하지 못하는 것은 스스로 자존감이 낮다는 것을 아이가 인식하고 있다는 뜻이다. 학교에서 현석이의 싸우는 행동은 아마도 낮은 자존감을 감추기 위한 행동일 수 있다.

◉ **현석이의 3회기('나는 원해요') 활동 내용**

현석이는 자기인식 단계인 '나는 원해요' 회기 때, 빨간색 도화지에 양손에 칼과 총을 들고 있는 자신의 모습을 그렸다.

그림 8-6 나는 원해요

발표 시간에 운영자가 현석이에게 작품내용을 발표하도록 하자, 현석이는 다음과 같이 이야기하였다.

운영자: 현석이는 네가 원하는 것을 어떻게 표현했니? 한 번 설명해 볼래?
현 석: 화가 나서 모자를 쓰고, 선글라스 끼고 변장했어요. 칼과 망치, 총을 가지고 가서 확 찌르고 싶어요.
운영자: 그랬구나. 자, 여러분은 이 그림을 보았을 때 어떤 생각들이 드나요?
아이 1: 이상해요.
아이 2: 무서워요. 괴물 같아요.
운영자: 그래, 이상하고 무섭게 보일 수도 있겠구나.

물론 현석이와 같이 화가 많이 나서 자신에 대한 탐색이 어려운 아이들은 개별 상담을 통해 화난 감정을 풀어 준 다음 집단 프로그램에 참여하는 것이 바람직하다. 하지만 일단 프로그램에 참여한 현석이에게는 '그랗구나.'라고 현석이의 마음을 수용해 주는 것이 중요하다.

현석이는 6회기 '자신의 부정적인 모습 수용하기'에서 자신의 부정적인 감정을 표현하였다. 이때도 운영자는 현석이의 표현을 비판 없이 수용해 주었으며, 다른 아이들에게 "여러분은 어땠어요?" "여러분도 이렇게 화가 난 적이 있었나요?"라고 물어서 또래들의 공감과 수용을 이끌어 내었다. 현석이는 자존감 향상 프로그램이 끝날 때쯤에는 참여하는 친구들과 잘 지냈으며, 프로그램에도 적극적으로 참여하였다.

부 록

1. 자존감 향상 프로그램 참가 서약서

2. 감정 카드

3. 장점 목록표

4. 자존감 선언문

〈부록 1〉 자존감 향상 프로그램 참가 서약서

서약서

나는 자존감 향상을 위해 자존감 향상 프로그램에 참여해 다음과 같은 사항을 명심하고 지킬 것을 서약합니다.

하나, 나는 결석을 하지 않고 약속 시간을 잘 지키겠습니다.
(피치 못할 사정으로 불참할 때는 운영자에게 최소 하루 전까지 알려줄 것입니다.)

둘, 나는 이 모임 내에서 알게 된 친구들의 이야기에 대해 비밀을 지키겠습니다.

셋, 일부러 친구를 때리거나, 욕하거나, 놀리지 않겠습니다.

넷, 일부러 물건을 부수지 않겠습니다.

다섯, 집단 시간 중에는 교실 밖을 나가지 않겠습니다.

______ 년 _____ 월 _____ 일

서약자: ______________________ (인)

〈부록 2〉 감정 카드

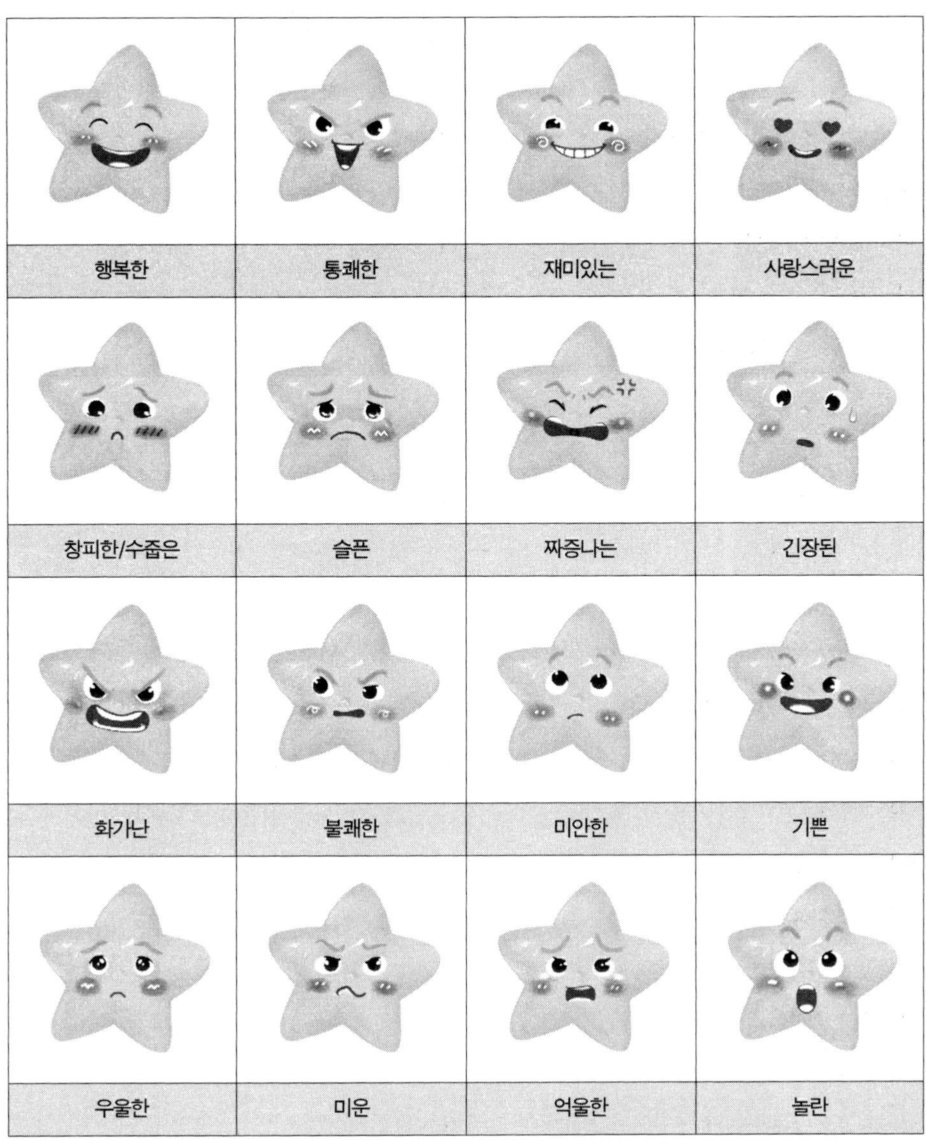

출처: 김덕일(2013), 감정카드, 학지사심리검사연구소

〈부록 3〉 장점 목록표

목록표	
나는 친절하다.	나는 수학을 잘한다.
나는 멋지다.	나는 창의적이다.
나는 다른 사람들의 말을 잘 들어준다.	나는 예쁘다.
나는 내 마음을 잘 안다.	나는 인내심이 많다.
나는 참을성이 많다.	나는 가족을 사랑한다.
나는 그림을 잘 그린다.	나는 만들기를 잘한다.
나는 노래를 잘 부른다.	나는 이야기를 잘한다.
나는 춤을 잘 춘다.	나는 정리를 잘한다.
나는 스스로 옷을 잘 입는다.	나는 실망하지 않는다.
나는 잘 웃는다.	나는 다른 사람을 잘 도와준다.
나는 인사를 잘한다.	나는 책을 잘 읽는다.
나는 밥을 잘 먹는다.	나는 높은 곳에서 뛰어내릴 수 있다.
나는 게임을 잘한다.	나는 달리기를 잘한다.
나는 누나나 동생과 잘 논다.	나는 설거지를 잘한다.
나는 아빠를 사랑한다.	나는 내 마음대로 한다.
나는 가끔 다른 사람과 다른 생각을 한다.	나는 말을 안 하고 1시간 정도 있을 수 있다.
나는 질서를 잘 지킨다.	나는 거짓말을 거의 하지 않는다.
나는 건강하다.	나는 공부 빼고 다 잘한다.
나는 남의 물건을 잘 훔치지 않는다.	나는 텔레비전에 나오는 주인공을 잘 안다.
나는 하기 싫은 일도 꾹 참고 한다.	나는 가급적 학원을 빠지지 않는다.
나는 저축한 돈이 많다.	나에게는 나를 좋아해 주는 가족이 있다.
나에게는 나를 좋아해 주는 친구들이 있다.	나는 나를 사랑한다.
나는 나를 자랑스럽게 생각한다.	나는 잘하는 것이 무척 많다고 생각한다.
나는 실패해도 다시 도전한다.	나에게는 하고 싶은 일이 있다.
나는 꿈이 있다.	나는 상상력이 풍부하다.

나는 화를 잘 참는다.	나는 입술을 움직이지 않고 말할 수 있다.
나에게는 리더십이 있다.	나는 힘이 세다.
나는 형이나 동생이 짜증나게 해도 참을 수 있다.	나는 남들이 하지 않는 일을 한 적이 있다.
나는 수업 시간에 졸지 않는다.	나는 엄마가 화를 내도 가출하지 않는다.
나는 한발서기를 오래할 수 있다.	나는 혼자서 멀리 갈 수 있다.
나는 머리 감기나 목욕을 혼자 할 수 있다.	나는 프로그램에 지각하지 않는다.
나는 프로그램에 한 번도 빠지지 않았다.	나는 지루한 수업도 잘 참여한다.
나는 선생님의 재미없는 이야기에도 잘 웃어 준다.	나는 못생긴 사람하고도 사이좋게 지낼 수 있다.
나는 가위질을 잘한다.	나는 산에 끝까지 오른 적이 있다.
나는 노력해서 좋은 시험 성적을 받은 적이 있다.	나는 노력형이다.
나는 거북형 인간이다.	나는 제자리멀리뛰기를 잘한다.
나는 약한 사람을 도와준 적이 있다.	나에게는 잔소리하는 엄마의 말을 못 들은 척할 수 있는 초능력이 있다.
나는 남의 마음을 잘 안다.	나는 컴퓨터를 잘한다.
나는 얼굴만 보고도 그 사람의 기분을 잘 안다.	나는 동물이나 식물을 잘 돌본다.
나는 악기를 잘 다룬다.	나는 아기들과 잘 놀아 준다.
나는 할머니들과도 잘 지낸다.	나는 재미있는 놀이를 잘 만들어 낸다.
나는 자기주장이 강하다.	나에게는 남에게 없는 나만의 특별한 능력이 있다.
나는 교회에 다닌다.	나에게는 나를 몰래 돌보아 주는 사람이 있다.
나는 동물이나 곤충의 이름을 잘 안다.	나는 관찰력이 뛰어나다.

〈부록 4〉 자존감 선언문

나의 자존감 선언

나는 나다.
얼굴이 못생겼든지 예쁘든지 나는 나다.
공부를 잘하든지 공부를 못하든지 나는 나를 사랑한다.
키가 작든지 다리가 하나 없든지 나는 나를 사랑한다.

나는 때로는 우울하고, 불안하고, 슬플 때도 있다.
때로 지금 내가 처한 환경이 나를 힘들게 할 때도 있다.
다른 사람보다 못나고 초라하게 느껴져서 힘들 때도 있다.
그래도 나는 나를 사랑하며, 지금까지 잘 살아온 것을 자랑스럽게 느낀다.

온 세상 천지에 나와 똑같은 다른 사람은 존재하지 않는다.
나는 나만의 얼굴과 성격, 장점을 가지고 있으며,
나는 다른 사람과 다른 존재임을 인정한다.
나는 특별하며,
특별한 나를 나는 사랑한다.

나는 보고, 듣고, 느끼고, 생각하고, 말하며, 행동할 수 있다. 나는 나의 주인이며, 나는 나를 조절할 수 있다. 나는 나며, 나는 괜찮다.

참고문헌

김영숙(1997). 유아의 자아존중감에 영향을 주는 가정환경의 제요인. 동국대학교 박사학위논문.

김은실, 손현동(2011). **아이들의 행복키워드: 민감성**. 경기: 도서출판 마음샘.

김희화(1998). 청소년의 자아존중감 발달: 환경변인 및 적응과의 관계. 부산대학교 박사학위논문.

김희화, 김경연(1996). 한국 아동의 자아존중감 척도의 개발. **대한가정학회지, 34**(5), 1-12.

류부열(2007). 또래상담자 훈련이 고등아이의 공감능력, 친사회적 행동 및 자아존중감에 미치는 효과. 건국대학교 박사학위논문.

송인섭(1998). **인간의 자아개념 탐구**. 서울: 학지사.

윤은종, 김희수(2006). 청소년의 자기효능감과 자아존중감이 학업성취도에 미치는 영향. **청소년시설환경, 4**(2), 57-70.

이숙정(2006). 중 · 고생의 교사 신뢰와 자아존중감, 학습동기, 학업성취 및 학급풍토 간의 관계 모형 검증. **교육심리연구, 20**(1), 197-218.

최보가, 전귀연(1992). Coopersmith Self-Esteem Inventory(SEI)의 구성타당도 연구. **경북대학교 논문집, 24**, 1-15.

최보가, 전귀연(1993). 자아존중감 척도 개발에 관한 연구(1). **대한가정학회지, 31**(2), 41-54.

Allport, G. W. (1961). *Pattern and growth in personality*. New York: Henry Holt.

Campbell, A. (1981). *The sense of well-being in America: Recent patterns and trends*. New York: McGraw-Hill.

Campbell, J. D. (1990). Self-esteem and clarity of the self-concept. *Journal of Personality and Social Psychology, 59*, 538-549.

Conger, R. D., Ge, X., Elder, G. H., Lorenz, F. O., & Simons, R. L. (1994). Economic stress, coercive family process, and developmental problems of adolescents. *Child Development, 65*, 541-561.

Coopersmith, S. (1967). *The antecedents of self-esteem*. San Francisco: Freeman.

Dohnt, H., & Tiggemann, M. (2006). The contribution of peer and media influences to the development of body satisfaction and self-esteem in young girls: A prospective study. *Developmental Psychology, 42*(5), 929-936.

Dubois, D. L., Bull, C. A., Sherman, M. D., & Roberts, M. (1998). Self-esteem and adjustment in early adolescence: A social-contextual perspective. *Journal of Youth and Adolescence, 27*(5), 557-583.

Gergen, K. (1971). Social psychology as history. *Journal of Personality and Social Psychology, 26*(2), 309-320.

Greenberg, J., Solomon, S., Psyzczynski, T., Rosenblatt, A., Burling, J., Lyon, D., Simon, L., & Pinel, E. (1992). Why do people need self-esteem? Converging evidence that self-esteem serves an anxiety-buffering function. *Journal of Personality and Social Psychology, 63*(6), 913-922.

Harter, S. (1982). The perceived competence scale for children. *Child Development, 53,* 77-87.

Harter, S. (1983). The development of the self-system. In E. M. Hetherington (Ed.), *Handbook of child psychology: Socialization, personality and social development* (4th ed.). New York, NY: Wiley.

Hauck, P. A. (1991). *Overcoming the rating game: Beyond self-love, beyond self-esteem.* Kentucky: Westminster John Knox Press.

Hoyle, R., Kernis, M., Leary, M., & Baldwin, M. (1999). *Selfhood: Identity, self-esteem, regulation.* Boulder, CO: Westview Press.

Kohut, H. (2002). **자기의 분석** (이재훈 역). 서울: 한국심리치료연구소. (원저 1971 출판)

Kokenes, B. (1974). Grade level differences in factors of self-esteem. *Developmental Psychology, 10*(6), 954-958.

Kokenes, B. (1978). A factor analytic study of the Coopersmith Self-Esteem Inventory. *Adolescent, 13,* 149-155.

Leary, M. R., & Baumeister, R. F. (2000). The nature and function of self-esteem: Sociometer theory. In M. P. Zanna (Ed.), *Advances in experimental social psychology* (pp. 1–62). San Diego, CA: Academic Press.

Mead, G. H. (1934). *Mind self and society.* Chicago: University of Chicago Press.

Murray, M. (1991). The role of classroom teacher. In G. L. Porter & D. Richer (Ed.), *Changing Canadian school: Perspective on disability and inclusion.* Toronto, ON: Roeher Institute.

Mussen, P. H., Conger, J. J., Kagan J., & Huston, A. E. (1990). *Child development and personality* (7th ed.). New York, NY: Harper& Row.

Piaget, J. (1950). *The psychology of intelligence* (Translated from the French by Malcolm Piercy and D. E. Berlyne). London: Routledge & Kegan Paul Ltd. (Original work published in French in 1947)

Pope, A. W., McChale, S. M., & Craighead, W. E. (1988). *Self-esteem enhancement with children and adolescent.* New York: Perogamon Press.

Robins, R. W., Trzesniewski, K. H., Tracy, J. L., Gosling, S. D., & Potter, J. (2002). Global self-esteem across the life span. *Psychology and Aging, 17*(3), 423-434.

Rogers, C. (1951). *Client-centered therapy: Its current practice, implications and theory.* Boston, MA: Houghton-Mifflin.

Rosenberg, M. (1965). *Society and adolescent self-image.* New York: Princeton University Press.

Rosenberg, M. (1979). *Conceiving the self.* New York: Basic Books.

Sears, R. (1970). Relation of early socialization experiences to self-concepts and gender role in middle childhood. *Child Development, 41,* 267-289.

Slicker, E. K., Melanie, P., & Fuller, D. K. (2004). Parenting dimensions and adolescent sexual initiation: Using self-esteem, academic aspiration, and substance use as mediators. *Journal of Youth Studies,* 7(3), 295-314.

Strauss, R. S. (2000). Childhood obesity and self-esteem. *Pediatrics, 105*(1), e15. http://pediatrics.aappublications.org/content/105/1/e15.full

저자 소개

김은실(Kim Eunsil)

대학에서 심리학을 전공하고 자폐아동 교육기관에서 근무하기 시작해, 20여 년간 아동과 청소년을 상담하였다. 이런 경험을 바탕으로 학생과 성인(부모, 교사, 교수) 간에 서로의 마음을 이해할 수 있도록 하기 위한 연구와 저술, 강연과 워크숍 등을 하고 있다. 교육학 박사로 현재 남서울대학교 교수(아동심리상담 전공)이며 한국행동분석연구소 소장이다. 김은실아동발달센터 소장과 심리상담전문컨설팅 마음샘 대표를 역임했다. 지은 책으로는 『아이들의 행복 키워드: 민감성』 『아이들의 자존감을 높여 주는 셀프업: 자존감 향상 프로그램』 『특별한 아이들의 마음 읽기』가 있다.

손현동(Son Hyundong)

아동과 청소년, 대학생을 대상으로 15년간 상담한 경험을 바탕으로 이들의 마음을 이해하고 도와주기 위한 연구와 저술을 하고 있다. 교육학 박사로 현재 광주교육대학교 교수(교육학과 초등상담 전공)이며, 광주교육대학교 부설 아동청소년상담센터 소장이다. 한국민감성개발연구소 소장을 역임했다. 지은 책으로 『아이들의 행복 키워드: 민감성』 『아이들의 자존감을 높여 주는 셀프업: 자존감 향상 프로그램』 등이 있다.

자존감 향상 프로그램
-원리와 실제-

Self-esteem Program: Principles and Practice

2015년 1월 15일 1판 1쇄 발행
2023년 9월 20일 1판 5쇄 발행

지은이 • 김은실 · 손현동

펴낸이 • 김 진 환

펴낸곳 • (주) 학지사

04031 서울특별시 마포구 양화로 15길 20 마인드월드빌딩 5층

대표전화 • 02) 330-5114 팩스 • 02) 324-2345

등록번호 • 제313-2006-000265호

홈페이지 • http://www.hakjisa.co.kr
인스타그램 • https://www.instagram.com/hakjisabook

ISBN 978-89-997-0583-0 93370

정가 16,000원